佐藤眞典先生御退職記念論集

歴史家のパレット

佐藤眞典先生御退職記念論集準備会編

前野　弘志　　豊田　浩志
森竹　弘喜　　大宅　明美
佐藤　眞典　　工藤　達彦
中平　　希　　井内　太郎
原田　昌博　　長田　浩彰
前野　やよい　　（掲載順）

溪水社

佐藤眞典先生近影

佐藤眞典教授年譜

1942（昭和17）年2月16日	出生（天津）
1964（昭和39）年3月	広島大学教育学部高等学校教育科（社会科）卒業
1967（昭和42）年3月	広島大学大学院文学研究科修士課程（西洋史学専攻）修了
1967（昭和42）年10月	広島史学研究会評議員
1971（昭和46）年3月	広島大学大学院文学研究科博士課程（西洋史学専攻）単位修得退学
1971（昭和46）年4月	広島大学教育学部東雲分校助手
1971（昭和46）年11月	イタリアScuola Normale Superiore di Pisaに留学（1973［昭和48］年10月まで）
1977（昭和52）年4月	広島大学教育学部東雲分校講師
1978（昭和53）年6月	広島大学学校教育学部講師
1979（昭和54）年3月	広島大学学校教育学部助教授
1980（昭和55）年4月	広島大学大学院学校教育研究科修士課程担当
1986（昭和61）年10月	広島大学大学院文学研究科博士課程担当（1987［昭和62］年9月まで）
1988（昭和63）年4月	広島大学学校教育学部教授
1988（昭和63）年4月	広島大学大学院文学研究科博士課程担当（1997［平成9］年9月まで）
1993（平成5）年12月	博士（文学）（広島大学）
1997（平成9）年4月	広島大学大学院教育学研究科博士課程担当
1998（平成10）年11月	広島史学研究会理事（1999［平成11］年10月まで）
1999（平成11）年1月	日本学術審議会専門委員（2000［平成12］年1月まで）
2000（平成12）年1月	日本学術振興会科学研究費委員会専門委員（2000［平成12］年12月まで）
2000（平成12）年4月	広島大学教育学部教授
2001（平成13）年4月	広島大学大学院教育学研究科教授
2002（平成14）年5月	マルコ・ポーロ賞受賞
2002（平成14）年10月	イタリア学会評議員
2002（平成14）年11月	広島大学学長賞受賞
2003（平成15）年1月	日本学術振興会科学研究費委員会専門委員（2003［平成15］年9月まで）

佐藤眞典教授業績目録

1970（昭和45）年4月	「革命」か「改革」か-13世紀末フィレンツェにおけるポポロ運動の評価をめぐって-、『史学研究』第107号
1972（昭和47）年1月	事件史と構造史-第13回歴史科学国際会議におけるセスタン報告とその問題点-、『広島大学教育学部紀要』第2部第20号
1972（昭和47）年1月	社会的創造と社会科—対公害教育を志向する社会科的視座—、『広島大学教育学部紀要』第2部第20号（共著）
1972（昭和47）年4月	（翻訳）N.オットカール著『中世の都市コムーネ』創文社（共訳）
1974（昭和49）年3月	（翻訳）J.W.ヴォシュ著「ポーランド国王の情熱的代表者—パウルス・ウラディミーリ—」、『史学研究』第120号
1974（昭和49）年12月	中世イタリア都市法の研究-12世紀と1296年のピストイアの都市法規の内容比較-、『広島大学教育学部紀要』第2部第23号
1975（昭和50）年12月	中世イタリア都市法の構造に関する一考察-12世紀、1296年、1344年のピストイアの都市コムーネの法規にみる同一条例-、『広島大学教育学部紀要』第2部第24号
1975（昭和50）年12月	中世イタリアにおける農村支配-12・13世紀ピストイアにおける司教支配から都市コムーネ支配へ-、『西洋史学』第99号
1975（昭和50）年12月	中世イタリア都市コムーネの領域支配-ピストイアの農村ポデスタ制-、『史学研究』第129号
1976（昭和51）年3月	イタリア中世都市国家形成期における農民支配-manorからmezzadriaへ-、『史学研究』第135号
1976（昭和51）年4月	12・13世紀北・中部イタリアの都市化と地代形態—統計的研究成果を中心として—、『広島大学教育学部紀要』

		第2部第25号
1977（昭和52）年12月		中世イタリアの「農奴解放」について、『南欧文化』4
1979（昭和54）年7月		国王証書と中世イタリアの司教、『史学研究』第144号
1979（昭和54）年10月		（翻訳）『図説世界の歴史』学習研究社（共訳）
1980（昭和55）年3月		中世ドイツの諸皇帝とイタリア諸都市、昭和54年度科学研究報告書（総合研究（A）「西洋における政治文化の歴史的特質と国家的統合過程の研究」）
1980（昭和55）年10月		フリードリッヒ＝バルバロッサのイタリア支配-regalia概念について-、『史学研究50周年論叢』
1983（昭和58）年3月		『フリードリッヒ一世の事績』にみるイタリア支配の論理、『日伊文化研究』21号
1983（昭和58）年3月		十二世紀イタリアの政治意識構造、昭和57年度科学研究報告書（総合研究（A）「西洋における思想形成の過程との関連における政治意識構造の史的分析」）
1984（昭和59）年3月		中世イタリアにおける市民像、昭和58年度科学研究報告書（一般研究（B）「西洋における「市民像」の形成と特質」）
1985（昭和60）年4月		『世界歴史事典』教育センター（共著）
1985（昭和60）年6月		『新版大百科事典』平凡社（共著）
1985（昭和60）年10月		中世イタリアの司教の世俗的支配権、『ローマから中世へ』渓水社所収
1985（昭和60）年12月		国王証書にみる中世イタリアの都市形成、『広島大学学校教育学部紀要』第Ⅱ部第8巻
1986（昭和61）年3月		中世盛期の帝権と都市の特質-シュタウフェン王朝とイタリア諸都市の関連的研究-、昭和58-60年度科学研究

	報告書（一般研究（C）「中世盛期の帝権と都市の特質」）
1986（昭和61）年9月	西ドイツとイタリアにおける中世盛期史研究-フリードリッヒ＝バルバロッサとイタリア諸都市（一）-、『史学研究』第173号
1987（昭和62）年9月	西ドイツとイタリアにおける中世盛期史研究-フリードリッヒ＝バルバロッサとイタリア諸都市（二）-、『史学研究』第177号
1987（昭和62）年12月	フリードリッヒ＝バルバロッサとミラノ市、『広島大学学校教育学部紀要』第Ⅱ部第10巻
1988（昭和63）年4月	都市国家の成立—帝国と都市—、清水廣一郎・北原敦（編）『概説イタリア史』有斐閣所収
1989（平成元）年3月	『日本大百科全書』小学館（共著）
1989（平成元）年3月	中世盛期イタリアの歴史叙述にみる「国家像」-臣民的帝国観から市民的国家観へ-、昭和63年度科学研究報告書(総合研究（A）「西洋の歴史叙述における国家の問題」)
1990（平成2）年3月	フリードリッヒ＝バルバロッサと破壊された中・小都市、『広島大学学校教育学部紀要』第Ⅱ部第12巻
1990（平成2）年3月	中世イタリアにおける異文化接触、平成元年度科学研究報告書（総合研究（A）「西洋における異文化接触の史的研究」）
1990（平成2）年7月	西ドイツとイタリアにおける中世盛期史研究-フリードリッヒ＝バルバロッサとイタリア諸都市（三）-、『史学研究』第189号
1990（平成2）年10月	フリードリッヒ＝バルバロッサと小都市ローディ—年代記にみる小都市の生き様—、『史学研究』第190号
1991（平成3）年3月	フリードリッヒ＝バルバロッサとイタリア諸都市、『報告』（東京大学東洋文化研究所）第103号

1991（平成3）年9月	西ドイツとイタリアにおける中世盛期史研究　-フリードリッヒ＝バルバロッサとイタリア諸都市（四）-、『史学研究』第194号
1991（平成3）年10月	「瀬戸内海の町と地中海の町-文明を伝える使者としての都市-」、「ヨーロッパの中世・ルネサンスの都市-力による統治と美による統治-」、『都市の歴史と生活—瀬戸内に焦点をあてて—』広島大学放送教育実施委員会
1992（平成4）年3月	帝国と都市-フリードリッヒ＝バルバロッサとロンバルディア都市同盟-、『広島大学大学院学校教育研究科創設十周年記念論文集』
1993（平成5）年12月	『中世イタリアにおける都市コムーネ体制確立過程の研究』（学位論文）、広島大学大学院文学研究科
1995（平成7）年3月	中世からルネサンスにかけてのイタリアの都市のイメージ-「都市美観の誕生」試論-、齋藤稔教授退官記念論文集編集委員会（編）『諸芸術の共生』渓水社所収
1999（平成11）年3月	イタリア都市国家の危機とその脱出方法、平成10年度科学研究報告書（基盤研究（B）「歴史叙述にみる危機の諸層」）
2001（平成13）年1月	L.ブルーニの「美による統治論」-(1)古代アテネを模倣した都市・市民論：形の美しさ-、『広島大学教育学部紀要』第二部（文化教育開発関連領域）第49号
2001（平成13）年1月	市民像と市民権の発展の構図、『学習開発研究』第1号（共著）
2001（平成13）年2月	『中世イタリア都市国家成立史研究』ミネルヴァ書房
2001（平成13）年7月	コンスタンツ和約考、『史学研究』第233号
2002（平成14）年1月	L.ブルーニの「美による統治論」-(2)市民の心の美しい都市　beneficentissima civitas-、『広島大学大学院教育学研究科紀要』第二部（文化教育開発関連領域）第50号

2002（平成14）年8月	中世イタリア都市国家形成期の歴史叙述と危機の諸相、『危機をめぐる歴史学―西洋史の事例研究―』刀水書房所収
2003（平成15）年1月	L.ブルーニの「美による統治論」-(3)正義を重んじる都市 justissima civitas-、『広島大学大学院教育学研究科紀要』第二部（文化教育開発関連領域）第51号
2004（平成16）年3月	ルッジェロ・ロマーノの『イタリアという「くに」』-ナショナル・ヒストリーからの脱却をめざして-、平成13～15年度科学研究報告書（基盤研究（B）「近代欧米における＜個＞と＜共同性＞の関係史の総合的研究」）
2005（平成17）年2月	L.ブルーニの「美による統治論」―(4)アテネモデル、共和政ローマモデルとコムーネモデル―、『広島大学大学院教育学研究科紀要』第二部（文化教育開発関連領域）第53号
2005（平成17）年3月	中世イタリアの都市条例にみる市民像、佐藤眞典教授退職記念論文集準備会編『歴史家のパレット』渓水社所収

緒　　言

　本論文集は、長いあいだ広島大学で教鞭をとってこられた佐藤眞典教授の御退職を記念する意味を込めて、先生とかかわりのある有志により編まれた論集である。本論文集の執筆者は、かつて佐藤先生と大学院時代に共にラテン語史料を読んできた世代から、佐藤ゼミで育ち巣立っていった中堅研究者、現在も直接の指導を受けている大学院生まで幅広い世代からなり、研究テーマも多彩なものとなっている。そこに来るものは拒まずという佐藤ゼミの学際的学風や先生ご自身のお人柄がにじみ出ているといってよいであろう。またこの話が佐藤先生のお耳に入った時、先生ご自身から論集に参加したいというお申し出があったことは、われわれにとって思いもかけない喜びであり、またその分、しっかりとしたものを編まねばと、さらに身の引き締まる思いがしたものである。
　このような経緯から本論文集は当初から統一テーマを決めて綿密な計画のもとに作業を開始したわけではない。まずは原則として、それぞれの研究テーマに基づいて自由に書いて頂くことにした。ただ編者の側から1つだけお願いしたのは次の点である。佐藤先生の最も重要なお仕事は2001年に上梓され、のちにマルコ・ポーロ賞を授与された『中世イタリア都市国家成立史研究』であるが、その中に次のような一節がある。

　「……俗人の市民が残した史料が存在する以上、それらの史料としてのよさが論文のなかでもでるようにこころがけた。上から支配しようとするものの思いと、その支配を受ける側の思いとを、帝国と都市の間で、また、領域の中心都市と農村コムーネとの間で、重層的に重ねながら、断片的ながら出来るだけ歴史の中で生きた人間の思いに触れる努力をした」

　このように歴史の中で生きた人間の生き様を史料に語らせようとする佐藤先生の熱い思いを、各執筆者が心に受けとめながら歴史を語って欲しいということである。しかしながら、期せずして、殆どの論文が佐藤先生のライフワークであり、また佐藤ゼミでもたびたび議論となった「個と共同体の問題」をテー

マにするものとなった。本論文集は古代史2本（ギリシア、ローマ）、中世史3本（パレスティナ、フランス、イタリア）、近世史3本（イングランド、イタリア）、近・現代史2本（ドイツ）の計10本の論文からなっている。以下、各論文の要点・狙いについて、編者なりに整理・紹介しておこう。

前野論文は、古典期アテナイにおける碑文建立の意味について検討しながら、民主政の意味について新たな見方を提示しようとしている。アテナイにおいてはなぜこれほどまでにおびただしい数の碑文が建立されたのか、そのエネルギーの源はなんだったのか。かつての通説はそれを民主政精神（＝情報公開）の表れと解釈した。確かに碑文には情報をテキストとして記録・保存・伝達する機能がある。しかしそれと同時に碑文には、テキストの内容がどのようなものであれ、そこに名前が刻まれた人々の名誉を掲示する機能もあったのである。碑文を見た者は、自分もその名誉に預かりたいと願い、ポリスに対する奉仕競争に身を投じた。その結果、おびただしい碑文が建てられることになったのではないか。このような推論をもとに、同論文は名誉＝冠を核とする人々の統合のあり方は、市民権を核とする市民共同体を超えた広がりを有するので、それを「冠の共同体」と呼ぶことを提唱している。

豊田論文はローマ市のボルゲーゼ公園の一角に設置された古代ローマ時代の石棺を取りあげている。それは、紀元後217年に死亡した皇帝侍従長マルクス＝アウレリウス＝プロセネスのもので、彼はコンモドゥスからカラカッラに至る諸皇帝に仕えた宮廷被解放奴隷だった。しかも「Prosenes receptvs ad devm」なる文言から、彼はキリスト教徒だったと想定されている。同論文は石棺意匠・銘文解読を通して、権力闘争に翻弄されながら成長していった当時のローマ教会をめぐる謎のひとつに迫ろうとしている。

森竹論文は12世紀初頭のエルサレム王国像の再検討を試みている。第1回十字軍に際してパレスティナに建設されたエルサレム王国は、1950年代以降、研究者の間で次のように理解されてきた。すなわち、周辺地域との慢性的な戦争状態と、国内の現地住民の敵意によって、絶えずその存在を脅かされていたとするものである。しかしながら近年、こうした王国像は見直されつつある。同論文は、王国の歴史の中でも戦闘が最も多かったと考えられている征服期（1100－1118）と、同時代のイル＝ド＝フランス地域、及び王国が成立する直前である11世紀末のパレスティナとを比較することで、従来の王国像を再検討している。

大宅論文は、13世紀ポワチエにおける王権・都市民・在地領主の問題について論じている。中世後期における王権の都市勢力の利用、他方それを後盾とした都市当局（=コミューヌ）による都市住民・周辺地域に対する財政・行政面での実権拡大という局面は、近年益々注目されてきている。しかし、これまでのポワチエ史研究は、都市当局と各区域の都市住民との関係については13世紀初めから14世紀半ばまでを一括して扱うことが多く、むしろ静態的描写に終始してきた。同論文は、こうした問題意識のもとに、王権と深く結びついた都市当局と教会領主をはじめとする都市内諸権力のせめぎ合いを分析し、都市内諸権力の相互関係のダイナミズムを明らかにしている。

　佐藤論文は中世イタリアで都市条例により、どういう市民たちがコムーネを創り、それをいかに育み、変化・成長させていったのかを論じている。都市条例では、地域の一部の都市住民の同意・合意の下に政策が決められ、権力や役職も選挙か籤か輪番制かにより派生した。より重要で強力な権力を他人に託す場合には、その託された者が専制者（tyrannus）や傲慢な越権行為（superbia）を犯す者、すなわち、悪しき政府にならないように、常に制約を課し細心の注意を払って監視した。これがコムーネの根本原理である。しかしながら、他方では、地域から派生した権力なるがゆえに、自分たちで解決できない問題の調停を上級の権力者（皇帝や教皇）に頼ろうとしたり、常に地方権力の合法性を彼らに求めたのも当然の成り行きであった。同論文は、都市民たちが、皇帝勢力、教皇勢力や敵対諸都市と争いながら、いかにして自分たちのコムーネを守り抜こうとしていたのかを明らかにしている。

　工藤論文は、16世紀の教会国家の統治官と匪賊の問題を扱う。16世紀の教会国家では、匪賊が深刻な社会問題となっていた。しかしながら、匪賊の取り締まりに関して、地方の統治官が様々な匪賊対策をとっていたのに対して、教皇側が消極的態度を示していたことの意味について考察している。統治官は積極的に匪賊対策を講じており、彼らの厳しすぎる司法判断が、さらなる匪賊の発生を招くほどであった。一方で匪賊たちは地方の有力者と結びついていたために、広範囲に自由に活動することができた。同論文では、こうした地方の有力者との結びつきを持っていた教皇権は、匪賊の根絶よりはむしろ、地方の有力者との関係を保持することに重きを置いていたのではないかと推論している。

　中平論文は、16世紀ヴェネツィア共和国の課税問題について扱っている。15世紀に新たにヴェネツィア共和国の領土となったイタリア内陸領テッラフェル

マは、16世紀以降の共和国財政を支えた重要な徴税地であり、ヴェネツィア共和国を中世の都市国家ではなく、近代の領域国家、複合国家として捉える際に重要な研究対象となる。このテッラフェルマと中央政府の各地との関係を、課税を巡るヴェネツィアの中央政府への上訴を中心に検討し、テッラフェルマの各地域内における地域中心都市と農村地域との対立に際して、中央政府が果たした仲裁機能を明らかにしている。

井内論文は16世紀イングランドの議会課税である10分1税・15分1税について検討している。同税は都市や州に一定額を割り当てるもので、その徴税方法は原則として各徴税地域に任されていた。同論文では地方の徴税地域において徴税官たちが、たとえば村の法、掟、慣習などと、いかなる関係を取り結びながら徴税を行っていたのか、またそもそも、徴税地域で税を課され、またそれを支払うことがいかなる政治的・社会的意味を持っていたかを分析する。このように国家—地方共同体—個（担税者）の関係を問うことで、近世イギリスの国家と社会の特質について明らかにしている。

原田論文は、ワイマル共和国末期のナチスの労働者政策の実態を街頭闘争という側面から照射したものである。まずワイマル期ベルリンの政治状況を概観した上で、ベルリン労働者地区でナチス突撃隊（SA）と左翼労働者組織の間で展開されたシンボル闘争や政治的暴力の様子を明らかにしている。同論文はSAを街頭を通じたワイマル期のナチスの労働者獲得装置に位置づけ、このナチス（SA）の活動によりベルリンは左翼の政治的牙城としての「赤いベルリン」というイメージが成立しなくなった点を強調している。

長田論文は、第三帝国下のドイツで、ユダヤ人でもドイツ人でもない、その中間の人種カテゴリーである「混血者」の範疇に入れられた人々が、どのような体験をしたのかを、ヘルムート・クリューガーとその家族という具体的事例を紹介することで明らかにしている。ユダヤ人絶滅政策が展開していく中で、彼ら「混血者」も次第にそこに含めていく方向で政策が展開していたことが、同論文から浮き彫りにされる。

画家にとってパレットは、1つの作品を生み出すのに不可欠な道具である。また単にカンバスと絵筆と絵の具があれば、自然に芸術作品ができあがるというわけではない。画家が心に描いたイメージに沿って、色とりどりの絵の具を使いこなさなくてはならない。色はそれぞれにパレットの上でその個性を鮮明にするのみならず、ある時には混ぜ合わされたり、全体を包み込むように薄め

緒　言

られたりすることで新たな色彩を創造し、その深みを増していくのである。いわば、佐藤ゼミは、個性豊かな研究者や学生が自由に集い、議論し、思索し、理解を深める中でそれぞれの歴史観や研究方法を学び発展させていく「歴史家のパレット」のようなものであった。われわれが佐藤ゼミから学び育んできた、それぞれの色彩を「歴史家のパレット」の上に織りなすことで、われわれのパレットとなってくださった佐藤先生の学恩への感謝の思いを少しでも伝えることができればと思う。

平成17年3月3日

編集者代表　井内　太郎

目　　次

佐藤眞典先生近影
佐藤眞典教授年譜・業績目録　　　i
緒　　言　vii

冠の共同体—古典期アテナイにおける碑文建立と民主政— … 前野　弘志 …… 3

紀元後3世紀初頭のM.Aurelius Prosenesの
　石棺を見、銘文を読む ……………………………… 豊田　浩志 …… 25

エルサレム王国像再考 ………………………………… 森竹　弘喜 …… 45

13世紀ポワチエにおける王権・都市民・
　在地領主 ……………………………………………… 大宅　明美 …… 73

中世イタリアの都市条例にみる市民像 ……………… 佐藤　眞典 …… 92

16世紀教会国家の統治官と匪賊 ……………………… 工藤　達彦 … 109

税関連上訴に見る16世紀ヴェネツィア共和国の
　中央政府・地方都市・農村地域 …………………… 中平　　希 … 128

近世イギリスにおける国家と社会
　—10分1税・15分1税の課税問題の分析を中心として— …… 井内　太郎 … 150

「赤いベルリン」とナチズム ………………………… 原田　昌博 … 171

第三帝国下のユダヤ人「混血者」家族の事例 ……… 長田　浩彰 … 192

あとがき　—佐藤先生とレオナルド＝ブルーニと私— …… 前野やよい … 212

執筆者紹介　216

xiii

歴史家のパレット

冠の共同体
―― 古典期アテナイにおける碑文建立と民主政 ――

前 野 弘 志

はじめに

　アッティカにおいてはなぜこれ程までに膨大な数の碑文が建立されたのだろうか。そのエネルギーの源とはいったい何だったのだろうか。筆者がアッティカの碑文文化に興味を持つようになったのはそもそもこのような素朴な疑問からであった。かつての通説によれば、碑文建立は民主政精神(=情報公開)の表れであるとされていた[1]。しかし1990年代以降、碑文はそもそも読まれたのかという疑問が提起され、碑文テキストによる情報伝達よりも、むしろ碑文が存在することによるシンボリックな情報伝達の方に関心がシフトしていった[2]。碑文は確かに「読まれた」と筆者は思うが、ここではその問題については触れない。ここで問題にしたいのは、碑文建立には、そこに刻まれたテキスト内容の情報を伝達するという機能だけではなく、そのテキストに記録された人々の「名誉」を掲示し、それを「見た／読んだ」人をあるべき市民像へと向かわせる「教育装置」としての機能もあったという点である[3]。碑文建立の持つ前者の機能を否定するつもりは全くないが、後者の機能もそれに劣らずアッティカにおいて膨大な数の碑文を産み出したエネルギーの源だったのではないだろうか。本章の目的は、古典期アテナイの民主政と碑文建立の関係を、「名誉」=「冠」をキーワードとして探る試みである。

1　「デーモクラティアー」のイメージ

　古典期のアテナイ人たち自身は「デーモクラティアー」ἡ δημοκρατίαをど

写真①（RO. plate 79）

のようなものだと認識していたのだろうか。このことを探るために「デーモクラティアー」の図像を取り上げてみたい。古典期における「デーモクラティアー」の図像は今のところ1点しか検出されていない。それはエウクラテスが動議した前337/6年の「反僭主の法」[4]に描かれた有名なレリーフである。

まず碑文テキストの考察から始めよう。この碑文の論旨は明解である。もし何者かが僭主政樹立を目論んでアテナイにおける市民団あるいは民主政を打倒しようとした場合、①その者を殺害しても穢れがないこと（4–11）、②仮想敵はアレイオス・パゴス評議会員であること（11–16）、③陰謀を企てたアレイオス・パゴス評議会員は一族もろとも市民権を剥奪され財産を没収されること（16–32）である。この碑文は2部作成されて、1つはアレイオス・パゴスの評議会場の入口に、もう1つは民会議場の中に建てられた（32–37）。つまりこの碑文は、法を記録・保存あるいは掲示するといった「記録的な碑文」であるというよりはむしろ、アレイオス・パゴス評議会

員が出入りする場所に建ち、民主政を打倒しようとする者に対して殺害を予告する「警告的な碑文」というべきものであった。

現在アゴラ博物館に展示されているこの碑文は、1952年にアメリカン・スクールの調査隊がアテナイのアゴラを発掘中に、アッタロスのストアの下にあった四角い列柱廊で発見したものである（写真①）。白大理石製のこの石板の大きさは、高さ1.57m、幅0.41〜0.43m、厚さ0.10〜0.12m。ほぼ完全に保存されているが、中央のアクロテリアが欠損し、底面は全て破壊されている。またレリーフ下部に2つの切断の痕跡が認められるが、これは古代においてレリーフと碑文を切り離そうとしたときの傷だと考えられている。

レリーフに注目しよう。左に座っているヒゲの男性は「デーモス」すなわち民会や市民団の擬人化である。このことは他の碑文レリーフでも確認できる。彼の上げた左手には、今は消えて見えないが、かつて杖か杓がペイントされていたはずである。右に立っている女性は恐らく「デーモクラティアー」だと考えられている。左手を腰にあて、右手で「冠」を「デーモス」の頭に掲げている。「デーモクラティアー」のレリーフは他に例がないが、僭主政を樹立するためにアテナイの「デーモス」（市民団＝民会）および「デーモクラティアー」（民主政）を打倒するという文言が碑文中に3回（8-9行目、13行目、16-17行目）現れることから間違いないだろう。このような「デーモス」と「デーモクラティアー」の組み合わせは、ゼウス・エレウテリオスのストアに奉納されていたエウフラノル作の絵画（Paus. 1.3.3-4）をモチーフとしたものと考えられている[5]。

この碑文が建立されたのは前337/6年である。それはアテナイにとって時代を画する時期であった。前338年8月にマケドニア王フィリッポス2世がカイロネイアにおいてアテナイとその同盟軍を破った。フィリッポス2世はアテナイに民主政の存続を保証したが、アテナイの熱心な民主派（この「反僭主の法」の動議者エウクラテスなど）は、マケドニアの後押しによる僭主政の樹立を恐れていた。前323年にアレクサンドロス大王が死亡したのを契機に反マケドニア戦争（ラミア戦争）が勃発したが、翌前322年には反マケドニア勢が敗北した。その結果、アテナイはアンティパトロスのマケドニア軍に占領され、ペイライエウスにマケドニア軍が駐留し、市民権を2,000ドラクマ以上の有産者9,000人に制限する寡頭政が樹立された。かくして恐れていた民主政の終焉が現実のも

とのなったのである。これにより12,000人が市民権を喪失し、主要な反マケドニア分子が処刑された。この中にエウクラテスも含まれ、この時この碑文も引き倒されたと考えられている。

「デーモス」の崇拝は既に前5世紀の後半から始まっていた。それ以降「デーモス」の擬人化された姿が絵画に描かれていたが、それらは現存しない。現存するのは、それらの絵画からモチーフを取って碑文レリーフに描かれた「デーモス」像である。「デーモス」が碑文レリーフに描かれるようになるのは前4世紀になってからのことで、現存するレリーフの大部分は前4世紀後半のものである。その時期に多くの「デーモス」像が碑文レリーフに描かれるようになった理由は当時、国内外の敵に直面した民主政権が自己認識を高めた結果だと考えられている[6]。

さて、この碑文テキストとレリーフと時代背景を総合して「デーモクラティアー」が当時のアテナイ人たちによってどのようなものとして認識されていたのかを考察してみよう。テキストから分かるのは「デーモクラティアー」が打倒されて僭主政にとって替わられるかもしれない「制度」として認識されていることである。それが具体的にどのような「制度」であるかについては書かれていない（前322年の現実から逆照射すれば明らかであるが）。しかしそのことはレリーフによって表現されているのではないだろうか。レリーフは何を描いているのか。それは「デーモクラティアー」が「デーモス」に「冠」を与えている場面である。すなわち当時のアテナイ人たち自身にとって「デーモクラティアーとはデーモスに冠を与えるもの」と認識されていたのである。

2 「冠」の意味

では冠は何を意味するのだろうか。まず冠の一般的な意味から考えてみよう。花、葉、枝などの植物で、あるいはそれらを模して、青銅、銀、金などの金属で作られた冠は、ギリシア・ローマ人の日常生活の様々な場面で用いられる飾りであった。神々はそれぞれに割り当てられた特定の素材で作られた冠で飾られることになっていた。たとえば、アポロン、ゼウス、アフロディテは月桂樹の冠で、デメテルとコレは麦の穂の冠で、ディオニュソスは木蔦とブドウの葉

の冠で飾られた。人間も様々な場面で冠を被った。たとえば、犠牲式の時には犠牲を行う神官も参加者も冠を被った。演劇の合唱隊や弁論者も冠を被った。結婚式の時には新郎新婦が冠を被った。子供が生まれた時にはオリーブの枝の冠あるいは羊毛の冠をドアに掛けてそれを示した。男は酒宴の時に冠を被った。戦争の準備として冠を被ることもあった。勝者も戦死者も冠を被った。競技の時に勝利者は冠を授与された。素材は各競技会によって異なっており、オリュムピア祭ではオリーブの冠が、ネメア祭とイストモス祭ではセロリの冠が、ピュティア祭では月桂樹の冠が、パンアテナイア祭ではオリーブの冠が授与された。またポリスやデーモスなどに対する功労者にも冠が授与された。さらに冠の飾りはモノにまで及んだ。たとえば、祭壇、神像、神殿、時には儀式の道具なども冠で飾られた。骨壺が冠で飾られたり、墓碑に冠が掛けられたりもした[7]。

以上のことから、冠とは一般に何かしら人間の性質を超えた神的な性質（神性）を表すシンボルであったと言えるのではないだろうか。つまり神々はもちろんのこと、それを身に着けた人間や、それが描かれたモノまでも、その限りにおいて「神性」を帯び、人間の／世俗の性質を超えた存在として認知されたのだろう。

碑文レリーフには冠授与の場面を表したものが多い。Lawton (1995) の資料集をもとに調べてみると、この種のレリーフは、確実に分かるもの、構図からそう推測されるもの、合わせて65例あり、現存する碑文レリーフの1/3以上を占める。そして冠が描かれた碑文は、公的碑文であればポリスやデーモスなどに対する功労を称えた顕彰碑文であり、私的碑文であれば同様のことを記した奉納碑文である[8]。ここではデーモスが描かれたと思われる公的な碑文レリーフ4例を取り上げて、「デーモス」と「冠」の関係について考察してみよう。

写真② (Lawton no.117; Glowacki fig. 4 ; $IG.\mathrm{II}^2$ 160) は前4世紀中頃のある顕彰碑文のレリーフ右下部である。実のところ、ある人物が確実に「デーモス」であると分かる例は少ないが、これはその1つである。右側の下半身しか残っていない人物が間違いなく「デーモス」である。なぜな

写真② (Lawton no.117.)

7

らば彼の足元にΔΗΜΟΣ「デーモス」という名が刻まれているからである。彼の左に足だけが残っている人物は被顕彰者である。なぜならば彼の体は「デーモス」よりも小さく描かれていることから彼が人間であることが判明するし、彼の足元に[――]ΔΡΩΝ「・・・ドロン」という名が刻まれているからである。

写真③ (Glowacki fig.1.)

写真③（Glowacki fig.1）は最近になって再発見された前4世紀の第3あるいは第4四半世紀のある顕彰碑文のレリーフ右側である。右の背の高いヒゲの男性が、名前はないが容貌や服装から「デーモス」であると考えられる。彼の左にいる背の低い男性は被顕彰者である。「デーモス」は被顕彰者の頭上に冠を被せようとしている。「デーモス」の重心の掛け方は異なるが、恐らく写真②と写真③は同じ構図だったのだろう。

写真④（Lawton no.126; Glowacki fig.8）は前4世紀の中頃あるいは第3四半世紀のある顕彰碑文のレリーフである。左端の背の高い女性はアテナである。中心に描かれた2人の背の低い人物は被顕彰者である。アテナは左側の被顕彰者の頭上に冠を被せようとしている。右端の人物が欠損しているが、彼も一段と背が高く描かれていることから人間ではないことは明らかである。おそらく彼は「デーモス」だろう。写真③のような構図をここに嵌め込んでみることが可能だろう。彼は右側の被顕彰者の頭上に冠を被せようとしている。

写真④ (Lawton no.126.)

写真⑤ (Lawton no.13; Glowacki fig.13; $IG.II^2$ 367) は前323/2年のアスクレピオドロスの顕彰碑文のレリーフである。右から2番目の最も背の低い男性が被顕彰者である。彼の両脇には彼より背の高い男女が立っている。左の男性は「デーモス」（民会）であり、右の女性は「ブーレー」（評議会）であると考えられる。彼らは共に被顕彰者の頭上に冠を被せようとしている。そして左端の最も背の高い女性はアテナ、つまりポリスの象徴である。彼女の手に持っているものは冠で、彼女も被顕彰者に冠を被せようとして

いる。以上の比較から、写真②と写真③のレリーフも元は写真④あるいは写真⑤のような構図をしていたと考えられるだろう。

さて、これらのレリーフから何が読み取れるだろうか。1つは神々と人間のコミュニケーションである。もう一度、写真④を見ていただきたい。注目すべきは、冠を授与する神々に対して被顕彰者である人間が右手を軽く挙げている構図である。被顕彰者が必ずしもこのジェスチャーをするとは限らないが、そのような事例は多く見出せる。これは神々を崇拝するジェスチャーである。つまりこの構図から、神々と人間との間に「冠」と「崇拝」の交換が行われている様を見て取ることができるのである。

写真⑤ （Glowacki fig.13）

この交換の意味を知るためには、古代ギリシアの宗教を理解しなければならない[9]。ギリシアの祈りは、魂の癒しや、贖罪や、道徳的な向上を願ったものではなく、ご利益の獲得を願ったものであった。したがって祈りは「もしあなたが私にXを授けるなら、私はあなたにYを与えるでしょう」といったような等価交換的な一種の契約のようなものであった。

たとえば、ある人が任期1年のある役職に就くことになったとしよう。その人は就任にあたり、自分が役職をまっとうできますようにと神々に祈り、その暁には何々を奉納いたしましょうと願をかけたことだろう。そして任期満了を迎え、執務審査に合格したとした時、彼はそれを自分の努力の賜物であったというよりも、神々の恩寵が得られた結果に他ならないと（少なくとも表向きは）観念したに違いない。その「神々の恩寵」が冠によって表されているのである。この精神構造は戦争においてであれ、競技においてであれ、商売においてであれ同じであった。したがって、碑文レリーフに描かれた冠授与の場面は、いわば形而上学的な領域における冠授与のシーンと言えるだろう。

この形而上学的な冠授与は現実世界において再現された。前330年にある冠の授与を巡って互いに攻撃しあう2つの法廷弁論が書かれた。1つはアイスキネスの『クテシフォン論駁』であり、もう1つはデモステネスの『冠に関して』

（あるいは『クテシフォン弁護』）である。これら2つの法廷弁論から、当時の冠授与の実態を窺い知ることができる。

　事情は次のようなものである[10]。カイロネイアの戦いでの敗北のニュースが伝わると、アテナイでは大慌てで防壁の修繕が始まった。しかし期待以上に寛大な戦後処理がなされると、アテナイ人は安堵し、防壁の完全修復に本腰を入れることを決議した。この大工事は幾つかの部族に割り当てられ、デモステネスは彼の部族（パンディオニス部族）に割り当てられたペイライエウス周辺の修復作業の監督官に選出された。彼には約10タラントンの公金が委託されたが、それでは足らなかったので3タラントンの私費をポリスに寄付してそれを補った。すると彼の友人クテシフォンはこれを好機と捉え、アテナイ市民のみならずギリシア各地から外人が集まってくる次の大ディオニュシア祭の時に、ディオニュソス劇場においてデモステネスに金冠を授与し、ポリスに対する彼のこれまでの多大な献身を称えるべきであると評議会に提案した。この提案が民会に送られた時、アイスキネスがそれを違法提案として告訴した。その結果、決議は延期され、裁判が行われることになった。これは前336年のことであったが、実際に裁判が開かれたのはその6年後のことであった。

　この裁判から冠授与に関して以下の規定が明らかとなる。まず冠授与の発議は評議会あるいは／および民会に対して、本人あるいはその友人がなした。すると評議会あるいは／および民会はその行為が冠授与に相応しいか否かを審議し、評議会が冠授与を決議した場合は評議会場で、民会が決議した場合は民会議場で、冠授与式が行われ、その他の場所では行ってはならないとされていた（Ais. 3.32; 34; 45）。これが公式の冠授与であるが、実際にはディオニュソス劇場においても冠授与が行われていた。その理由は、評議会や民会の承認なく、部族や区や外国ポリスによっても冠授与式が行われることがあり、悲劇が上演される時に劇場で顕彰される方が、アテナイ人によってのみでなく、ギリシア中からやって来た外人によっても目撃されるので、より名誉なことであると思われるようになったからであるという（Ais. 3.41–43）。また劇場において外人によって授与された金冠は奉納物としてアテナへ奉納しなければならないと定められていたが、評議会や民会が授与した金冠は返す義務がなく、自分の家に持ち帰って保管し、子々孫々に伝えることが許されたともいわれている（Ais. 3.46–47）。

アイスキネスはこのような前4世紀末の現状と比べ、昔の冠授与がいかに質素で厳しく公正なものであったかを示すために、前403年のヒュレーの帰還者たちの顕彰について次にように語っている。「その他、評議会場の傍のメトローオンで、亡命した民衆をヒュレーから連れ戻した人々にあなた方が与えた贈物を見ることができるでしょう。この決議を提案し通過させたのはコイレ区のアルキノスで、人々を連れ戻した者たちの内の1人でしたが、彼はまず彼らに犠牲と奉納のために1,000ドラクマを与えるべきことを提案しました。それは1人あたり10ドラクマ以下の額でした。次に彼は彼らの内の一人ひとりをオリーブの冠で飾るべきことを命じました。(金の冠でではありません。なぜならば当時はオリーブの冠が価値あるものとされていたからです。しかし今日では金の冠さえ軽んぜられていますが。)そして彼はこのことをなすがままにさせたのではなく、カイロネイアにおいて敵が迫っている時に戦列を外れた者たちとは違って、ラケダイモン人と三十人たちがヒュレーを占領している者たちを攻撃した時、誰がヒュレーで包囲されたのかを詳細に吟味するよう評議会に命じたのです。私が本当のことを言っていることの証拠として、その決議があなた方のために朗読されるでしょう」(Ais. 3.187)。

この記述と先に見た顕彰碑文のレリーフとを考え合わせることによって、功労・称賛・奉納という顕彰にまつわる一連の行為の相互関係を、冠を介した神々と人間の間の等価交換関係として、以下のような図式(図1)で理解できるのではないだろうか。

①人間はまず神々に対して犠牲を捧げ、自分の願いが叶えられた暁には何々を奉納しましょうと言って願掛けをして、神々と契約を結ぶ。②神々はその人間の敬虔さを認め、彼に恩寵を与える。この恩寵は冠の形で表現された。③神々の恩寵を得た人間は、神性を身に帯びることによって超人的な力を発揮し、ポリスに貢献する。④ポリスは彼の貢献に報いて、彼に名誉を与えることを決議する。つまり、大勢の人々の前で称賛し、冠を与え、奉納のための公金を与えた。⑤名誉を与えられた人間は、神々との契約に従って約束したものを奉納し、更なる神々の恩寵を期待する。

さて、以上の考察を踏まえて「デーモクラティアー」のイメージを読み直してみるとどのような結果になるだろうか。「デーモクラティアー」とは「デー

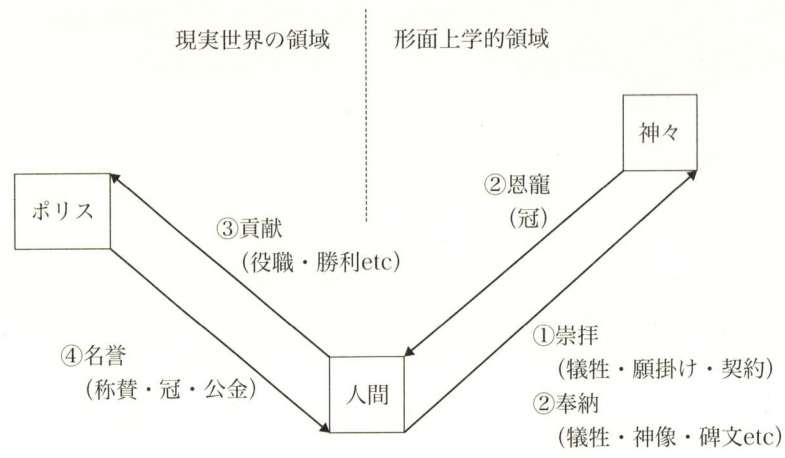

図1　冠を介した神々と人間の間の等価交換関係の回路

モスに冠を与えるもの」とイメージされていた。「冠」とは神々から贈られた恩寵であり、かつ人間から贈られた名誉のシンボルであった。そして「冠」の周辺には神々と人間の間の等価交換関係の回路が形成されていた。ということは「デーモスに冠を与える」とは「デーモス」をこの回路に組み込むことに他ならないのではないだろうか。

3　「デーモス」とは誰か

では「デーモス」とは誰のことか。「デーモス」ὁ δῆμοςという語には様々な意味がある。第一義的には「地区」「田舎」「村」などの地理的な範囲を示すが、同時にそのような範囲に「住む人々」も指す。特に、王や有力者の反意語として「田舎に住む平民」という意味合いがある。それゆえに軍隊においては「兵卒」という意味でも使われる。一方、政治的な意味においては「主権を持った人々」「自由市民」あるいは寡頭政や僭主政の反意語としての「民主政」という意味があり、またそれを支える「民会」とも同義である[11]。

要するに「デーモス」と言う語は、王や有力者の反意語としての「平民」、彼らから構成される「市民団」、彼らを市民として登録する場としての「区」、彼らから構成されるポリスの最高決議機関としての「民会」、そして彼らが主

権を持った政治体制としての「民主政」という意味であり、これは「王」や「貴族」、彼らが主権を持った「寡頭政」や「僭主政」と反意の関係にある語である。既に見たように前322年の民主政廃止の際に市民権を喪失した人々こそ「デーモス」であったと考えてよいだろう。もっとも、その後の寡頭政において市民権を保持した人々も自分たちのことを「デーモス」と呼んだに違いないが。

ところで、「反僭主の法」のレリーフではデーモスが冠を授与されているのであるが、実際に冠を授与された人々は、アテナイの成年男性市民（デーモス）に限られた訳ではなかった。その中には外人も女性市民もメトイコイもいたのである。そして彼ら／彼女らは明らかに「デーモス」ではなかった。

グラフ1は決議碑文の内容別内訳と時代分布を示したものである[12]。それを見ると、波長の異なる3つの波があることに気付くだろう。最初の波は「条約」である。これは前5世紀前半から始まり、前5世紀後半にピークを迎え、前3世紀前半にかけて徐々に減少する。第2の波は「外人顕彰」である。これは「条約」と同じく前5世紀前半に始まるが、「条約」がピークを迎え減少に転じる前5世紀後半以降に逆に増加し、前4世紀後半にピークを迎え、「条約」と同じ前3世紀前半にかけて一気に減少する。このことは「条約」と「外人顕彰」が本来、外交関係を有利にするという同じ機能を持ったものであったが、いわゆる帝国の時代と言われた前5世紀後半には国家を対象にした「条約」という形を取ったのに、かつての政治力を失った前4世紀には個人を対象にした「外人顕彰」という形に、戦略を変更したものと理解できるだろう。

第3の波は「市民顕彰」である。これは前5世紀の間はほとんどなく、前4世紀になってやっと増加し始め、「外人顕彰」と同様に前4世紀後半にピークを迎える。しかしその後わずかながらの減少傾向を示すものの持ちこたえ、一気に落ち込んだ「外人顕彰」を追い越してしまう。この時期のずれから、ポリスに対する功労者を顕彰するという制度はまず「外人顕彰」に始まり、「市民顕彰」はそれを真似たものと見ることができるだろう。そして注目すべきは、「市民顕彰」には、男性市民だけではなく、女性市民やメトイコイも現れることである。

このように「冠」を与えられた人々が、「デーモス」（民衆／成年男性市民）のみならず外人・女性市民・メトイコイたちも含まれたという事実をどのよう

グラフ1　条約・外人顕彰・市民顕彰

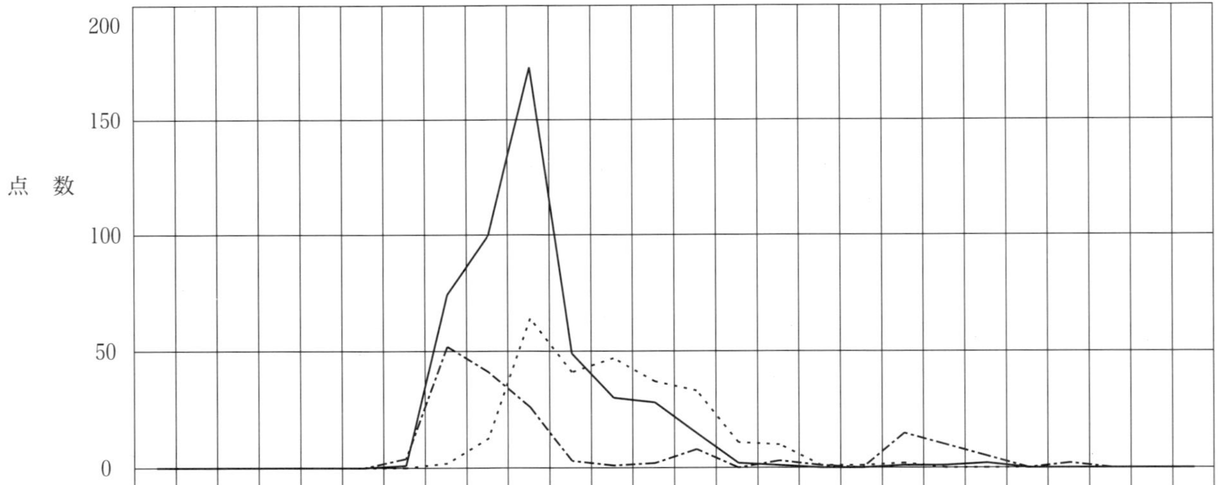

	751～800	701～750	651～700	601～650	551～600	501～550	451～500	401～450	351～400	301～350	251～300	201～250	151～200	101～150	51～100	1～50	50～1	100～51	150～101	200～151	250～201	300～251	350～301	400～351	450～401	500～451
-·-·-·- 条　約	0	0	0	0	0	0	4	52	41	26	3	1	2	8	0	3	1	0	15	10	5	0	2	0	0	0
―――― 外人顕彰	0	0	0	0	0	0	1	74	100	173	49	30	28	15	2	1	0	0	1	1	2	0	0	0	0	0
········ 市民顕彰	0	0	0	0	0	0	0	2	13	64	41	47	37	33	11	10	1	1	2	0	0	0	0	0	0	0

年代と点数

に捉えればよいのだろうか。この問題を考えるためには、ポリス社会における「名誉」のあり方を考えなければならないだろう。

　「名誉」はいつの時代のどの地域にもある。しかしその内実は時代により地域により異なっていたはずである。では当時のアテナイ人にとっての「名誉」とは具体的にどのようなものだったのだろうか。「名誉」を意味する古代ギリシア語は「ティーメー」η τιμή である。この語は「名誉」の他に「名誉ある地位」・「役職」・「権威」・「褒章」・「価値」なども意味する。着目すべきはこの語の中に「名誉」と「役職」という意味が同居している点である。アテナイのポリスの役職に就く者はアテナイ市民でなければならなかった。そして任期が満了となった時、公職と公金に関する厳しい執務審査に合格しなければならなかった。したがってポリスの役職に就き、その職責を果たし、その仕事が碑文によって掲示されたということは、その人が生まれにおいても行いにおいてもアテナイ市民であるということのゆるぎない証になったに違いない。ポリス市民であるか否かは出生によって決められたが、それだけでは不十分であり、「ポリス市民らしさ」を行為によって示さなければならなかった。そしてその行為とは「役職」（軍役も含む）に就くことであり、その職責を果たすことが「名誉」であったのである。

　ではアテナイのポリスの役職に就くことのできない外人・メトイコイの顕彰の場合はどうであろうか。彼らは確かに外人であった。しかし外人であるにもかかわらず、アテナイ市民と同様に、場合によってはそれ以上に、アテナイのポリスに対して貢献をなしたがゆえに、彼らは顕彰されたのであった。つまり彼らは、「生まれ」においてはアテナイ市民ではないが、「行い」においてはアテナイ市民になんら変わりがないと見なされたのであろう。そのように外人でありながらアテナイを愛する者たちには、アテナイ市民に近い名誉がグラデーション的に与えられたのである。そしてその褒章の中で最上級のものがアテナイ市民権の付与であった。このことを考えれば、アテナイ市民権の取得資格は、まず「生まれ」であったことには違いないが、それだけでは不十分であり、場合によっては「行い」がそれを凌駕することもあったのである。

　女性市民の場合、彼女たちも彼女たちにしか果たせない役割を担うことによって冠を授与されることができた。具体的には「女神官」や「カネロフォロ

イ」などの宗教的な分野において重要な役割を果たした。そのことによって彼女たちが男性市民と同様の身分になることはなかったが、ポリスに貢献した者としては変わりがなかった。

　一方、市民権喪失者を「アティーモス」ὁ ἄτιμος と呼ぶ。文字通りの意味は、「ティーメーを失った者」すなわち「ポリス市民的名誉を失った者」という意味である。ポリス市民的名誉を失うことは、すなわち市民権喪失を指し、民会に出席すること兵役に就くことなど、公的な義務から排除された者を指す。このことからも、ポリス社会において「名誉」と「役職」が密接に結び付いていることが分かるであろう。

　そうすると改めて「デーモスに冠を与える」とはどういう意味になるだろうか。「デーモス」とは「貴族」に対する「民衆（＝平民）」を意味する。したがって「民衆（＝平民）」を「冠」の回路に組み込むことを意味した。しかし冠を与えられた人々は「民衆（＝平民）」だけでなく、外人・女性市民・メトイコイなども含まれていた。しかし彼ら／彼女らは「デーモス」ではあり得ない。このことは恐らく「デーモス」が冠を与えられるだけの受動的な存在ではなく、冠を与える能動的な存在であったと考えることによって理解されるのではないだろうか。つまり「デーモス」が冠の回路をコントロールしたのである。もう一度、写真②、③、④、⑤を見ていただきたい。デーモスが人間に冠を与えているのは、この能動的な姿勢を示しているのだろう。

　ここで再び「デーモクラティアー」について考える必要が出てきた。「反僭主の法」においては「デーモス」は「冠」を与えられる存在であった。そして「デーモス」は「冠」を与えられている限り、ポリスへの貢献者に「冠」を与えることができた。と言うことは「デーモクラティアー」とは「デーモスに冠の回路をコントロールする権力 τὸ κράτος を与えるもの」と読み直すことができるのではないだろうか。

4　「冠」を巡る闘争

　デーモスが「冠」（＝名誉）をコントロールするようになるまでの道筋には、貴族と民衆との間に「冠」を巡る闘争があった。ここではこの闘争の歴史を概

観して見たい。アテナイ民主政の基礎を築いたのは前508/7年のクレイステネス改革である。彼は従来の四部族制に替えて十部族制を敷き、全市民はその下部組織である区（デーモス）に登録されるようになった。また市民総会である民会（デーモス／エクレーシア）をポリスの最高決議機関とし、その先議機関として各部族から選出された50人が構成する五百人評議会を創設した。またポリスから追放したいと思う者の名を陶片に記して投票するオストラキスモスの制度を創設したのも彼であった[13]。冠を巡る闘争の発火点はこの制度の中に見出せるのではないだろうか。

　最近のオストラキスモス研究によれば[14]、オストラキスモスの元来の目的に関して、それを党派争いの道具とする説や僭主予防とする説は支持されない。アンドロティオンは、元来オストラキスモスはペイシストラトスおよび彼の周辺にある人々を、僭主政を目論む危険人物のグループとみなし、彼らをターゲットとして創設されたと説明しているが、初期の文献史料やオストラカには僭主予防に言及したものはない。確かにオストラキスモスの犠牲者のほとんどは上層市民であり、政治的影響力を持っているあるいは持つと危惧された人々であったが、その具体理由は、背信、ペルシア贔屓、買収、慣習に反した生活態度（富の誇示）、道徳的堕落（性的逸脱）、呪い、名誉欲など様々であり、これらは全て「不正」という語で表されるものであった。つまりオストラキスモスとは、僭主予防も含めて、共同体から突出して市民的平等を損ねる者を排除することによって、民主政的平等を実現・維持するための道具であったと考えられるのである。

　もしこの見解が妥当ならば、オストラキスモスとは貴族的な富や名声の掲示を阻止するための制度であったと見なすことも可能となり、ポリスに貢献した者ならば誰でも与ることのできる、名声の民主的な掲示を促進した碑文建立の制度と、表裏の関係にあったと考えられ、両者の間には連動性が認められるのではないだろうか。

　オストラキスモスが最初に施行されたのは前487年より少し前のことであったと考えられている。この時期、ペルシア戦争中に立てた武勲を貴族たちが自分の名前を挙げて誇示することに、アテナイの民衆は非常な拒否反応を示した。たとえば、前479年にプラタイアの戦いを勝利に導いたスパルタ王の摂政パウ

サニアスの件について、トゥキュディデスは次のように伝えている。「またギリシア人がペルシア人からの戦利品の初穂として奉納したデルフォイの鼎に以下のエレゲイアを彼(=パウサニアス)が勝手に刻むことを要求したことがあった。『ギリシア人の首長としてペルシア人の軍勢を滅ぼしたので、パウサニアスがフォイボスに記念碑としてこれを捧げた』。しかしこのエレゲイアをラケダイモン人は直ちにこの鼎から削り落とし、ペルシア軍を共に倒した限りのポリスの名を刻み、その奉納品を建てた」(Thuc. 1.132.2-3)。

　前476年頃にペルシア軍の前線基地があったエイオン攻略を指揮したキモンの件と、彼との比較で言及された前490年にマラトンの戦いでギリシア軍を勝利に導いた彼の父ミルティアデスの件について、アイスキネスは次のように伝えている。「アテナイ人の皆様、当時には、大変な骨折りと大きな危険を耐え忍び、ストリュモン河畔においてペルシア人と戦い、勝利した人たちがいました。彼らが帰還して、民会に贈物を要求すると、民会は彼らに大きな名誉を与えました。その時に決議されたのは、ヘルメスのストアに3体の石のヘルメス像を建てるということでした。しかしそれには彼らの名を刻むことは許されませんでした。その碑文が将軍たちのものではなく、市民団のものであると思われるためにです。私が真実を話しているということを、それらの碑文自体からあなた方は知るでしょう。最初のヘルメス像にはこう書かれています。『実に彼らは勇敢であった、ペルシア人の子らをストリュモン河畔のエイオンで、燃えるような飢えと情け容赦ない刃を向けて、はじめて敵が途方にくれるのを見た』。第二には『善行と大きな徳に報いて、アテナイ人は指揮官たちに、代償としてこれを与えた。これを見る者はより以上に駆り立てられて、公共のことのために苦労することを欲するだろう』。第三のヘルメスにはこう書かれています。『かつてこのポリスから、アトレウスの子孫たちと共にメネステウスが、神聖なトロヤの平野へ軍を率いた。彼を昔ホメロスは、頑丈な青銅を身にまとったダナイオイの、戦いに優れた大将と言った。それ故にアテナイ人を戦争と勇気の先導者と呼ぶことは全く相応しいことである』。どこに将軍たちの名がありますか。どこにもありませんね。市民団の名があるだけです。次にストア・ポイキレのことを思い浮かべてください。あなた方の全ての素晴らしい事蹟の記念碑はアゴラに奉納されているからです。では何でしょうか、アテナイ人の

皆様、私が言っているものは。そうです、そこにはマラトンの戦いの絵が描かれていますね。では誰だったでしょうか、その時の将軍は。このように尋ねられたあなた方は皆、ミルティアデスだと答えるでしょう。そこには彼の名が書き加えられていないのに。なぜでしょうか。彼は贈物を要求しなかったでしょうか。しました。しかし市民団はそれを与えませんでした。彼の名を書く代わりに、彼が最前列で兵士たちを鼓舞している姿を描くことを許可したのでした」(Ais.3.183-186)。

プルタルコスもまたこのエピソードを伝えている。彼はキモンに許可された3体のヘルメス像の碑文（アイスキネスのものとほぼ同じ）に関する説明の後に、アイスキネスより生き生きとしたエピソードを挿入している。「これらはどこにもキモンの名を示していないが、過剰の名誉であると当時の人々には思われた。なぜならばテミストクレスもミルティアデスもこれほどの名誉を持ったことがなかったからである。それどころかオリーブの冠を要求したミルティアデスに対して、デケレイア区の人ソファネスは民会に集まった人々の中から立ち上がって反論し、好意的ではなかったが、当時の人々には大変気に入られた言葉を放った。『ミルティアデスよ、1人で戦ってバルバロイに勝利した時に、1人が名誉を得るよう要求しなさい』。」(Plut.*Cim*.7-8)。

前480年のサラミスの海戦を勝利に導いたテミストクレス、即ちフレアリオイ区のネオクレスの子テミストクレスの名が記されたオストラカが8例発見されている[15]。それらの中には彼の追放の理由が添え書きされたものが1つだけある。そこには Θεμισθοκλεῖ τόδε ὄστρακον [Φ]ρεαρίωι [τ]ιμ|ἒς hένε|κα と書かれている（T1/147）。試訳すると「フレアリオイ区のテミストクレスに、このオストラコンを（贈る）」まではよいが、[τ]ιμ|ἒς hένε|κα の解釈には様々な可能性が考えられる[16]。1つは「顕彰の故に」である。前479年にテミストクレスはペルシア戦争中の功績の故にスパルタ人によって顕彰されたが、その顕彰を妬んだアフィドナイ区のティモデモスという男は、その名誉[17]はアテナイのために与えられたものであり、テミストクレス個人のために与えられたものではないと言って彼を攻撃したと伝えられている（Hdt.8.125.1）。もう1つは「褒美として」である。かつてペルシア王に彼の優れた地位を表敬する印として贈物を捧げる習慣があったと云う（Xen.*An*.7.3.28）。それを皮肉って、王のよう

に振舞うテミストクレスに彼の名を記したオストラコンを捧げたという解釈である。もう1つは「名誉の故に」である。テミストクレスは民衆の人気を失い始めると、民衆にうんざりするほど自分の功績を思い起こさせたという(Plut.Them.22.1)。このことと、アテナイ人が偉人たちを尊敬するのは彼らが心がけをよくしている間だけであり、不正を働くようになると罰さずにはいなかった、というデモステネスの言葉 (Dem.23.205) と結び付けて考えるならば、このオストラコンはテミストクレスが民衆に名誉を過度に要求したことに対する返答であったと考えることも可能となる。これらの解釈の内どれが正しくどれが間違いであるとは言えないが、いずれにしてもテミストクレスの「名誉欲」が追放の原因であったと見なすことにおいて、諸説は一致していると見なしてよいのではないだろうか。そうすると上記の添え書きは「フレアリオイ区のテミストクレスに、このオストラコンを(贈る)、(彼の)名誉(欲)の故に」と読むのが妥当であろうと考えられる。このことから、当時ポリスに対する自分の功績を過度に喧伝することは、市民たちに嫌われる原因となり、場合によっては追放の憂き目に会うこともある程の大きな罪と認識されていたことが分かる。

　アイスキュロスは前472年に上演された『ペルシア人』の中で、ペルシアの将軍については彼らの名を挙げているのに、ギリシアの将軍については1人も名を挙げていない。このことは、もし彼が自分の作品の中でギリシア人の将軍の名前を挙げてしまうと、図らずも名を挙げられた者たちがオストラキスモスの犠牲者となってしまう危険性を配慮した結果ではないだろうか。この時期はまだ個人の名を添えて名誉を掲示することは慎むべきであるという倫理観が働いていたようである。

　一方、現存する最古の民会決議碑文 (*IG.I*^{3}1) は前510-500年のものと考えられているが、前450年頃まではまだ稀で、本格的に建立され始めるのは前420年代になってからのことである。そして前4世紀後半にピークを向かえ、後は一気に下降する。ここで念頭においている碑文とは、顕彰碑文に限らない。決議碑文、名簿碑文、目録碑文なども含む。顕彰碑文が被顕彰者の名誉の掲示を目的に建立されたことは疑いないが、決議碑文、名簿碑文、目録碑文なども、そこに名を刻まれた人々の名誉の掲示に大いに役立ったと思われる。なぜならば、

それらの碑文に名が記録されるということは、たとえその人物の出自が卑しかろうと、その人がポリスに貢献したことの揺るぎない証（=「ポリス市民的名誉」）となったからである。そしてある決議を公的資金によって石碑に記録して適切な場所に建てることを決議したのは、評議会あるいは／および民会であった。つまり碑文建立という民主的な名誉の掲示は、民衆に開かれ、民衆によってコントロールされていたのである。

　名誉というものは与えられる人の数が少なければ少ないほど価値あるものである。それが猫にも杓子にも与えられるようになるとその価値は下落するだろう。「名誉のインフレ」は、新たにその名誉に与れるようになった者にとっては喜ばしいことかもしれないが、その名誉の価値をかつて独占していた者たちにとっては鼻持ちならないことだったに違いない。このいらだちを、貴族的気風を持ったアリストテレスは『アテナイ人の国制』の中で吐露している。「またいわゆる当番評議会の書記もくじ引きする。彼は文書の責任者であり、成立した決議を保管し、そして他の全ての文書のコピーを作り、評議会にも出席する。さて以前この者は挙手選出であり、非常に名声があり最も信頼できる人々が挙手選出されていた。なぜならば同盟や国賓待遇や市民権に関する碑にこの者の名が記録されるからである。しかし今ではくじ引きとなっている」(Aristot. *Ath. Pol.* 54.3.1)。

　評議会の書記の選出方法の変化が起こった時期は前368/7年から前363/2年の間と考えられている[08]。この時期は同盟や国賓待遇や市民権に関する碑が多数建てられていた時期に相当する。この種の碑文が刻まれる際には、その文書の作成に当たった書記の名も一緒に石碑に記録されるのが常であったから、くじ引きで卑しい者でも書記に選出されるようになり、彼らの名が永遠に残されることによって、彼らにも「ポリス市民的名誉」が与えられるようになったことを、貴族的な者たちは嫌ったのだろう。

　テミストクレスの時代には「名誉欲」という言葉は、貴族的な意味合いがあり、民衆によって嫌われていた。しかし前330年代までに「名誉」に関わる価値観が180度転換したように思われる。なぜならば「名誉心の故に」φιλοτιμίας ἕνεκα というフレーズは、この時期までに、もはや追放の理由ではなく、被顕彰者の徳を称える言葉の1つとしてポリスの公的碑文に刻まれるよ

うになったからである。このフレーズは「〜に対するAおよびBのゆえに」A ἕνεκα καὶ Β τῆς ~ という高度に定式化されたもので、AとBの箇所には、ἀνδραγαθίας「勇敢」、εὐνοίας「善意」、ἀρετῆς「徳」、δικαιοσύνης「正義」、φιλοτιμίας「名誉心」、εὐσεβείας「敬虔」などの抽象的な単語が嵌め込まれ、その組み合わせは様々である[19]。φιλοτιμίαという言葉はφιλο「〜を愛する」という接頭辞とτιμή「名誉」という語の合成語で、文字通り「名誉を愛すること」すなわち「名誉心」「功名心」「野心」「見栄」などを意味し、そこから派生して「公的な目的のために惜しみなく出費すること」も意味する[20]。

このような被顕彰者の徳は多くの人々に知られなければならなかった。それゆえに碑文建立条項には、被顕彰者の貢献を広く知らしめると同時に、それを見た他の人々がそれに刺激され、自分も同様の貢献をしようという気にさせるための、次のような碑文建立の目的を述べたフレーズがしばしば付随した。たとえば、σκοπεῖν τῷ βουλομένῳ「望む者は誰でも見ることができるように」、ὅπως ἂν [or ἐξῇ] εἰδέναι「知ることができるように」、ὅπως ἂν φαίνηται ／ ὅπως ἂν φανερὸν ᾖ ／ ὅπως ἂν φανερὸν γίγνωνται「明らかとなるように」、ὅπως ἂν ἐφάμιλλον ᾖ「競い合うように」、ὅπως ὑπάρχῃ ὑπόμνημα「記念碑となるように」、ὅπως ἂν φιλοτιμῶνται「野心を抱くように」、ὅπως ἂν δεικνύωνται「示すように」、ὅπως ἂν ζηλωταὶ γίγνωνται「熱心になるように」などである[21]。

このようなフレーズは他のポリスの碑文ではほとんど見られないアテナイに特徴的なもので、前430年代頃から確認され後2世紀まで続いた。この精神には、上のキモンに許された3体のヘルメス像の第2碑文に通ずるものがある。このことは、かつて貴族の恣意によって掲示された「名誉」が、碑文建立という形において、今や民衆のコントロールの下に置かれ、全ての市民に開かれたのと同時に、全ての市民に対してポリスへの奉仕を要求する「教育装置」として機能していたことを示しているのだろう。

おわりに

碑文（特にポリスが決議して建立した決議碑文）とは、個人が国家の制度にどのように組み込まれ、その中でその個人が国家に対してどのように奉仕した

かが記録されたものであり、その意味において碑文とはまさに、国家と個人の関係を目に見える形にして表示したモノと見なせるだろう。アテナイの民衆は実際に、そのような碑文を目の当たりにし、碑文の要求に応じて、自分もポリス市民的名誉（=冠）を得たいと願い、ポリスに対する奉仕を互いに競いあったに違いない。それはある意味、逃げ場のない脅迫のようなものだったのかもしれない。だからこそ、おびただしい数の碑文が建てられたのではないだろうか。最も多くの碑文が建てられた場所はアクロポリスであった。アクロポリスは前5世紀には単にポリスと呼ばれ、それは正にポリスそのものであった。そのアクロポリスの永遠の住人たち、すなわちアクロポリスに建てられた碑文に名前が刻まれた人々は、市民権を有する成年男子市民（デーモス）のみではなかった。外人、女性市民、メトイコイなどもいた。このように冠を核とした人々の統合のあり方は、市民権を核とした市民共同体とは異なる広がりを示す。したがってそれは「冠の共同体」と呼ぶに相応しいのではないだろうか。

註(1) Benjamin Dean Meritt, *Epigraphica Attica*, [Martin Classical Lectures 9], Harvard University Press, Cambridge, Massachusetts, 1940.p.89.
(2) Rosalind Thomas, *Literacy and Orality in Ancient Greece*, [Key Themes in Ancient History], Cambridge University Press, Cambridge (1992); Deborah Tarn Steiner, *The Tyrant's Writ: Myths and Images of Writing in Ancient Greece*, Princeton University Press, Princeton, New Jersey (1994); etc.
(3) Charles W. Hedrick, jr, 'Democracy and the Athenian Epigraphical Habit,' *Hesperia* 68.3 (1999), pp.387-439.
(4) *SEG* 12.87; Agora I 6524; Margherita Guarducci, *Epigrafia Greca II: Epigrafi di Carattere Pubblico*, Istituto Poligrafico dello Stato, Libreria dello Stato, Roma (1969) pp.59-61; P. J. Rhodes and Robin Osborne, *Greek Historical Inscriptions 404-323 BC*, Oxford University Press, Oxford / New York, 2003, no.79. 以下ROと略す。
(5) Kevin Glowacki, 'A Personification of Demos on a New Attic Document Relief,' *Hesperia* 72, (2003) pp.453-454. 以下のGlowacki (2003) と略す。
(6) Glowacki (2003) pp.450-451; pp.462-463.
(7) *DNP* 6 (1999) s.v., Kranz, S.806-807; *OCD*[3]. s.v., Crowns and Wreaths, p.411.
(8) Carol Lawton, *Attic Document Reliefs: Art and Politics in Ancient Athens*, [Oxford Monographs on Classical Archaeology], Clarendon Press, Oxford, (1995). ここでは私的な奉納碑文は扱われていない。
(9) Jeffrey M. Hurwit, *The Acropolis : History, Mythology, and Archaeology from the*

(10) *LCL Aeschines* (1919) pp.305–307; *LCL Demosthenes II* (1926) pp. 3–5.
(11) *Liddell & Scott*[9] (1996) s.v., δῆμος pp.386–387.
(12) このグラフは*IG*.I[3]および*IG*.II[2]だけから作成した。*SEG*は未入力であるので、不完全なものであるが、このグラフから全体の傾向を知ることはできるだろう。また、グラフが煩雑になるので法は含まなかった。
(13) その他、クレイステネス改革の直後に行われた、民衆による名誉のコントロールに関連すると思われる改革として、薄葬令とアルコン職の開放が考えられるが、紙幅の関係上ここでは扱わない。
(14) Peter Siewert, (Hrsg.), *Ostrakismos–Testimonien* I: *Die Zeugnisse antiker Autoren, der Inschriften und Ostraka über das Athenische Scherbengericht aus vorhellenistischer Zeit (487–322 v. Chr.)*, Historia: Einzelschriften; H.155, Stuttgart, Franz Steiner Verlag (2002) S.504–509. 以下Siewert (2002) と略す。
(15) Siewert (2002), T 1 /143–150.
(16) Siewert (2002) S.131–132; S.489.
(17) ヘロドトスはγέρας という語を τιμή と同じ意味で使っている。Siewert (2002) S.130.
(18) P. J. Rhodes, *A Commentary on the Aristotelian Athenaion Politeia*, Clarendon Press, Oxford (1981) pp.601–602.
(19) Alan S. Henry, *Honours and Privileges in Athenian Decrees: The Principal Formulae of Athenian Honorary Decrees*, Georg Olms Verlag, Hildesheim / Zürich / New York (1983) pp.42–44.
(20) *Liddell & Scott*[9] (1996) s.v., φιλοτιμία p.1941.
(21) Hedrick, jr. (1999) pp.408–425; Charles. W. Hedrick, jr, 'For Anyone Who Wishes to See,' *The Ancient World*, 31–2 (2000) pp.127–135. 木板については別の機会に論じたい。

紀元後3世紀初頭のM. Aurelius Prosenesの石棺を見、銘文を読む

豊 田 浩 志

はじめに

　イタリア都市、とりわけ首都ローマの一大特徴は、その文化的な重層性と統合性であろう。しかるべき場所には必ずといっていいほど、古代ローマ、中世ロマネスク、ルネサンス、バロックが縦横に重なり合い絡み合い、そしてそれらと同時存在的に「現在」がある。しかもそれぞれが独特の個性と演劇的な華麗さを演出しているので、百花繚乱の万華鏡のように訪れる者を楽しませ飽きさせない。試しに列挙してみればいい、ナヴォーナ広場しかり、ロトンド広場しかり、バルベリーニ広場しかりと、よどみなく即座に10指は折ることができるだろう。石鍋真澄は、その事情を以下のように的確にまとめている。古代には「皇帝の都市」、中世には「教皇の都市」であり、19世紀後半からは「イタリア王国の都市」であったローマは、宿命的に虚構性と「ショー的」性格をもつ都市であった。長い旅路の末にようやくローマに着いてポポロ広場に立った旅行者は、ローマの「壮麗さ」とともに、このことをも納得させられたのである、と[1]。本章の主人公も、そういったローマの華麗な歴史的舞台に登場する。ポポロ門とボルゲーゼ公園である[2]。

　そもそもポポロ門は、紀元後3世紀後半にアウレリアヌスが外敵侵入を防ぐため急いで作らせた城壁に設置された13の門のひとつだった。フォロ＝ロマーノを基点とした古代ローマ軍道の1つフラミニア街道がこの門を通過して北上していたので、フラミニア門と呼ばれていた。それが、ローマ皇帝ネロの墓所と結縁あるサンタ＝マリア＝デル＝ポポロ教会が、1586年にローマ教皇シクトゥス5世によって城門内北側に隣接して建てられて以降、ポポロ門と呼ばれるようになった（ただし現在のそれは1490年建設、1879年改修）。そして城壁

内に広がる空間がポポロ広場で、その中央には高さ24m、台座込みで36.5mのオベリスクが天を衝いて屹立し巡礼者の道しるべとなっている。これは前1200年頃の古代エジプト製でヘリオポリスの太陽神神殿のものだった。それを初代皇帝アウグストゥスが大競技場に持ち込んだのだが、同じくシクトゥス5世によってこの広場に移された。

　その逆方向、門の城壁外を占めるフラミニオ広場は現在、鉄道、メトロ、バス、トラムが集中する交通ターミナルとなっていて、終日喧噪を極めている。その東側にボルゲーゼ公園の緑濃い丘がある。バス停づたいに両脇にそびえる立派な門をくぐって公園に入ろう。通路をそれる形で玉砂利を踏んでやや左手に直進すると、突き当たりの坂の手前の、鬱蒼とおい茂る木立に囲まれた小さな池に行き着く。その背後の斜面に石棺がどっしりとした台座上に置かれ、あるときは杜影の中に白く浮き上がり、またあるときは木漏れ日を受けてまだらに輝いているのが目に入るだろう。

1　石棺来歴・保存状況

　この大理石製石棺は、1830年にローマの東側郊外のトッレノヴァ Torrenova で発見された。そこはラビカーナ街道の第6里程標と第7里程標の間だった[3]。ポルタ＝マッジョーレでプレネスティナ街道と分岐する1つ南筋の鉄道線路沿いの、現在でいうカジリナ通りを進むこと約8.5Km（里程標基点からは約10Km）、ちょうど大環状自動車道との交差地点の外側東南部分がそれにあたる。この街道沿いから、ローマ宗教・ユダヤ教・キリスト教の墳墓が少なくとも計6箇所発見されている[4]。

　発見時の出土状況やボルゲーゼ公園への移動の経緯について詳しい情報に接しえないまま、筆者は2004年9月にここを訪れた。石棺は現在、石棺とほぼ同じ高さの台座上に置かれている。Deichmannによると、上蓋部分は前面両端の装飾部分のアクロテリオンで高さ52cm、横幅283cm、奥行165cm、本体柩部分は高さ155cm、横幅268cm、奥行154cm[5]。後述のように上蓋は横座りの人物像の首から上が欠損しているので、本来の高さはもう少しあったはずである。参考にしえた過去の写真との比較から[6]、破損部分の修復期やごく最近の表面洗

浄も容易に想定可能に思える。浮彫の凸凹などむしろ洗浄前のほうがわかりやすい場合もある。

写真1：正面・筆者撮影

　上蓋は前面で少なくとも両端と中央で3分されているようだ。前建て状のL字形部分に刻まれた人物像の構造的に一番弱くなりがちな中央やや右寄りにかなりのダメージがあり、Wilpert以後に補修が入っている（ちょうど石棺本体に右下から上に走る亀裂部分の延長線にあたる）。そして背後・側面からの観察では、彫像がないだけに薄手の後ろ半分はさらに3分4分しているようで、その上に落ち葉が堆積し草木が繁茂しているので正確に確認できなかったが、表面観察のみでも左側面4、右側面3、背面4の分割が確認され、しかも背後の外縁部の3分の2は明らかに別素材とわかる石材補修で埋められている。柩正面は大きなかたまりだけで少なくとも8つに割れている。Deichmannによると、柩の上部左角、正面左半分の上部枠縁の大部分、そして銘文を刻んだ銘板

27

tabulaの上部が失われ補修されている由で、換言するなら、銘板を含めその主要部分はオリジナルが保存されているということになる。

2 石棺装飾

(1) 上蓋

　かつてもっとも目をひいていたと思われる上蓋の横臥人物像は、残念ながら肝心の頭部と両手が失われ、ちょうど左手が添えられていたはずの腰中央部分が破損している。しかし他の石棺例との比較から往年の姿の類推は可能である。まず頭部であるが、上蓋の石材が少なくとも前面で均等の厚みだったとすると、彫ることができるのは首部分までがせいぜいだったろう。すでに失われてしまった頭部は、あるいは他の石材で刻まれたあと首にはめ込まれたのかもしれない。向かって右端のふっくらした背もたれに寄りかかった人物が、単独の男性であることは着衣のテュニカとパッリウム状の皺の彫り方から明らかである(Deichmann)。すなわち、この石棺の主はあくまで「1人」の「男性」であって、エトルスキ陶棺でよく見る夫婦像ではなかった。ここから、石棺の主に独身の可能性が出てくるように思える[7]。後述の正面銘文から読みとれるのは、石棺の施主があくまで彼を保護者とする庇護民＝被解放奴隷たちであって、妻なり子供の存在がまったく感知されえないからである。

　上蓋前面両端のプットputtoがけっして左右対称でないことを指摘しておきたい。両者とも3段重ねで縛られた一見パピルス様の巻子本の束とおぼしきものの上に座っているが、右のそれがやや上向きの顔で左足を片膝立てにしてその膝頭を両手で抱えているのに対し（結果的に左手は足の陰になって描かれていない）、顔を正面に向けた左のほうは左手を右肩にそえる姿勢をとっている。火の点った松明らしきものを落とした瞬間なのか、右手はそれを握っているようにはみえない。諸家はなぜかこちら側のみに所見を集中し、たとえば「状態がより良好で、2人の悲しんでいるゲニウスgeniusが保存されている。彼らは傍らに転倒した松明とともに筒状の束の上にしゃがんでいる」(Wilpert, S.62)とか、「巻子本の上で、裸の有翼のゲニウスが眠っていて、松明がひっくり返って面食らっている」(Deichmann)とか、「上蓋の隅のアクロテリオンの中では、

あぐらをかいて眠っている二人のプットが下を向いた松明を伴って、石棺の脇の側面に手を伸ばしている」[8]としている。両者とも内側の足が、柩本体のゲニウスの頭から腕→中央碑文の下→豊穣の角、に向かう構図の中に組み込まれていること、一方の右手と松明が織りなす垂直線が、他方の片膝立てられた足のそれと同様の印象を与えること、それに先述した内側の腕の外側の肩方向への対称的動作もあいまって、観察者はそれら両者を相似と誤認しがちなのであろうが。

最後に、上蓋の底部の左側、ちょうどプットの足もとから中に向かって、枠の上部らしきものがみえ蔓状植物が彫られていることに付言しておく（右側は縁の欠落で確認不能）。

⑵　柩本体
　Ｉ　正面
　この石棺で現在一番存在感があるのは、中央に銘板tabulaを掲げそれを両手で上下で支え両足を開いてどっしりと立っている左右一対の大きな有翼のゲニウスであろう。その躍動感は石工の技量の確かさを感じさせる。ただし左右で細部が微妙に異なっていることに注意を払っておきたい。銘板は75cm×78cmとほぼ正方形で（Tumolesi）、左右の縁部分にはそれぞれイルカが上下から向き合う意匠の取っ手が描かれ、その下部には２本の豊穣の角cornucopia（それらには果物類や麦の穂が盛られている）が折り畳み椅子状に左右で交差し、上部で銘板を支える構図となっている。石棺前面にはいくつかの大きな亀裂が走っていて、そのうち１本の亀裂にそって左上部の枠縁下のせり出し部分に、石棺横幅３分の１の帯状の剥落が認められ、やはりWilpert以降に修復されている。後述のようにこの同じ亀裂は左側面の右上部においても確認される他、銘文が穿たれた銘板を横切ってもうひとつの亀裂に接続している。その割れ方から予想外の重力が柩の前方に加わったものと思われる。あるいは石材に原因となる石目があったのだろうか。それにより左のゲニウスの頭部その他がダメージを受けているが、本来の頭部髪型など右側のゲニウスから復元可能なので救われている。また、このせり出しの上枠縁の帯部分に蔓状植物装飾が浅く彫られ、やはり左４分の１は剥落しモルタル状で修復されている。

その他いくつかのアトリビュートが確認される。2人のゲニウスの足下には それぞれ火のついた松明が立てかけられ、弓と矢筒が横たわっている。そして 石棺の左右の縁取り代わりに角柱が描かれ、そのてっぺんには骨壺らしき容器 が置かれている。ここでも細部で意匠の違いが認められる。右角柱には縦線が 2本入っているが、左はのっぺらぼうにみえるし、その上の壺の形状も明らか に異なっている。それにいずれも現況では右側の彫りがより明確で、それはと りわけゲニウスの頭髪の処理の仕方に顕著にみてとれるが、左側はなぜか端に 向かうほど不明瞭な印象となる。WilpertやDeichmann掲載の写真ではそんな 差は認められないので、ごく最近の洗浄によるものと思われる。その詮索はさ ておき、ここではこれらいずれもが異教図像においてごく普通に見られるもの でありながら、土葬用の石棺になにかしら火葬を想起させるシンボルが散見さ れることに注目しておきたい。

II　側面

写真2：左側面をみる・筆者撮影

　ほぼ正方形の形の両側面いっぱいに描かれているのは、オリエント文明圏に見られる幻獣グリュプスgryps、別名グリュフォンである。ギリシア神話では一般に、有翼で鷲の頭と嘴、それにとがった耳とたてがみをもち、獅子の胴体と鉤爪、それに蛇の尾を有する四足獣とされていた。財宝や金山の番人であると同時に納骨堂の番人でもあった。向かって左側のほうが耳の部分に亀裂がはいっているものの保存状態がよさそうに感じられる。右 のそれは後ろ足の部分に直角三角形の長辺状の亀裂が認められるほか、前足の 下などに汚れが付着している。また翼の風切り羽などの表現に若干相違が認め られる。右側面上縁部に刻まれた2行の銘文については後述する。なお、柩の 背面は荒仕上げのままで何も彫られていない。

3　銘文検討

(1)　正面銘文

　正面の銘文は、左上部から右中部にかけて亀裂が入っているものの、文字はすべてラテン語の大文字で明確かつ深く彫られているので、欠字はおろか重要な異読が生じる余地はない。一文字の大きさはおおむね3〜4.5cmだが、6行目の「DIVO」の2字目と7行目の「PIISSIMO」の3字目の「I」に限っては上に長めに突き出して描かれている。また銘板の文字配分の空間処理に若干不安定さが感じられる。最初4行の字体にくらべ6、7行目が詰まり気味で狭苦しくなっている。そしてその割に最後の3行は字間・行間ともにかなり広めで、とりわけ施主を記した8行目が一番大きくなっている。これは石棺発注者の指図の結果なのか、それとも石工の文字配分のまずさによるものなのか。

　ここではFerrua (1975) を正文としたい[9]。実地検証での筆者の観察結果と照らし合わせてみて、単語の切れ目表示のプントにいたるまで忠実だからである。なお本石棺の2銘文に関しては石膏製のレプリカが作製され、長らくラテラーノ博物館にあったが現在ではヴァティカン博物館のPio Cristianoに掲示されている。ずっと閉鎖中だったこの部門が今回訪問時に公開されていて再見できたのは幸いだった[10]。

　一見してセウェルス朝時代のmonumentalis的書体[11]と判別可能なそれを、まず原文通り転載する。

```
         M AVRELIO AVGG · LIB · PROSENETI ·
             A CVBICVLO · AVG ·
             PROC · THESAVRORVM ·
           PROC · PATRIMONI · PROC ·
    5        MVNERVM · PROC · VINORVM
           ORDINATO · A · DIVO · COMMODO ·
         IN KASTRENSE PATRONO · PIISSIMO ·
             LIBERTI · BENE MERENTI ·
               SARCOPHAGVM · DE SVO ·
   10                ADORNAVERVNT ·
```

最初の5行を短縮形なしで小文字混じりに書き直すと、次のようになる。

  Marco Aurelio Augustorum duorum liberto Proseneti,
  a cubiculo Augusti,
  procuratori thesaurorum,
  procuratori　patrimoni,　procuratori
  munerum,　procuratori　vinorum,

以下試訳を提示するが、4行目以降は行ごとに逐語的に訳すのは無理なので多少改変した。ただしキー・ワードは元来の行に残るよう工夫しておいた。（　）内は訳者による補い、【　】内は下線部の繰り返しである。

   M（arcus）Aurelius Prosenes、両正帝の被解放奴隷に、
      皇帝侍従長に、
      宝物庫管理官に、
      皇帝資産管理官に、
5   祝祭競技管理官に、葡萄酒管理官に（捧げ奉る）。
    彼は、神帝コンモドゥスによって、<u>任命された</u>。
   宮廷に【任命された】、最高に敬虔な保護者によって
    被解放奴隷たちは、受くるに値する者のために、
     石棺を彼ら（の手）で
10   設置した。

冒頭から5行目まではすべて与格形。最後の5行をわかりやすく書くなら「彼は、神帝コンモドゥス、すなわち最高に敬虔な保護者によって、宮廷（奉職）に任命された。（プロセネス家の）被解放奴隷たちは、彼のために石棺を購入し、（ここに）設置した」となる。

 文面の検討にはいる。1行目に石棺の主がローマの正式命名法（個人名、氏族名、家名）に準じて「M. Aurelius Prosenes」と表記されている。歴史の表舞台へのプロセネスの登場はこの碑文のみなので、彼の人生前半はまったく不

32

明である。注目すべきことに、姓名3連記の間に短縮形で「AVGG・LIB」なる文言が挿入されている。これは身分表示の定型句で、彼が身分的に被解放奴隷に属し、さらに宮廷の諸運営を担った宮内庁Familia Caesaris[12]の一員だったことを示している。碑文上でAVGGとGが2つ連記されているのは、彼を解放した主人である複数形の皇帝が3人や4人ではなく2人だったことを意味する。こうして石棺の主プロセネスは、奴隷時代にM. Aureliusという個人名と氏族名の主人を持ち、その名前を頂戴して2人の皇帝の共同統治時代に奴隷身分から解放され、奴隷時代の名前を家名として名乗っていたことがわかる。

　奴隷時代の名残をとどめるプロセネスという名前が「穏やかな、おとなしい、妥当な」を意味するギリシア語形容詞προσηνήςに由来することをもって、ギリシア系の生まれと想定する研究者もいるようだが[13]、共和政期は別として帝政期にギリシア的な名前をつけられた奴隷や被解放奴隷の事例はローマでは枚挙にいとまないので、それをもってギリシア系と断定するのは避けたほうが無難だろう。生まれはともかく育ちはローマやラテン語圏だったり、帝国外の生まれの可能性もある。たぶん彼はまだ幼少時にローマ皇帝の奴隷として宮内庁に購入された。その選抜は容姿だけでなく知的発達を含めてのかなり厳しい基準だったはずである。そして相応の教育期間とさらなる選別を経て、ようやく宮廷での職務に携わることになったのは、6－7行目での文言から皇帝コンモドゥスの時代のことだった。

　それとの関連で年代特定を試みておこう。まず1行目の「両正帝」とは具体的に誰と誰だったのであろうか。プロセネスの個人名と氏族名から彼のもともとの主人がマルクス・アウレリウス・アントニヌスMarcus Aurelius Antoninusであることは明らかなので、2つの時期が想定可能となる。第1がマルクス・アウレリウスとルキウス・ウェルスLucius Aurelius Verusの場合で、2人の共同統治期間は161年3月7日から後者が病死する169年1/2月までの8年間（ちなみにこれがローマ皇帝史上最初の共同統治だった）。別説は前者とその息子コンモドゥス　M. Aurelius Commodus Antoninusの場合で、後者の正帝昇格が177年半ば、前者の病死が180年3月17日なので、共同統治期間は3年弱となる[14]。プロセネスの生誕年は不明であるが、後述するように死亡年は217年なので、彼の生涯は彼が生まれて宮廷被解放奴隷に正式雇用されるまでの年齢に、

33

最大で56年（から48年まで）、ないし最小で37年（から40年まで）の数字をプラスすれば算出できることになる。実際のところ、研究者の多くは後者の可能性が高いと考えている[15]。というのもプロセネスはコンモドゥス下で主要な職務経歴を開始しているからである。

　ここでプロセネスの被解放の時期決定にチャレンジしてみよう。一般に奴隷の解放年齢は後4年発布のlex Aelia Sentiaで30歳からと定められていたが、宮内庁＝宮廷所属奴隷にそれは適用されなかった（Weaver, 1972, pp.184-186）。宮廷被解放奴隷を対象に死亡時年齢を基にした統計では（op. cit., p.100.よって被解放時年齢を直接示しているわけではない）、総計173例中、10歳までが4例、10代が12例、20代が26例、すなわち30歳以前に解放されていた者42と全体の24％にすぎない。以下、30代33例、40代25例、50代21例、60代18例、70代14例、80から99歳で20例と続き、30代での19％を一応のピークとしつつ、40代14.5％、50代12％と漸減しながらも緩やかに移行し、極端な集中はみられない。こうして宮廷所属奴隷は一般のそれより被解放の可能性は格段に高かったとしても、同年代当たりでみると極端に多かったわけではないようだ。以上のデータに「両正帝」に関する先の算定、最短年での奉職37年を加味してみよう。後述のように、プロセネスの経歴の上がりとなった皇帝侍従長職は宮廷被解放奴隷にとって最高職であった。したがって早くから皇帝の寵愛を得ていた可能性が高いとみて、被解放年齢を思い切って仮に10代に振ったとしても、彼は死亡時少なくとも47歳以上だった計算になる。当時としてはこれでも十分長寿であった[16]。以上を根拠として、彼の被解放時期はコンモドゥス治下の確率が大だったと結論しておこう。

　ローマ時代の官職階梯を刻んだ碑文の通例に則して、ここでもプロセネスが登りつめた最高の地位が最初に書かれ、順次そこに至る職名が列挙されている。以下、職名を刻んだ5行目から簡単に見ておこう[17]。彼の管理官procurator職経歴は、宮廷とりわけ皇帝の食卓に供された葡萄酒の輸送・保管業務から始まったようだ[18]。おそらくこの職務拝命と同時に彼は騎士身分ordo equesterに叙された。出自の卑賤さをものともせず権力構造の中枢を駆け上る特別切符を手にしたのである。とはいえ彼の宮廷奉職が管理官職で出発したわけではない。銘文には出てこないが、下積みの下級職務の時期も当然あったからである。

次いで彼は皇帝主催の剣闘士競技担当の職務に就任する。これがコンモドゥス下であれば、皇帝の嗜好からみてとりわけ重要な意味を持ったはず。だが逆にキリスト教にとっては、その職務に就く者は破門の処置が待っていた。その後にいよいよ重要な財務職がまわってくる。皇帝領収入の管理職である。いわば皇帝一家の私有財産を不動産を含めて一括管理する職であった。いうまでもなく宮廷行政機構での最高職のひとつに位置しており、報酬区分の20万セステルティウス級職務officia ducenariaに該当した。他ならぬセプティミウス・セウェルス下で、不動産管理を掌握するpatrimoniumと、皇帝の私的収入にかかわるres privataに分割されたが、新旧いずれの制度下にせよ、職務を無難に果たして皇帝の信任を確かなものとし、彼のその後の将来は確定したと思われる。次なる拝命は、より一層皇帝一家に密着した帝室宝物庫管理官で、これは宝石・貴金属といった装飾品はいうに及ばず、日々の生活や儀典で着用される衣服・式服の管理も含んでいた[19]。

　こうして、最終的にたどり着いたのが皇帝の職務全般を取り仕切る侍従長職だった[20]。皇帝の私生活に直接深く関わっていたこの職掌は、公的にも大きな影響力を発揮しえるものだった。事実、クレアンデルM. Aurelius Cleanderの例を想起すればいいだろう。フュリギア生まれのこの男は奴隷としてローマに売られてきて、宮廷被解放奴隷となり若きコンモドゥスの周辺で育ち、その愛人の１人Damostratiaと結婚、結果コンモドゥス下で侍従長の地位に昇進。のみならず、185年のペレンニスPerennis失脚後空席となった近衛軍司令官職を襲って権勢をきわめ、あらゆる種類の売官に励み、１年間に25名の執政官を任命することさえやってのけた（その時の１人セプティミウス・セウェルスは後に皇帝になった）。しかしために190年民衆暴動で皇帝に見切られ処刑死する。こういった寵臣腐敗政治はコンモドゥス下でそれ以前にも見られた。すなわち侍従長職の前任者で小アジアのニコメデイア生まれのサオテロスSaoterosである[21]。ただしこのような宮廷被解放奴隷による職権乱用や騎士身分・元老院身分取得は３世紀半ばまではごく例外だったらしい（Weaver, *Familia Caesaris*, p.282f.）。後世にこれといって記録に残ることのなかった我らのプロセネスは、皇帝に忠誠を尽くし職務に励む地味な能吏だったのだろうか。大先輩のサオテロスやクレアンデルが起こした騒動は彼の駆け出しの時期と重なっているので、

彼らを反面教師として学ぶところがあったのかもしれない。コンモドゥス以降の25年間に宮廷の主の代替わりは4ないし5人を数える。彼はそれをそつなく勤めあげ、侍従長職に登り詰め、最後の主人の横死より少しだけ早く病死した。

さて、6行目でコンモドゥスに「神帝」divus称号が付与されていることにも注目しておきたい。コンモドゥスは192年12月帝都ローマで、侍従長エクレクトゥスEclectus、近衛軍司令官ラエトゥスLaetus、側室マルキアMarciaらの共同謀議により暗殺され、遺体は直ちに密葬された。そして元老院により「記憶の抹殺」damnatio memoriaeの宣告を受ける。だが後任皇帝ペルティナクスP. Helvius Pertinax（リグリア生まれで被解放奴隷の息子。前職はローマ都市長官。在位：192/12/31-193/3/28）によりハドリアヌス霊廟（現在のサンタンジェロ城）に改葬。さらに195年はじめになって、時の皇帝セプティミウス・セウェルス（リビア生まれで前職は上パンノニア総督。在位：193/4-211/2/4）により神格化された。ただし皇帝マクリアヌス　M.Opellius Severus Macrianus（マウレタニア生まれで前職は近衛軍司令官。在位：217/4/11-218/5/8）によって、217年4月から翌年6月まで一時的に記憶の抹殺が復活されている。コンモドゥス死後の目まぐるしい変転は、それまで曲がりなりにもイタリア出身だった歴代皇帝とは毛色の違う新皇帝たちの政権正統化の策動が主動因だった。こうして「神帝」称号から、石棺の正面碑文が彫られた時は195年から217年4月以前、ないし218年6月以降という新たな線引きが加わることになる。そしてまた言わずもがなのことではあるが、皇帝「神帝」称号はすぐれてローマ宗教的な性格のものであった。

最後に残りの3行に触れる。この石棺は彼の血縁家族ではなく、彼自身が解放した被解放奴隷たちが施主となって購入されたことが明記されている。これに関連してInstinsky, S.117は、patrono piissimo bene merenti、すなわち「最高に敬虔な保護者」なる文言を、一行上の皇帝コンモドゥスにではなくプロセネスに結びつける。文法的にはたしかにその読みも可能であって判断に迷うところであるが、テーマのくくり方の中で最後の3行とそれ以前を区別する立場をここでは採用しておきたい。

石棺前面に描かれた彫刻意匠と銘文から総括的になにが言えるであろうか。まずはその伝統的ローマ的特徴である。石棺の主が皇帝に近侍した側近中の側近であったことを思えば、それも当然のことであった。

(2) 側面銘文

ついで第2の銘文である。グリュプスの浅浮彫の上部の縁取りという普通でない狭い場所に2行にわたり、しかも正面のそれとは明らかに違う、やや3世紀後半のactuaria的特徴がみてとれる書体で刻まれたもの。おそらく石棺設置後に彫らせたのだろう。ここでもFerruaの読みにしたがってまず原文を掲載する。

1　PROSENES RECEPTVS AD DEVM・V・NON　　　　IIISSA
　　　NIA・PRAESENTE・ET・EXTRICATO　*ii*
2　REGREOIENS IN　　VRBE AB EXPIOITI ONIBVS
　　SCRIPSIT AM PELIVS　　　LIB.

正面銘文と異なり彫りが浅く、その上石棺上辺の狭い空間に刻まれていて、そのため1行目中間部分には上部欠損が、右端には外部からの衝撃による剥落らしき箇所があって、肝心な部分での欠字も多く研究者間で読み取り方自体で諸説ある。ここでは筆者が結論的に到達したものを補いを含めて提示する。その際、正字法からの逸脱（たとえば2行目で、Dの代わりにO、Eの代わりにIと刻んでいる）も修正した。

1　Prosenes receptus ad deum V non(as) [Mart]iis　Sa[me in Cephalle?]nia Praesente et Extricato II (conss.)
2　regrediens in urbe (m) ab expeditionibus. scripsit Ampelius lib.

1　Prosenesは神に受け入れられた、マルティウス月ノナエの日の5日前（＝3月3日）に、[Cephalle?] nia島のSa [me] で、PraesensそしてExtricatusが第2回目［の執政官だった年＝217年］に、
2　都市（ローマ）に向かって遠征から帰還していて。被解放奴隷Ampeliusが書いた。

多くの研究者は、正面銘板銘文が刻まれた後そう間をおかずにこの側面銘文が書き加えられたと想定している。字体の顕著な違いはこの場合判断材料として

37

重視されていないようだ。2行目に字数が少ないのは、グリュプスの耳や羽根の上端がこの縁取り部分にはみ出して描かれているせいでもある。読みの重要な違いは1行目に集中している。プロセネスの死亡月日・場所の箇所である。死亡年は1行目末尾の正規執政官名によって議論の余地なく217年に該当する。C.Bruttius PraesensとT.Messius Extricatusで、前者は初めて、後者は2回目の就任だった[22]。

写真3：レプリカ側面碑文部分・筆者撮影

　碑文設置現場で目を凝らしてみても問題箇所は不鮮明で、Wilpertの比較的鮮明な復刻図も参照しつつ、結局ヴァティカンのレプリカ以上の情報はえられなかった。【写真3】は「ad deum」以下の箇所である。私見で3月3日を採用したのは、「V non」 の表示が該当する月は3、5、7、10月のみであるが、まず字間を考慮するなら10月（octbriis）は不可能で消え、「II」の2字から「A」が構成されることはほとんどありえないので、maiasとiuliasは受け入れがたく、よってmartiisと当時よく見られた誤記で読むのが一番妥当、というFerrua, 1975, p.271の見解に従うほかないと判断したからである[23]。とすると、プロセネスは皇帝カラカッラの暗殺以前に死亡したことになる。皇帝はメソポタミアのCarrhae付近の陣中で、近衛軍司令官マクリアヌスによって4月8日に殺害され、直ちに現地で荼毘に付された。約1ヶ月の微妙なニュアンスで皇帝侍従長の死期が帝国史と交差することになる。

　【写真4】は、それに続く死亡場所の欠字部分である。「iissa」から「ni」までかなりの剥落があって、その部分はWilpertでも解読不可能、かろうじて末尾の「ni」の後に「a」が読み込めるくらいである。欠字数はすぐ真下の2行目の文字から類推するなら、十分17字分はあると筆者は見た。それをMommsenは14字（Sa [me in Cephalle] nia）、Tomassettiは12字（Sa [rni in

写真4：レプリカ側面碑文部分・筆者撮影

Campa] nia）で満足しているのだが、どうだろうか[24]。十分ほかの可能性がありそうである。Ferruaは、末尾の「ni」付近を「npa」すなわち「in pace」の可能性もあると提案しているが、1字分の隙間に3字あてることになり到底受け入れがたい。

　問題は先の死亡月日と連動していて、皇帝暗殺とパルティア遠征終了を本碑文の記載情報とどう結びつけて解釈するかにある。というのは、2行目の冒頭部分がMommsen以来一般的にプロセネスにかかるとされてきたのも、彼の死は遠征終結以後のローマ移動中の死亡と理解されてきたからで、それが彼の死が遠征終結以前となると、ローマ帰還の主語をアンペリウスとするde Rossi説も捨てがたくなってくるからである。私見では、たとえ遠征続行中であってもカラカッラの指示により重要使命を帯びて首都に連絡移動中に突然死したとも、陣中で病をえて故国へ移動中だったとも想定可能で、遠征終結月日→死亡月日の流れで前後関係をとらえる必然性は薄い、むしろこの後日2行追加の真意は正面銘板に書き込めなかった情報を付加することにあったと考えるなら、記載情報の大半はプロセネス関係に向けられてしかるべきで、アンペリウスは署名部分のみに限定してとるほうがいい、とここでは一応結論しておこう。

(3) 考察

　要するにこの書き込みは、プロセネスの死に関して正面の銘板に書かれていない情報、「いつ：217年3月3日に」「どこで：サーメ？で」「どのように：遠征からの帰途で」死亡した、をつけ加えているわけである。さらにまた、研究者はこぞって、1行目冒頭のプロセネスは死んで単数形の「神に」受け入れられてという現在分詞に注目し、これをもってプロセネス（と少なくともそれを記したアンペリウス）はキリスト教徒であったと断定する[25]。いずれにせよこの石棺、本銘文によって初期キリスト教で日付表示のあるものとして最古の由

39

で[26]、微妙なところで伝統的ローマ宗教的葬送儀礼と新興キリスト教的慣用句が混在しているところが、いかにもプロセネス家の置かれていた時代状況を反映しているように思える。

実はカラカッラは213年秋には首都を離れてゲルマニアに発進、翌年早々東方に向かいそのままかの地に滞在し続けだった。214年の冬営地は小アジアのニコメデイア、215年はアンティオケイアを経由してアレクサンドレイアで冬営し、216年春にアンティオケイアで対パルティア戦に軍を向けたのだった。そういう場合それが常だったが、政府組織はあげて皇帝に同行していた。銘文に列挙された職務から考えてプロセネスが皇帝に同行していないはずはなかった。その彼が皇帝の側を離れるのはよほどのことである。彼の最後の旅の随行員たちは彼の死を看取り、その遺体をローマまで運び（案外、現地で荼毘に付し骨壺での移動だったかもしれない）、庇護民が保護者に捧げる当然の礼節としてローマで石棺を購入し銘板を刻ませ、それをしかるべき墓所に運ばせ、中に遺体なり骨壺を入れて埋葬した。ここまでの流れはすべて伝統的ローマ宗教の葬送儀礼といささかも矛盾しない。時代はまさに火葬と土葬の混在する転換期だった[27]。その石棺に後日アンペリウスが追加の記述を刻み込ませたわけである。

このあたりについて鋭い見解を示すのがWilpertである。たとえば、石棺装飾のレベルはそんなに上等とはいえず、また描かれたものもありふれているので、注文制作ではなく店頭在庫品が買い上げられた可能性が高いとか、またこれまで注目されなかったことだが正面銘板部分も以前のものを削り取っての再利用だったなどと指摘する。最後のそれに関し筆者には判断材料はないが、より注目すべきは、彼がde Rossiの見解に賛同する形で「プロセネスは彼の被解放奴隷たちによって異教徒として異教的儀式に従って異教徒用墓地に埋葬されたが、それに不満だったアンペリウスが追記を書いた」としている点で、これは案外正鵠を射た指摘のように思える。正面銘板に余白が足らなかったといった単純な問題ではなかった、というわけである。遺体を守る一行がローマ帰着後、それを追いかけるように皇帝暗殺の報がもたらされたことを考慮するなら、悠長に霊廟を建てたり石棺を彫らせる余裕はなかった。プロセネス生前の地位を考えると政変後にその庇護民に何が襲いかかるかしれたものではない。生者

紀元後3世紀初頭のM. Aurelius Prosenesの石棺を見、銘文を読む

はこれからも生きていかなければならないのだから。生きた心地もなかったのではないだろうか。結果的に、新皇帝マクリヌスは1年足らずの統治期に一度も首都を訪れることなく小アジアで敗死する。その後を襲ったのはカラカッラと縁戚の、エラガバルスとアレクサンデル・セウェルスだった。前者治世は4年間、後者は13年続く。それを見据えてのアンペリウスの追記だったのだろう。

　石棺意匠が徹頭徹尾異教的であろうが、正面銘板に剣闘士競技担当職就任や「神帝」と刻まれていようが、石棺の主がキリスト教徒でなかったことにならないのは、すべて右側面の追記碑文による。そしてそれが後世の改竄でないとすれば、本碑文をめぐる考察はさらに続くことになる。2世紀末から3世紀初頭の、とりわけ首都ローマにおけるキリスト教勢力の進出状況の把握である。すでに紙幅は尽きているので、それについては別稿を期すほかない。

註(1) 『サン・ピエトロが立つかぎり』吉川弘文館、1991年、24頁。

(2) http://www.romeartlover.it/Vasi21.htm#The%20Plate ; http://www.romeartlover.it/Vasi187.html

(3) Ferrua, A., *Inscriptiones Christianae Urbis Romae septimo saeculo antiquiores* (= *ICUR*), nova series vol.VI, Città del Vaticano, 1975, No.17246 (pp.270-271) = Tumolesi, P.S., *Epigrafia anfiteatrale dell'occidente romano, I. Roma*, Roma, 1988, p.19f., p.161=TAV.III, 1-3. どうやら第7に近いらしい。異教墓地という指摘もある。

(4) cf., de Angelis d'Ossat, G., *La geologia delle catacombe romane*, Città del Vaticano, 1943, p.288f. ; Pergola, Ph., *Le catacombe romane: storia e topografia*, Roma, 1997, pp.158-176.

(5) Deichmann, Fr. W., hrsg.von, *Repertrium der christlich-antiken Sarkophage*, Bd.I, *Rom und Ostia*, Wiesbaden, 1967, No.929 (S.387, Taf.148, 1-2).

(6) Wilpert, J., *Die Papstgräber und die Cäciliengruft in der Katakombe des Hl.Kallistus*, Freiburg i. B., 1909, S.62ff. mit Fig.51 und Tafel V-1. それに1967年のDeichmann=1988年のTumolesi.

(7) 古代ローマの石棺について詳しく論じる余裕はない。型式・装飾区分等を含めてKoch, G. und Sichtermann, H., *Römische Sarkophage*, München, 1982 ; Koch, *Sarkophage der römischen Kaiserzeit*, Darmstadt, 1993 ; Koch, *Frühchristliche Sarkophage*, München, 2000を参照のこと。なお最初のものはその巻末に総数599の石棺写真を掲載しているが、プロセネスと同様の人物横臥像上蓋を有しているのは20点、うち夫婦像12。邦語文献としては、A・グラバール（辻佐保子訳）『人

41

類の美術 キリスト教美術の誕生』新潮社、1967年、123-143、239-270頁；宮坂朋「埋葬美術」辻佐保子責任編集『西欧初期中世の美術』小学館、1997年、95-106頁。

(8) Weigand, E., 'Die spätantike Sarkophagskulptur im Lichte neuerer Forschungen', *Byzantinische Zeitschrift* 41, 1941, S.104-164, 406-446, bes. S.416-7. なお以上から明らかなように、大小の有翼像の表記は諸家で定まっていない。Deichmannは大をエロスとする。

(9) Mommsen, Th., hrsg. von (collegit et edidit Huelsen, Ch.et de Rossi, I. B.), *Corpus Inscriptionum Latinarum* (=*CIL*), vol. VI-2, Berlin, 1882, No.8498 (S.1129), cf., S.3459 ; Dessau, H., *Inscriptiones Latinae Selectae* (=*ILS*), Bd.I, Berlin, 1974⁴, 1954, No.1738 (S.354f.) ; de Rossi, I. B., *ICUR*, vol. I, Roma, 1857-1861, No. 5 anno 217 (p. 9) ; Gatti, J., *ICUR*, vol. I-*Supplem*., Roma, 1915, No.1378 anno 217 (p. 4) ; Diehl, E., *Inscriptiones Latinae Christianae Veteres* (=*ILCV*), vol.II, Berlin, 1970³, No.3332 (163) b, (p.180) ; Ferrua, A., *Nuove correzioni alla silloge del Diehl*, Città del Vaticano, 1981, No.3332, p.105;Groag, E. et Stein, A., ediderunt, *Prosopographia Imperii Romani.Saec. I. II. III* (=*PIR*), Bd.I, Berlin, 1933², 1588 (S.324).

(10) このレプリカを碑文本体の体裁で写真に掲げるのが、Almar, K. P., *Inscriptiones Latinae*, Odense U. P., 1990, No.170, S.242。だが管見の限り碑文写真掲載はむしろ例外。さらに校訂者の大部分は文面を小文字に変換し、プントをスペースに置き換えている。大文字でプントまで再現しようとしているのは、Marucchi, O., *Éléments d'archéologie chrétienne*, I, Paris/Roma, 1899, p.157-158とidem (Transl. by J. Armine Willis), *Christian Epigraphy*, Chicago, 1972, Cambridge, 1911 (*Epigrafia cristiana*, Roma, 1910), No. 259a (p.225) ; Wilpert ; Bovini, G., *I sarcofagi paleocristiani*, Città del Vaticano, 1949, Nr. 1 (p.14f.)。

(11) cf., Henig, M., ed.by, *A Handbook of Roman Art*, Oxford, 1995, p.229, Ill.195-196.

(12) 総論的論述として、cf., Weaver, P. R. C., *Familia Caesaris*, Cambridge, 1972 ；邦語では、島田誠『コロッセウムからよむローマ帝国』講談社選書メチエ、1999年、176頁以下参照。

(13) Instinsky, H. U., *Marcus Aurelius Prosenes. Freigelassener und Christ am Kaiserhof*, in:*Akademie der Wissenschaften und der Literatur:Abhandlungen der Geistes-und sozialwissenschaftlichen Klasse*, Jahrgang 1964, Nr.3, S.114, Anm.4=Rodenwaldt, G., *Bonner Jahrbucher* 147, 1942, S.217ff., bes. S.220ff.mit Tf.15 Abb. 2. ただし後者は筆者未見。

(14) ただし、cf., Weaver, 'Augustorum libertus', *Historia* 13, 1964, pp.188-198. こで副帝Caesarや皇后Augustaを含めての可能性が示唆されている。それを考慮すると、我らにとり男性副帝としては166-180年のコンモドゥス、193-195年の

紀元後3世紀初頭のM. Aurelius Prosenesの石棺を見、銘文を読む

Clodius Albinus、196-197年のカラカッラ、197-209年のゲタの4人が、女性たちでは147-176年のFaustina、163-181年のLucilla、178-192年のBruttia Crispina、193-217年のJulia Domna、202-205年のPublia Fulvia Plautillaの5人が該当する。機械的に彼らを含めると、コンモドゥスとCrispinaの181-192年のみが残ることになるが、こういう操作に意味があると思えないので、本章では通説通り男性正帝で考える。

(15) Instinsky, S.116 ; Lampe, P., *Die stadtrömischen Christen in den ersten beiden Jahrhunderten*, Tübingen, 1987, S.278 (＝transl.by Steinhauser, M., *From Paul to Valentinus*, Minneapolis, 2003, pp.330-335).

(16) 長谷川岳男・樋脇博敏『古代ローマを知る事典』東京堂出版、2004年、218頁。

(17) cf., Hirschfeld, O., *Die kaiserlichen Verwaltungsbeamten bis auf Diocletian*, Berlin, 1905[2], S.313, 3 ; 443, 1.

(18) Bang, M., 'IV. Die Reihenfolge der Ämter von kaiserlichen Freigelassenen', in:Friedländer, L., *Darstellungen aus der Sittengeschichte Roms in der Zeit von Augustus bis zum Ausgang der Antonine*, 9.u.10 Auflage, Bd.IV (Anhänge), Wissowa, G., hrsg. von, 2. Neudruck der Ausgabe Leipzig 1921, Stuttgart, 1979, S.47-55, bes., S.51f.

(19) 以上、Hirschfeld, S.279, 3 ; Bang, S.48 ; Hirschfeld, S.18ff., 40-47, bes., S.40, 3 ; Almar ; Bang, S.51.

(20) Friedländer, Bd.1, S.38 ; Bang, S.51やAlmarらは、その就任をたぶんカラカッラ帝下と想定。

(21) 以上、Dion Cassios, LXXIII.ix-xiiiによる。cf., Pflaum, H.-G., *Les carrières Procuratoriennes : Équestres sous le Haut-Empire Romain*, III, Paris, 1961, 180*bis*, p.1007f. ; *PIR*, Bd.I, 1481 (S.300), 247 (S.40).

(22) Deißmann, M., hrsg.von, *Daten zur antiken Chronologie und Geschichte*, Stuttgart, 1990, S.119 ; *PIR*, Bd. I, 166 (S.373), Bd. V, 1983, 518 (S.260f.).

(23) de Rossiがaprilis説、Wilpertはapriiis説、Mommsenはmaias あるいはiulias説で、これにFriedländerとDiehlが追従、Boviniはiuniasを採用。筆者としては「V」前後のそれぞれ1字分の空間も気になるところであるが、熟達の諸先学は誰もそこで悩んでいない。

(24) Tomassetti, G., 'della Campagna Romana', *Archivio della società romana di storia patria*, t.XXV, 1902, p.93＝Ferrua, 1975, p.170f. ただし前者未見。ペロポネソス半島西北のイオニア海に浮かぶケファレニア島の港Sameについては、cf., Stillwell, S., *The Princeton Encyclopedia of Classical Sites*, Princeton UP., 1976, p.801. 後者のSarnoは、ポンペイから東北に直線で約6kmに位置する。東方からの船旅でブリンディシウムからローマを目指すにしてはアッピア街道をNuceria方向へと支道に入ることになる。近くをvia Popiliが通っていて温泉もあるようなので、別荘などあって病を癒していたのかも知れない。それにしても字数的になぜ

43

Salernoその他が想定されないのか不可解。

(25) cf., Fink, J., 'Mythologische und biblische Themen in der Sarkophagplastik des 3.Jahrhunderts', *Rivista di archeologia cristiana* 27, 1951, S.167-190, bes., S.180f.；Mazzoleni, D., *Epigrafi del mondo cristiano antico*, Roma, 2002, p.15. 複数だとad deos。ところでこの文言は当時まだキリスト教銘文でまれだった。Carletti, C., a cura di, *Iscrizioni cristiane a Roma*, Firenze, 1986, No.6b (pp.33-34) は、むしろreceptus in pace (*ICUR* VII, 18496) やiit ad deum (*ICUR* II, 4164=*ILCV* 90) が普通で、形式的に異教の決まり文句 dei manes receperunt (*CIL* II, 2255) とつながりがあるように思える、との見解を示す。同様の指摘は、cf., Instinsky, S.120, Anm.1-3.

(26) Pietri, Ch. (übers. von Engemann, J.), 'Grabinschrift', *Reallexikon für Antike und Christentum*, XII, Stuttgart, 1983, cols. 555f.

(27) この事情は、近稿予定のサンピエトロ大聖堂地下の異教マウソレオ群で明確に確認できる。また、被解放奴隷で財をなした者は縁者が少ないこともあって、生前に墓所等の手配をしているものであるが、プロセネスはその点どうだったのであろうか。状況証拠は、彼がそれをしていなかったことを示しているようだ。彼のキリスト教入信時期が関係していたのかもしれない。

付記：以上、平成16年度文部科学省科学研究費助成金基盤 (C) (2)「Graffiti史料にみるローマ帝政期庶民キリスト教徒研究」の成果の一端である。また、ローマ留学中の高久充氏には石棺事前調査でお世話になった。記して謝意を表す。

エルサレム王国像再考

森竹　弘喜

はじめに

　1099年、第1回十字軍に際して建設されたエルサレム王国（以下「王国」と略）はどのような国家だったのか。この王国像の理解をめぐる議論の中で、「戦い」は一貫して大きなテーマとして存在してきた。征服によって建設され、ほぼ1世紀後の1187年のハッティンでの大敗により領土の大半が一度消滅し、最終的に約2世紀後の13世紀末に、再び征服されることによって滅亡した歴史をもつこと、また、十字軍という、聖戦の思想と結びついた運動の展開の中で存続したこと、加えて、異教徒が多く居住していた地域に成立したことを背景として、王国は慢性的な戦争状態にさらされた国として認識されてきた。周辺のイスラム勢力との戦いに加え、ラテン語以外の史料では「フランク」と呼ばれる、西欧からやってきた人々と現地住民との関係も決して友好的なものではなく、数的マイノリティとして存在していたフランク人の居住地域は、都市や城砦など、現地住民の敵意に備えるべく防壁をもった地点に限定されていた。つまり国外と国内の両面において、その存在が絶えず脅かされていたと考えられてきたわけである。

　近年に至るまで主流であったこの王国像は、第2次大戦後、1950年代から60年代にスメイル、プラヴェルによって提示されたものである[1]。しかしながら近年、フィールドワークによる成果を中心として、フランク人の居住地域が従来考えられていたよりも広汎であることがわかってきており、同時に、近隣のイスラム勢力に対しては、王国は軍事的に優位であった時期の方が長かったとの指摘もなされ、王国像の見直しが進みつつある[2]。こうしたフィールドワークとは別の視点から、従来の王国像を再検討するのが本稿の目的であるが、2つの枠組みから構成されている。

第1は「国外勢力との慢性的な戦争状態によって存在が脅かされていた」という王国像の再検討である。この王国像を論拠として、シリア、パレスティナに存在したラテン＝シリアは、同時代の西欧中世の諸地域の中でもとりわけ戦いの多い地域として位置付けられることになった。ビーラーは西欧中世の戦争に関する著作の中で、おそらくスメイルに依拠しながら、「いつでも、しばしば複数の方面から同時に攻撃を受ける」存在としてラテン＝シリアに言及している[3]。1099年のエルサレム征服による王国の成立から1120年頃までは、その大まかな領土が確定する征服期と位置付けられ、「慢性的戦争状態」にあったその歴史の中でも、特に戦闘の多かったとされる時期である。この間、王国を取り巻く主な勢力として、北にはダマスカスを拠点とするセルジューク系の地方政権、南にはエジプト・ファーティマ朝の拠点であるアスカロンが存在していた。この時期、王国周辺で行われた出兵や戦闘に関する記録は約40を数えるが、その中で同時攻撃と言えるような攻撃が王国に対して行われたのは1110年、1113年、1115年の3例である。また、意図的な共同作戦による攻撃を見ると、1103年、1105年、1118年の3回の企画のうち実施されたのはわずか1回にとどまっている。つまり40回前後の出兵や戦闘の記録のうち、実際に共同した、もしくは同時に行われた攻撃は4回であり、しかも、これらの軍事行動はいずれも王国の存在そのものを脅かすような成果をあげるにはほとんど至っていない[4]。つまり、征服期においてさえ「いつでも、しばしば複数の方面から同時に攻撃を受ける」状況であったとは、史料から判断する限りでは言い難い[5]。

　そもそも、「慢性的な戦争状態（chronic warfare）」とは具体的にどういう状態のことを指すのであろうか。戦闘が頻繁に行われているかどうかを判断するには、出兵の頻度、つまり「主君が臣下を集め、実際に戦闘が行われる、もしくは戦闘が予想される場所へと向かった回数」が最も重要な手がかりとなると思われる。叔父の暗殺によって急遽その領地を相続した1076年から、十字軍に出発した1096年までのゴドフロワ＝ド＝ブイヨンの活動を考察した際、マレーはこの時期の低地ロタリンギア地方を「無法と暴力の時期」と捉え、ゴドフロワは治世の「大半は所領の維持のために戦うことを余儀なくされ」、「近隣のライバルたちによる攻撃のために所領の維持は不安定なものであった」とした[6]。自領を離れる遠征への参加という点で議論の余地のある、1080年前後の皇帝ハ

46

インリヒ４世への従軍を別にしても、ゴドフロワ自身が加わった戦闘が記録、もしくは示唆されているのは20年間に５回ほどという計算になる。マレーはその数を数えているわけではない。しかしこうした戦いを引用しながら、「大半は所領の維持のために戦うことを余儀なくされ、近隣のライバルたちによる攻撃のために所領の維持は不安定なものであった」と論じている[7]。従来の王国像の代表的な論者であるスメイルやプラヴェルにしても、1099年のエルサレム征服から1187年のハッティンでの敗戦による王国の最初の瓦解まで、何度出兵と戦闘が行われたのか、といった点を検討した上で「慢性的」という表現を用いているわけではない。そこで、王国がどの程度の頻度で戦いにさらされていたと言えるのか、同時期の西欧の他地域との比較を試みることで考察する。対象地域としてはカペー王家の領地であったイル＝ド＝フランス地域を選ぶこととする。史料的に比較的詳細に出兵と戦闘の記録が残されていること、加えて、この地域は王国の成立や発展と深い関わりを持っていたためである[8]。

「慢性的な戦闘状態」とは別に、従来の王国像の中でフランク人を脅かしていたものは「国内の現地住民の敵意」という理解であり、これが本稿の第２の検討対象である。フランク人に対する敵意を想定するのであれば、現地の住民達が彼らを敵対するべき何か「特別な存在」として認識していなければならない。王国成立以前、そもそもパレスティナがどういう状況に置かれていたのか、そして王国成立後、どう変わったのか。フランク人に向けられる敵意を考える上で、これは非常に重要な点であると思われる。にもかかわらず、王国史研究におけるパレスティナ前史は、従来概説的な扱いの域を出ておらず、具体的に史料を用いて考察する視点はほとんどなかった[9]。そこで、前史についての考察を行い、それを踏まえた上で王国の成立後の状況と比較する。考察時期のタイムスパンは1071年から1098年までとする。西アジアのイスラム地域に東から進出を続けていたセルジューク系とトゥルクマン系のトルコ族は、十字軍の歴史の中で重要な役割を果たすようになるが、史料上、パレスティナに姿を現しはじめる時期が大体この頃にあたる[10]。

同時期の西欧と王国成立直前のパレスティナという、２つの比較に用いる王国については、1099年の成立から支配領域がほぼ確立する、いわゆる征服期と呼ばれる1120年頃までの時期をその対象としたい。この時期は初代国王ボー

ドゥアン1世の治世期（1100-1118）とほぼ一致する。なお、各章ごとにイル＝ド＝フランス周辺（表1）、王国成立直前のパレスティナ（表2）、王国征服期（表3）と3つの年表、また、末頁に史料略号を提示した。表中で用いた史料略号については、脚註でも随時用いる。また表1と表3で、主語のない出兵、戦闘はそれぞれフランス王ルイ6世、エルサレム王ボードゥアン1世の行動である。

1　イル＝ド＝フランス周辺 (1101-1118)（表1）

フィリップ1世（在位1060-1108）とルイ6世（肥満王、在位1108-1137）の治世期にあたるこの時期のカペー王家の活動に関する最も詳細な年代記史料は、サン＝ドニ修道院長シュジェル（1081-1151）の手によるものである[11]。パリを中心とするイル＝ド＝フランス周辺は史料上'Francia'と呼ばれ、カペー王家の支配とその影響力が及ぶはずの地域であったが、この当時、各領主に対して及ぼされるその統制力は極めて低下していた[12]。例えばル＝ピュイゼの領主ユーグは1111年、1112年、1118年と3度の反乱を起こした。1111年の最初の反乱が鎮圧された後、ユーグはルイの意向なくル＝ピュイゼの城を強化しないことを約束して解放されたが、翌1112年、フランドルへルイが出発したのを知ると兵を集め、前年の戦いの際にルイによって破壊されていたル＝ピュイゼの再建を試みている。この反乱にはブロワ伯ティボーとイル＝ド＝フランスの複数の城主が参加していた[13]。イル＝ド＝フランスでの戦いに加え、対外的な遠征も見られる。イングランド国王ヘンリ1世との戦いは、フランドル伯、ブロワ伯などの有力領主との同盟や敵対関係の中で、主としてノルマンディで行われている。ル＝ピュイゼ領主ユーグの反乱に際して、ブロワ伯が加わっていたことにも見られるように、城主たちの反乱が生じた時期は、イル＝ド＝フランス外の勢力がルイと敵対関係にあった時期と密接に関連している場合もあり、必ずしもルイと城主だけの関係で完結していたわけではなかった[14]。

反乱に対する討伐やノルマンディへの遠征に加え、各城主による略奪行為や周辺地域への暴力への対処という、治安の回復も王の出兵の理由として挙げられる。表1に見られるような、数に数えることができる戦闘とは別に、この種

表1　イル＝ド＝フランス周辺（1101-1118）

年　代	内　容	出　典	Luchaire
1101年	モンモランシ包囲	Suger, pp.14-17; OV, pp.156-157.	16
1101年末or1102年初め	ムーシ包囲	Suger, pp.16-19.	18
1102年	リュザルシュ、シャンブリ包囲	Suger, pp.20-23; OV, pp.158-159.	19
1102年	ルーシ攻撃	Suger, pp.25-29.	20
1103年	ムン＝シュル＝ロワール包囲	Suger, pp.28-29.	25
1103年後半	モンテギュ包囲	Suger, pp.30-35.	26
1105年	モンレリ包囲	Suger, pp.34-43.	34
1107年	グルネ＝シュル＝マルヌ包囲（シュヴルズ、モンレリ、ブレタンクール攻撃）	Suger, pp.68-77; OV, pp.158-161.	51
1108年7月	サント＝セヴェル包囲	Suger, pp.78-81.	55
1108年12月	フェルテ＝ボードゥアン攻略	Suger, pp.88-97.	61
1109年2月末or3月初	イングランド王ヘンリ1世とジゾールをめぐる紛争／ルイはムランを攻撃	Suger, pp.98-113.	72
1109年5月	ラ・ロシュ＝ギヨンでギヨームが反乱	Suger, pp.112-123.	75
1109年夏	ジェルミニ占領	Suger, pp.180-183.	76
1109年末-1110年初め	モンレリ、マント包囲	Suger, pp.122-129.	87
1110年	ムラン包囲	Luchaire, p.56.	103
1111年3月12日頃	ムラン伯ロベール3世によるパリ攻撃	Luchaire, pp.59-60.	111
1111年3月12日-8月3日	ル＝ピュイゼ攻撃	Suger, pp.128-139.	114
1111年8月3日-10月6日	モー、ラニーの戦い	Suger, pp.142-145; OV, pp.160-163.	121
1112年春-夏	コルベイユ、トゥリ、ル＝ピュイゼ、ジャンヴィル攻撃	Suger, pp.152-169; OV, pp.176-177.	134
1112年後半（？）	ヘンリ1世と戦闘	AS, p.243.	148
1115年3月初旬-4月11日	クレシ＝シュル＝セーヌ包囲	Suger, pp.174-179; GN, pp.204-205.	189
1115年4月半ば-1117年初頭	アミアンのシャティヨン包囲	Suger, pp.178-179.	220
1116年4月2日以降	ヴェクサンを中心にヘンリ1世と戦闘	Suger, pp.182-185; AS, p.246; HH, p.239.	207
1116年夏	ヘンリ1世とノルマンディで戦闘	AS, p.246; HH, pp.239-240.	229
1118年2月-3月	ガスニ攻撃	Suger, pp.186-187; OV, pp.183-187.	233
1118年1月6日-3月1日	ル＝ピュイゼ包囲	Suger, pp.170-171; OV, pp.158-159; Morigny, p.22.	236
1118年9月3日-9月7日	レグル遠征	OV, pp.196-199.	245

(Luchaire, A., *Louis VI le Gros, annales de sa vie et de son règne, 1081-1137*, Paris, 1890を参考に作成)

49

の暴力は地域を脅かしていたと思われる。1104年、十字軍から帰還したギー＝トゥルソにモンレリの城が再び戻されると「パリとオルレアンの間で生じた混沌と混乱のため、双方の都市の住民は強力な護衛でも伴わない限り、その不信心な者たち［モンレリの者たち］の許可がなければ、往来ができなくなった」。1107年、グルネ＝シュル＝マルヌ城主のユーグ＝ド＝クレシは「王の道上で商人たちの馬を不意に奪い、グルネへとひっぱりこんだ」。こうした行動が、それぞれ1105年と1107年のモンレリとグルネ包囲の原因となっている[15]。王の出兵による介入を招くほどの規模ではないが、こうした暴力が存在していたことが、エタンプにあるモリニ修道院の年代記からも窺える。先述したギー＝トゥルソの叔父にあたる同名のロシュフォール伯ギーも、1101年の十字軍に参加したが、彼が不在の間、「［ロシュフォール伯］ギーの領地に住んでいた」騎士ボヴァルによる、修道院の所領への攻撃をほとんど誰も止めることができなかった。ギーが幸運にも聖地から帰還したことで、この問題は解決に向かっている。また、ロベール＝ド＝オワンヴィルなる者の暴力による所領の荒廃については、ルイのセネシャルであるアンソ＝ド＝ガルランドの助力を求め、彼の力添えによって解決することができた[16]。

　イル＝ド＝フランス周辺の各城主に対する軍事行動とノルマンディ遠征を含め、20年間にルイが出兵、戦闘を行った回数はおよそ30回に及ぶ。それぞれの戦闘の期間や動員数は、必ずしも明確ではないが、少なくとも毎年のように出兵する必要がルイにはあった[17]。ハリスタとハラムはいずれも、具体的に戦闘の数を数えているわけではない。しかし両者とも、ルイ6世の治世を、城主たちに対する「絶え間ない戦争状態（constant warfare）」にあったと論じている[18]。加えて、シュジェルとモリニ修道院の年代記に見られるような城主や騎士たちの暴力は、表に現れる戦闘とは別の形で、イル＝ド＝フランス地域の治安に影響を及ぼしていたと思われる。

2　王国成立直前のパレスティナ (1071-1098)（表2）

　11世紀後半のパレスティナは、エジプト・ファーティマ朝と、東方からやって来るセルジューク系、トゥルクマン系のトルコ人たちの勢力争いの舞台と

表2　王国成立直前のパレスティナ（1071-1098）

年　代	出　来　事	出　典
1071年末	アトスズ指揮下のトゥルクマン族、パレスティナに侵入、ラムラを攻撃	IA, pp.68, 99; Maqrizi, pp.310, 314-315; Taghri Birdi, p.87.
1073年6-7月	アトスズ、エルサレムを征服	IA, p.99; Sibt, p.169; Taghri Bridi, p.87.
1074年	アトスズ配下のシュクリ、アッコンとティベリアを征服	Sibt, p.171.
1075年4-5月	シュクリの反乱、アトスズ、ティベリアを征服 アトスズ、ファーティマ朝からダマスカスを奪取	IA, p.99; Sibt, pp.173-175; Taghri Birdi, p.101.
1076年10月2日	アトスズ、エジプト遠征（-1077年2月19日）、敗退後ダマスカスに退却	IA, pp.103-104 ; Azimi, pp.361-362; Taghri Birdi, pp.87, 101; IQ, pp.108-109; Sibt, pp.181-182.
1078年	エルサレム、ガザ、ラムラ、アル＝アリシュでアトスズに対する反乱 アトスズ、鎮圧のためにエルサレム、ガザ、ラムラ、アル＝アリシュの住民を殺害、その後ヤッファを攻撃	Sibt, pp.184-185; IA, p.104.
1078or1079年	・ダマスカスでアトスズ処刑 ・アルプ＝アルスランから派遣されたイラク＝セルジューク朝のトゥトゥシュとアルトゥクがパレスティナの支配権を握る	IA, p.111; IQ, p.112.
1085年4月	セルジューク軍、アスカロン攻撃	Azimi, p.365.
1089年	ファーティマ朝のムニール・アッダウラによるティルス、シドン、ベイルート、ジュバイル、アッコンの征服（その後ムニール・アッダウラは反乱を起こす）	IA, p.176; IQ, p.124; Maqrizi, p.326; Taghri Birdi, p.128.
1093年	パレスティナの海岸都市のムスリム、巡礼のキリスト教徒が上陸するのを妨げる	Azimi, p.369.
1093年7月12日	ティルスでのムニール・アッダウラの反乱が鎮圧される（アル＝カティラが後任として任命）	IA, p.223; Maqrizi, p.328.
1094年	ティルスのアル＝カティラ、ファーティマ朝に対して反乱	IA, p.264.
1097年8月-9月	アル＝カティラのティルスでの反乱、ファーティマ軍によって鎮圧	IA, p.264; Taghri Birdi, p.159.
1098年8月26日	ファーティマ朝の宰相アル＝アフダル、イラク＝セルジューク朝からエルサレムを奪回	Azimi, p.373; IA, pp.282-283; IQ, p.135; Maqrizi, pp.326, 328; Taghri Birdi, p.159.

(Gil, M., *A History of Palestine, 634-1099*, Broido, E. (trans.), Cambridge, 1992, pp.859-860を参考に作成)

なっていた。このような状況の中、エルサレム、ラムラ、ティベリアなど各地を征服していったのがトゥルクマン族のアトスズである。彼は元々イラク＝セルジューク朝のアルプ＝アルスランの配下であった。その後ファーティマ朝に仕えたが、パレスティナに派遣されると1071年にファーティマ朝に対して反乱を起こした[19]。1076年にはエジプトまで遠征するが、翌年に撃退され、支配地でアトスズに対する反乱が生じた。イブヌル・アシールは1078年、エルサレムで起こった反乱とその鎮圧の様子を次のように伝えている。「……次いでアトスズはエルサレムに向かった。その住民が彼の仲間と後に残していた者たちに対する憎悪を高め、ダヴィデ—彼の上に平安あれ——のmihrabに包囲しているのを見た。民衆は彼に対し守りを固め、彼を侮辱した。そこでアトスズは彼らを殺戮し、都市を武力で征服した。略奪し、住民を殺した。その上、アル＝アクサ・モスクに避難した者にまで手をかけた……かくして、シャーム［シリア、パレスティナ］の人々はその名前［アトスズ］を覚えている」。スィブト＝ブヌル・ジャウジはもう少し詳しくこの事件について記述している。エルサレムのカーディ（裁判官）と公証人たち、そして住民が、アトスズとその仲間たちがエルサレムに残していた財産を奪い、女子どもを捕え、奴隷とした報復として、彼は「住民3000人を殺害した」[20]。アトスズはその年か翌年の1079年、救援を求めた先のイラク＝セルジューク朝から派遣されたトゥトゥシュによって、ダマスカスで処刑される。処刑後、トゥトゥシュは配下のアルトゥクにパレスティナの支配を委ねた。アルトゥクはエルサレムを拠点としてパレスティナの支配を行ったが、ティルス、アッコン、ベイルートなどの海岸の諸都市はファーティマ朝との争奪の場となった。1089年、再びファーティマ朝が奪回するが、ティルスでは着任する統治者がその度に反乱を起こし、1093年と1097年にそれぞれ鎮圧されている。

　こうした状況は、地域の治安にも影響を及ぼしていた。パレスティナ地域では、元々エルサレムにあったイェシヴァ（ユダヤコミュニティの最高機関、ユダヤ教研究の学術機関も兼ねる）は1070年代にエルサレムからティルスへと移動し、さらに1093年にはダマスカス近郊へと移っている[21]。1071年4月、エルサレムのユダヤコミュニティのある役人が、エジプト、フスタートのイェシヴァの長にあてた書簡では、次のように訪問延期の理由を述べている。「……私がフスタート

訪問を延期する理由をあなたはご存じでしょう。つまり、恐怖と飢餓にまつわる情報が日々耳に入ってくることを……ティルスは閉ざされており、誰もエルサレムからラムラへ出ることはできません。全ての道が危険に満ちています」[22]。

　西欧からの巡礼の記録も、この時期のパレスティナの状況を示唆している。1064年、バンベルク司教ギュンターを含む数人の高位聖職者に率いられた南ドイツ地方からの数千人規模の巡礼は、コンスタンティノープル、ラタキア、トリポリ、カエサレアを経由してエルサレムへと向かったが、ラムラから一日の行程がかかる場所で、略奪を目的とするベドウィンからの襲撃を受けている。「彼ら［巡礼たち］は突然、長く獲物を待っていた飢えた狼のように彼らに飛びかかったアラブたちの手に落ちた。彼らは先頭の巡礼たちを殺戮し、引き裂いた。最初、人々は反撃しようとしたが…村に退却を余儀なくされた」[23]。

　最終的にはラムラの支配者によって助けられ、彼がつけた護衛によって残りの巡礼はエルサレムに到着した。故地に戻ったのは7000人の参加者のうち、2000人足らずだったと記述されている[24]。往路の途中のラタキアで、この巡礼団はエルサレムから戻ってくる他の巡礼たちと会い、パレスティナの情報を聞いている。帰路にあった巡礼者たちは襲撃による多くの犠牲者たちの話をし、自分達が負った傷を見せていることから、巡礼者に対する襲撃は他にもあったことが窺える[25]。1093年、アル＝アズィーミはシリアとパレスティナの海岸諸都市で、西欧とビザンツ帝国からのキリスト教徒の巡礼達が、ムスリムからの妨害を受けたことに触れた後、次のように続けている。「そのため、［妨害の］知らせは逃れた人々から彼らの国に広まり、遠征が準備された」[26]。これがキリスト教徒巡礼に対する、ムスリムによる「宗教的迫害」であったかどうかは不明である。アル＝アズィーミのこの記述や、ユダヤ教徒の書簡、あるいは1064年の西欧からの巡礼団の記録はいずれも、宗教的な問題というよりも、むしろ継続的な戦乱が原因となって、この時期のパレスティナの治安が悪化していたことを示しているように思われる。

　このように、十字軍到来と王国成立以前に、そしてまた、十字軍の到来とは関わりなく、パレスティナはすでに非常に混乱した状態にあった。ファーティマ朝がアルトゥクの息子であるスクマーンとイルガジからエルサレムを奪回したのは、十字軍に征服されるほんの1年たらず前のことである。

3　王国征服期 (1100-1118)（表3）

　1099年のエルサレム征服後、聖墳墓守護者として選出されたゴドフロワ＝ド＝ブイヨンは、ハイファを攻略する直前の翌1100年7月に死亡し、後継者としてゴドフロワの兄弟であったボードゥアンがエデッサ伯領から招かれて、国王ボードゥアン1世として即位した。この時期、南はファーティマ朝支配下のアスカロンと北はダマスカスを中心とするセルジューク朝地方政権が王国の主な敵対勢力であった。ダマスカスでは1095年にトゥトゥシュが死去した後、息子のドゥカクが支配していた。1104年にはドゥカクも死亡し、後見人であったトゥグティキンがダマスカスの実権を握る。すでに述べたように、この20年間に王国周辺で記録されている出兵や攻撃、防衛の記録は約40回にのぼるが、頻度的には大きな偏りがある。前半の10年である1110年までの戦闘が圧倒的に多く、約30回がこの時期に集中している。これはこの時期のボードゥアンが意図していた戦いが、王国の領地を拡大するための征服戦、とりわけ海岸諸都市の包囲とその占領に置かれていたからであると思われる。実際、アッコン、ベイルート、ティルス、シドン、トリポリといった海岸都市への攻撃は11回記録されている[27]。ファーティマ朝はアスカロンに加え、上記の海岸諸都市を支配下に治めていた。アスカロンから出撃する陸上の攻撃に加え、エジプトから艦隊の出撃による海上包囲、あるいは王国軍が包囲している都市の海上からの援軍を行うことも可能であったが、海岸諸都市の陥落によって、ファーティマ朝の艦隊行動は著しく制限されることになった。1110年のシドン、ベイルート占領後は、1115年にヤッファを海陸から攻撃した以外には、目立った海上からの活動は記録されていない[28]。従って、征服期においてはこのシドン、ベイルート占領が1つの大きな区切りであったと思われる。1110年以前と以降とを比較した場合、出兵や戦闘の数は約3分の1にまで減少しているからである。

　数の上からだけではなく、北と南からの攻撃は、実質的にはどの程度王国の存在そのものを脅かしていたのであろうか。複数の方向からの同時攻撃が、ほとんど功を奏していなかったことはすでに検討した。まず、北のダマスカスと

表3　王国征服期（1100–1118）

年　代	出　来　事	出　典
1099年10月末–12月中旬	アルスーフ包囲	AA 7.1–7.6, pp.507–511.
1100年2月–3月	アルスーフの守備隊と王国のラムラの守備隊の間で戦闘	AA 7.6, p.511.
1100年春	ティベリア地域へ遠征	AA 7.16, pp.517–518.
1100年5月	ティベリア地域へ遠征	AA 7.17, p.518.
1100年7月18日	ゴドフロワ＝ド＝ブイヨン死去 11月にエデッサからボードゥアンが到着 ボードゥアン1世（1100–1118）として即位	AA 7.20, p.520; FC 1.36, 2.1–2.3, pp.349–370.
1100年11月中旬–12月中旬	アスカロン攻撃と死海以遠の地域へ遠征	AA 7.38–7.43, pp.533–537; FC 2.4–2.5, pp.370–384.
1101年前半	ハイファを包囲、占領	Azimi, p.374; AA 7.22, p.521; IA, p.325; IQ, p.139.
1101年4月21日	アルスーフを包囲、占領	FC 2.8, pp.393–400; IA, p.325; IQ, p.139.
1101年5月	カエサレアを包囲、占領	Azimi, p.375; FC 2.9, pp.400–404; IA, p.325; IQ, p.139.
1101年9月初旬	ラムラでファーティマ軍と戦闘	AA 7.68, p.551; FC 2.11–2.13, pp.407–420; IQ, p.140.
1102年2月–3月	ベイルート付近まで出兵	FC 2.17, pp.433–435.
1102年5月中旬–7月6日	ファーティマ軍、ラムラ、ヤッファを包囲	AA 9.3, 9.9–9.12, pp.592, 595–597; FC 2.15, 2.18–2.21, pp.424–428, 436–455; IQ, p.141.
1102年9月	アスカロンを包囲	AA 9.13–9.15, pp.597–599.
1103年3月29日以降	アッコンを包囲	AA 9.19, pp.601–602; FC 2.22, pp.456–457; IA, p.345.
1103年10月	ファーティマ艦隊、ヤッファを包囲	Azimi, p.377; AA 9.23–9.25, pp.604–605; IQ, pp.142–143.
1104年5月	アッコンを包囲、占領	Azimi, p.377; AA 9.27–9.29, pp.606–608; FC 2.25, pp.462–464; IA, pp.372–373; IQ, pp.143–144.
1104年9月	ファーティマ軍、ヤッファとカエサレアを攻撃	AA 9.30–9.31, pp.608–609.
1105年8月	ファーティマ艦隊、ヤッファを包囲 ラムラでファーティマ・ダマスカス軍と戦闘	AA 9.48–9.50, pp.621–624; FC 2.31–2.33, pp.489–503; IA, pp.394–395; IQ, pp.148–149.
1106年4月30日	アスカロン周辺を襲撃	AA 9.51, p.624.
1106年夏	ダマスカスのトゥグティキン、ティベリア地域のカスル＝バルダウィルを攻撃	FC 2.36, p.509–511; IA, p.399; IQ, p.149.
1106年9月	ダマスカスのトゥグティキンとティベリア地域で戦闘	AA 10.5–10.8, pp.633–635; FC 2.36, pp.509–511; IA, p.407; IQ, p.151.
1106年10月中旬	ファーティマ軍がラムラ、ヤッファを攻撃（ヤッファは海上からも包囲）、カステル＝アルナルディを破壊	AA 10.9–10.16, pp.635–639.
1107年2月–5月	外ヨルダンのムスリム側の城を攻撃	AA 10.28–10.32, pp.644–646; IQ, pp.158–159.

年代	出来事	出典
1107年11月	ファーティマ軍が海陸からヤッファを攻撃	AA 10.31-10.34, pp.645-647; FC 2.37, pp.512-521.
1108年6月or7月	ティルスの近くに進軍、城砦を建設	IQ, p.159.
1108年8月	シドンを包囲	AA 10.46-10.50, pp.652-655; IQ, p.162.
1108年8月以降	ダマスカスのトゥグティキン、ティベリアに侵入	Azimi, p.379; AA 10.54-10.57, pp.656-658; IA, p.467; IQ, pp.161-162.
1109年7月	トリポリを包囲、陥落	Azimi, p.379; AA 11.11, 11.13, pp.667, 668; FC 2.40-2.41, pp.526-533; IA, pp.475-476; IQ, pp.163-164.
1110年2月-5月13日	ベイルートを包囲、陥落	Azimi, p.380; AA 11.17, pp.670-671; FC 2.42, pp.534-536; IA, pp.475-476; IQ, pp.167-168.
1110年6月-10月	・エデッサへ遠征 ・ファーティマ艦隊、アッコンとベイルートを攻撃（8月）	（エデッサ遠征）AA 10.18-10.19, pp.671-672; FC 2.43, pp.537-543; IQ, pp.169-170. （アッコン、ベイルート攻撃）AA 11.27-11.29, pp.675-677.
1110年10月19日-12月5日	シドンを包囲、陥落	Azimi, p.380; AA 11.31-11.34, pp.678-679; FC 2.44, pp.543-548; IA, pp.479-480; IQ, p.171.
1111年春	アスカロンを攻撃	AA 11.35, pp.679-680; IQ, pp.172-173.
1111年9月-10月	アンティオキアへ遠征	AA 11.40-11.43, pp.682-684; FC 2.45, pp.549-557.
1111年11月29日-1112年4月10日	ティルスを包囲	Azimi, p.381; AA 12.1-12.7, pp.689-693; FC 2.46, pp.558-562; IA, p.488-490; IQ, pp.178-181.
1111年	ダマスカスのトゥグティキン、ガリラヤ東岸のハビス＝ジャルダックを攻撃、奪取	IQ, pp.178-179.
1112年春	外ヨルダンを通過中のキャラヴァンを略奪	AA 12.8, p.693.
1113年6月初旬-8月初旬	・アレッポのマウドゥード、ダマスカスのトゥグティキンと共にティベリア地方から王国に侵入 ・ファーティマ軍、エルサレムを攻撃	Azimi, p.382; AA 12.9-12.12, pp.694-696; FC 2.49-2.51, pp.565-578; IA, pp.495-497; IQ, pp.183-186.
1115年前半	・アンティオキアへ遠征 ・ファーティマ軍、ヤッファを海陸から包囲	AA 12.19, p.701; FC 2.53-2.54, pp.580-591; IA, pp.501-502.
1115年8月15日-9月10日	エジプトのファーティマ艦隊、ティルスに部隊を上陸させる	Azimi, p.382; AA 12.17, pp.699-700.
1116年	アスカロン攻撃を含む外ヨルダン遠征	AA 12.21-12.22, pp.702-703; FC 2.56, pp.594-596.
1117年6月	ティルスの近くにスカンダリオン城を建設	FC 2.62, pp.605-606.
1118年3月中旬-4月	エジプトへ遠征（帰還中の4月2日、アル＝アリシュで死去）	Azimi, pp.384-385; AA 12.25-12.27, pp.705-707; FC 2.64, pp.609-613; IA, p.543.
1118年5月-7月／8月	トゥグティキン、ティベリアへ侵入	FC 3.2, pp.617-619; IA, pp.543-544.

(Stevenson, W., *The Crusaders in the East*, Cambridge, 1907, pp.18-68を参考に作成)

の戦闘は、ティベリア地域を中心とした内陸部で行われている。1113年のマウドゥードとトゥグティキンの連合軍による侵入がナブルスまで南下した以外には、戦闘はあくまでティベリア地域に限定されており、エルサレムまでは１度も到達していない。1106年にはカスル＝バルダウィル、1111年にはハビス＝ジャルダックが攻撃、破壊されているが、これらはいずれも王国中心部からは離れた、周辺部での戦闘である。他方、南のファーティマ朝との戦闘は海岸諸都市、ヤッファ、ラムラ近辺の平野部が主な舞台であった。1106年９月、ボードゥアン自身がティベリアに滞在している間に、ファーティマ軍がラムラとヤッファを攻撃した。ヤッファは海と陸から攻撃され、こちらは守りきったが、エルサレムから北西約20km離れたところにあるカステル＝アルナルディが２日の包囲の後征服されて住民が捕虜となっている。急報を聞いてボードゥアンがヤッファに戻り、出撃の準備を整えたところでファーティマ軍はアスカロンへ撤退した。このカステル＝アルナルディの破壊が、征服期における王国中心部での目立った損害と言える。しかしこの時でさえ、ファーティマ軍はボードゥアン本隊との戦闘は回避している。つまり、征服期に頻繁に行われた戦闘の多くを王国側は優勢に進めていたのであり、「慢性的な戦争状態」が王国の存在を脅かしていたとは言い難い。

4　王国内の治安と現地住民の「敵意」

　記録されている戦いとは別の、日常的なレヴェルで治安を脅かしていたと思われるものは、イル＝ド＝フランス地域では城主や騎士たちであった。他方、従来の王国像の中では、治安の問題は「現地住民のフランク人に対する敵意」と結びつけて説明されてきた。スメイルによれば、「平時であれば支配に対して従順であるが、王国が外部勢力から攻撃を受けるなど、フランク人の支配が脅かされそうな状況に立たされた場合には反旗を翻すという、フランク人支配に対する一般的な意識」のことを指す。しかし、約１世紀の支配期間のうち、ムスリムの蜂起や反乱といった、フランク人の支配に対する明確に敵対的な行動を示した、という例は実際にはほとんどない[29]。征服期に関しては、1113年６月から８月にかけて、アレッポのマウドゥードとダマスカスのトゥグティキ

ンがティベリア地方に侵入した際、ナブルスの近辺でそれに呼応してムスリムが蜂起したという一例が見られる程度である。スメイルでさえ、自説の中でわずかにこの事件しか例示していない[30]。

　反乱、蜂起という形以外では、巡礼者による巡礼記に王国内でのベドウィン、もしくはムスリムによる襲撃がいくつかの場所で記録されている。1102年頃に聖地への巡礼をしたセウルフは、ヤッファとエルサレムの間にあるリッダの町付近の道について「サラセン人達がキリスト教徒たちに絶えず待ち伏せをしかけてくるので極めて危険」と記した。ほぼ同時期の巡礼者であるロシアの修道院長ダニエルも、セウルフと同じ場所の危険性を指摘した後、王国内のその他のいくつかの難所を記述している[31]。港のヤッファとエルサレムの中間に位置するラムラ、リッダ付近は、表3に見られるようにファーティマ軍との頻繁な戦いの舞台となっており、特に治安の悪い地域であったと思われる。1100年、ボードゥアンは即位直後に行った死海以遠への遠征の際、「エルサレムとラムラの間で、キリスト教徒を襲っていたサラセン人の盗賊たち」を壊滅させている[32]。

　ダジャニ＝シャケルはこうしたムスリムの存在を「フランク人の定着に対する抵抗」と評した[33]。しかし、ダニエルは彼らの活動を「山賊行為」と記述している。ラムラ、リッダ近辺とベツレヘムからヘブロンに至る難所については「アスカロンからの襲撃」と述べており、これは明らかにファーティマ軍による攻撃である[34]。先述した1100年のボードゥアンによる盗賊討伐の際にも、フーシェは「［その地域に住んでいた］サラセン人達の中には……盗賊たちがいた」として、一般のムスリム住民とは区別して記述している上、1100年、つまり王国が成立して間もない時点で、彼らは盗賊行為を「習慣としていた」と言及している[35]。前史の中で論じたように、1064-1065年の巡礼団に対する襲撃もまた、ラムラ周辺、つまりほぼ同じ地域で行われているし、キリスト教徒に限らず、ユダヤ教徒も「エルサレムからラムラへの道」を危険と考えていた。加えて、テンプル騎士修道会の成立事情は示唆的である。後年、聖地の防衛に大きな役割を果たすようになるテンプル騎士修道会の誕生は1118-1119年と考えられているが、この時の様子を、アッコン司教、枢機卿を経てエルサレム総大司教となった13世紀の年代記作者ジャック＝ド＝ヴィトリ（c.1170-1240）は次のよ

うに記している。「……富者も貧者も、老人も若者も、男も女も、巡礼のためにエルサレムへとやって来た。追剥と盗賊が道中と道に待ち伏せし、巡礼者を殺し、持ち物を奪い、略奪した。盗賊たちが我々になしたこのような危険と被害を取り除くため……彼らは上述の盗賊たちから道中と道と巡礼者達を守り……主に従うことを約束したのである」(36)。ジャックが年代記を記した13世紀には、騎士修道会はムスリムとの戦いですでに重要な役割を果たしていた。その時点においてさえ、成立事情が語られる時に「異教徒」や「サラセン人」に対する言及が一言もないのは注目されてよい。創設者とされる騎士ユーグ＝ド＝パイヤンとその数人の仲間たちが、当初、最も問題としていたのは「異教徒との戦い」ではなく、「治安」であったことが窺えるからである(37)。従って、征服期にフランク人や巡礼に加えられていた襲撃は抵抗ではなく単なる盗賊行為であり、敵意から説明されるというよりも、むしろ前史から続いていた治安の問題として把握されるべきであろう。

　フランク人を「特別な存在」とイスラム世界に認識させた象徴的な事件として、しばしば取り上げられるのが1099年のエルサレムの征服である(38)。しかしながら近年、犠牲者数と、虐殺の描写の信憑性に疑問を呈する見解が出されている(39)。またフランスは、当時の西欧での戦闘の基準から考えれば、エルサレムの征服は特に残虐なものではなかったと論じ、この征服のあり方の特異性の強調に批判的な立場をとっている(40)。イブヌル・アシールとスィブト＝ブヌル・ジャウジはエルサレムの陥落後、生き残ったムスリムがバグダードに到着し、エルサレムで起こった様子をモスクで会衆に向けて語り、助けを求めたことを記している。しかし、彼らは結局同情以上の関心を集めていない(41)。また、時代的には最も近くエルサレム征服の記述を行ったムスリムの年代記作者はイブヌル・カラーニシとアル＝アズィーミであるが、彼らの記述はそれぞれ簡潔である。「都市民の一部は［ダヴィデの］mihrabに逃げこんだが、［他の］大勢は殺された。ユダヤ人はシナゴーグに集まっていたが、フランク人達はそれに火をかけた。mihrabについては安全の保証をもってこの年の「シャアバーン」月22日［7月14日］に彼らに委ねられた。彼らは聖所とアブラハムの墓を破壊した。」「……次いで彼らはエルサレムに向かい、エジプト人の手から奪いとった。ゴドフロワがそこを支配し、シナゴーグに火をかけた」(42)。1078年、反乱

に対する一連のアトスズによる鎮圧の中での、エルサレムで行われた殺害についてはすでに引用した。そこでの筆致と、十字軍による征服の描写に大きな差があるようには思えない。エルサレムは十字軍が征服する1年足らず前の1098年、ファーティマ朝によってセルジューク朝のスクマーンとイルガジから奪回され、支配者の交代を経験したばかりであった。1100年、マグリブ（北アフリカ地方）からエルサレムへの巡礼を目指していた、ユダヤ教徒の老巡礼の手による書簡が残っている。彼は5年前の1095年に、エジプトのアレクサンドリアに到着していたが、パレスティナとエジプトの治安の悪化のために、長らく足止めをくらっていた。「我が主よ、あなたは覚えておいででしょう。もう幾年も前に、神の慈悲と貧困の中での救いを求め、エルサレムを見、そしてまた戻ってくるように私が故郷を発ったことを……私がアレクサンドリアにいたとき……多くの武装した集団がパレスティナに現れ……そのため、グループで出かけ、かろうじて1人が生きのびて我々の元へ戻ってきました。ほとんど誰ひとりとして、武装した集団から自らの身を守ることはできないと彼は伝えてくれました。……そのうえ、反乱が［国中にひろまり］アレクサンドリアにさえ達しました……しかし……彼［宰相アル＝アフダル］の正義と力強さのために、神が彼の手に［パレスティナの］土地をお与えになり、安全に、そして静かにエルサレムへといけるのではないか、という希望を私は抱くに至りました……しかし、神が……エルサレムを彼の手にお与えになったとき、そうした状況はその地へと旅をするにしてはあまりにも短い時間しか続きませんでした。フランクたちがやってきて、ムスリムであれユダヤ教徒であれ、都市にいた者を全て殺し、殺戮を免れた僅かな者は捕虜とされました」。彼はこの後、アル＝アフダルがエルサレムをすぐに奪回して、自らの巡礼が達成されることを希望している[43]。彼にとっては、パレスティナの状況は連続していたのであり、これはパレスティナの住民たちにとっても同様に感じられていたことであろう。少なくともエルサレム征服直後の段階では、エルサレムの征服も、フランク人の到来も「特別なこと」として受け止められてはいなかったのではないかと思われる[44]。

おわりに

　従来の王国像の中で、王国と、支配者であったフランク人は2つの意味で特別な存在として理解されてきた。つまり、同時代の西欧中世の中でも、特に慢性的な戦争状態にあり、そのために国家の存在自体が絶えず脅かされていた、という点と、十字軍という宗教的背景をもって成立したために、異教徒である現地住民から特に敵意を示されるべき存在であった、という点である。

　同時代のイル＝ド＝フランス地域と王国に見られる戦闘や出兵の記録を比較してみると、前者が約30回、後者が約40回と、「慢性的戦争状態」という点で両者に差はない。数だけではなく、周辺勢力からの攻撃の内容とその結果を見ても、ダマスカスとアスカロンからの共同作戦や同時攻撃は数が極めて少ない上に大きな成果をあげていない。そして、この時期の戦闘の多くは王国側に有利に展開していること、城砦の破壊などの被害があったとしても主として周辺部で生じており、王国の存在そのものが戦闘の頻度と内容の点で「絶えず脅かされていた」とは言い難い。加えて、戦闘の頻度はとりわけ1110年以降、最初の10年の約3分の1へと、目に見えて減少している。王国の歴史の中で最も戦闘が多かったと考えられている征服期以降、つまり1120年代以降の頻度はさらに減っており、再び上昇し始めるのは1160年代頃である[45]。もちろん、今回取り上げた同時代の西欧地域は非常に限られたものである。征服期の王国と関わりの深かったところは、フランドル、ノルマンディなど他にもあるため、今後、そうした地域も視野に入れていく必要はあるであろう。しかし少なくとも、王国が同時代の西欧の中でも特に慢性的戦争状態にあり、そのために絶えず存在が脅かされていた状況に置かれていた、という従来の理解が妥当であるとは思われない。

　次に、王国成立前後のパレスティナの比較からもう1つの指摘ができる。従来の王国史研究において、前史は概説的背景程度の位置付けしか与えられてこなかった。エルサレムの征服によって王国が成立した1099年以降にしか注意を払わないのであれば、この年を大きな区切りとして、フランク人に対する現地住民の姿勢を、さらには現地住民のフランク人に対する反応さえまでも、宗教的文脈からもっぱら理解しがちになる。しかし前史の史料に目を通せば、ムス

リム年代記作者の叙述やユダヤ教徒たちの書簡から、パレスティナが置かれていた状況の連続性は明らかである。しばしば強調されてきたエルサレムの征服にしても、1078年と1099年のエルサレムでの住民殺害を伝える筆致に、顕著な差があるとは思われない。治安の悪化は十字軍到来以前にすでに存在していた問題であり、その状況下で王国が領地を広げていった、という点を見逃すべきではない。そして治安の問題は、同時代のイル＝ド＝フランスでも見られたように、王国以外、おそらくどの地域にでも存在する。約1世紀に及ぶ王国の歴史の中で、従来考えられてきた「現地住民の敵意」はたとえあったとしても、ほとんど顕在化していない。少なくとも、アトスズの支配下にあって住民の蜂起と弾圧を生み、またファーティマ朝から派遣された統治者が次々と反旗を翻すような前史に見られた状況は、その舞台となったエルサレム、ラムラ、ティルスといった都市や町において、王国が存在していた期間には1度も記録されていない[46]。

王国が1099年に成立したとき、従来の王国像で描かれているような「特別な存在」ではなかった。にもかかわらず、最終的には「戦い」によって、その幕を閉じることになった。イブヌル・カラーニシやアル＝アズィーミとは異なり、後年の年代記作者のイブヌル・アシールはフランクによるエルサレムの征服を記述するとき、「神よ彼らを呪いたまえ」という呪詛の言葉を添えている[47]。「戦い」が王国の存在そのものを脅かし、また、1099年のエルサレムの征服が強調されることによって、王国がパレスティナ、シリアのムスリムたちから「特別な存在」と位置付けられるようになるのは、征服期以降のことである。

註(1) 代表的な論者としてはプラヴェルとスメイルが挙げられる。Smail, R., *Crusaiding Warfare, 1097-1193*, Cambridge, 1956. プラヴェル (Prawer, J.) は多くの著作の中で王国像に関する自説を提示しているが、そのうち数点を挙げるにとどめる。*The Crusaders' Kingdom: European Colonialism in the Middle Ages*, New York, 1972; 'Crusader Cities', in Miskimin, H. et al. (eds.), *The Medieval City*, New Haven, 1977, pp.179-199; *Crusader Institutions*, Oxford, 1980; 'Social Classes in the Crusader States: The 'Minorities'', in Setton, K. (ed.), *A History of the Crusades*, 6vols., Madison, 1969-1989, vol.5, pp.59-115. プラヴェルとスメイルまでの王国像をめぐる研究史上の議論についてはEllenblum, R., *Frankish Rural Settlement in the Latin Kingdom of Jerusalem*, Cambridge, 1998, pp.3-38.

(2) Ellenblum, *op. cit.*; Id., 'Three Generations of Frankish Castle-Building in the Latin Kingdom of Jerusalem', in Balard, M. (ed.), *Autour de la Première Croisade*, Paris, 1996, pp.517-551.

(3) Beeler, J., *Warfare in Feudal Europe 730-1200*, Ithaca, 1971, pp.128-129.

(4) 1103年、ファーティマ朝の艦隊がヤッファを海上から攻撃した際、ダマスカスに「ジハード [の名] に基づいて (ala l-jihad)」共同作戦が持ちかけられたが、ダマスカスからの援軍はなかった。1105年、アスカロンからの援助要請にダマスカス領主トゥグティキンが応じ、援軍が派遣されたが、南北からの挟撃ではなく、連合して王国軍と戦った。これが両者によって実施された唯一の共同作戦による攻撃の記録である。この時には王国軍が勝利し、アスカロンの統治者ジャマル・アル＝ムルクが戦死している。1110年8月、国王ボードゥアン1世がラテン＝シリアの中でも最北に位置するエデッサ伯領救援のために遠征していた最中に、ファーティマ朝の艦隊がアッコンとベイルートを攻撃したが、急を聞いて引き返してきたボードゥアンによって撃退されている。1113年6月から8月にかけて、トゥグティキンとモスル領主マウドゥードの連合軍がティベリア地方へ侵入した際、アスカロンから出撃した一隊がエルサレムを攻撃したが、極めて小規模であり、都市の守備隊よりも大きい被害を出して退却している。1115年、ボードゥアンがアンティオキアへの遠征中にファーティマ朝の艦隊がヤッファを包囲したが、エルサレムからの援軍を恐れて撤退した。10日後、ヤッファへ再び攻撃をしかけているが、これも撃退されている。1118年、エジプト遠征の途中でボードゥアン1世が死亡した報を聞き、アスカロンのファーティマ軍と南下してきたトゥグティキンとが共同作戦を企てたが、何ら具体的な成果をあげずに戦闘は終わった。IQ, pp.142-143 (1103); IQ, pp.148-149 (1105); AA 11.27-11.29, pp.675-677 (1110); FC 2.49, pp.572-573 (1113); FC 2.53, pp.585-586 (1115) ; FC 3.2, pp.617-619 ; IA, pp.543-544 (1118).イブヌル・アシールはトゥグティキンのダマスカスへの撤退を、ファーティマ軍のフランクへの戦いに対する士気の低さに理由を求めている。IA, p.543. この時の王国軍とアスカロンのファーティマ軍の双方に士気の低さが見られたことは、王国側の年代記作者フーシェ＝ド＝シャルトルも言及している。FC 3.2, p.619.

(5) アスカロンを支配していたエジプトのファーティマ朝とダマスカスのセルジューク系地方政権は、イスラム教の上ではシーア派とスンナ派に分かれていた上、ダマスカス政権は王国の存在よりもファーティマ朝のシリア、パレスティナへの勢力伸長にむしろ警戒感を示していた。Fink, H., 'The Role of Damascus in the History of the Crusades', *Muslim World*, 49, 1959, p.45.

(6) Murray, A., *The Crusader Kingdom of Jerusalem: A Dynastic History 1099-1125*, Oxford, 2000, pp.20, 25, 151.

(7) アンドレスゾーン (Andressohn, J.) は1078-1080年と1082-1084年の2回にわたって従軍したと考えている。フランスは12世紀後半の王国の年代記作者ギヨー

ム=ド=ティールの記述におそらく依拠した上で、1180年（フランスは1185年としている）にハインリヒ4世とシュヴァーベン公ルドルフとの間で行われたエルスターの戦いにゴドフロワが参戦していたのはほぼ確実とした。Andressohn, J., *The Ancestry and Life of Godfrey of Bouillon*, Bloomington, 1947, pp.36-39; France, J., *Victory in the East: A Military History of the First Crusade*, Cambridge, 1994, p.27. ギヨーム=ド=ティールの記述についてはWilliam of Tyre, *Chronicon*, Huygens, R. (ed.), Turnhort, 1986, 9.8, pp.429-430.年代記作者のアルベルト=フォン=アーヘンもハインリヒに随行してのゴドフロワのイタリア滞在について記録しており、アンドレスゾーンの論拠の一つとなっている。AA5.13, p.440.他方、マレーは周辺のライバルとの継続的な戦いを背景として、領地を離れることはできなかったと論じる。Murray, *op. cit.*, p.25. マイヤーも十字軍参加以前のゴドフロワの活動について考察を加え、近隣勢力との戦いを3つの時期に分けて論じているが、その中ではハインリヒへの従軍については言及されていない。Mayer, H., 'Etudes sur l'histoire de Baudouin 1er, Roi de Jérusalem', in Id., *Mélanges sur l'histoire du royaume latin de Jérusalem*, Paris, 1984, pp.22-30. 戦闘の記録については次のとおり。Laurence of Liège, *Gesta episcoporum Virdunensium et abbatum S.vitoni*, Waitz, G. (ed.), *Monumenta Germaniae Historica, Scriptores* (以下MGH SSと略）。またLaurence of Liègeの年代記についてはLLと略）10, p.494 (1076); *La chronique de Saint-Hubert dite Cantatorium*, Hanquet, K. (ed.), Brussels, 1906 (以下Cantatoriumと略), pp.104-106 (1081-1082); LL, p.494, *Annales Mosomagenses*, Pertz, G. (ed.), MGH SS 3, p.162 (1086); *Ibid.* (1092); Cantatorium, p.192 (1095). 1081-1082年のCantatoriumは戦闘があったことを直接記録した箇所ではないが、戦いによってゴドフロワの捕虜となったTheoderic Flamensが半年後に獄死にしたことに言及している。Murray, *op. cit.*, p.17を参照。

(8) 1099年の王国成立以降になると、新たに西欧からやって来た地方領主や騎士たちが史料上登場しはじめる。イル=ド=フランスはノルマンディ、ピカルディ、フランドルなどと並んで、1120年頃までの初期の王国の貴族層の主な出身地であった。この時期における王国貴族層の出身地についてはMurray, A., 'The Origins of the Frankish Nobility of the Kingdom of Jerusalem, 1100-1118', *Mediterranean Historical Review*, 4, 1989, pp.281-300.マレーが確認しえた55人のうち、イル=ド=フランス出身者は9人を占めていた。Murray, *op. cit.*, p.293. とりわけシャルトル副伯ル=ピュイゼの家系はラテン=シリアにおいて重要な役割を果たした。ル=ピュイゼはシャルトルの南東約40km、パリの南約80kmに位置する。この家系に関してはLa Monte, J., 'The Lords of Le Puiset on the Crusades', *Speculum*, 17, 1942, pp.100-118. 初期十字軍参加者のプロソフォグラフィについてはRiley-Smith, J., *The First Crusaders, 1095-1131*, Cambridge, 1997が最も包括的な研究である。ル=ピュイゼ家系を含めたイル=ド=フランス出身の参加者に

ついては特にpp.169-188.
(9) 王国史に関する代表的な研究書の構成を瞥見すれば明らかである。スメイルは王国を含めたラテン＝シリア内のムスリムと東方教会のキリスト教徒について1章を設けているが、十字軍以前のシリア、パレスティナにおける歴史的背景については関心を払っていない。Smail, *op. cit.*, pp.41-63.Richard, J., *The Latin Kingdom of Jerusalem*, Shirley, J. (trans.), 2vols., Amsterdam, 1979では、王国を「巡礼の王国」として位置付け、十字軍以前の、西欧から東方への巡礼を導入部に置いている。パレスティナについては、わずかにファーティマ朝カリフ、アル＝ハーキム（386/996-441/1021）のキリスト教徒に対する迫害に言及しているにすぎない。*Ibid.*, vol.1, pp.xvi-xvii.アル＝ハーキムによる迫害については例えばHillenbrand, C., *The Crusades: Islamic Perspectives*, New York, 1999, pp.15-17; Gil, M., *A History of Palestine, 634-1099*, Broido, E. (trans.), Cambridge, 1992, pp.370-381.Mayer, H., *The Crusades*, Gillingham, J. (trans.), Oxford, 1972ではpp.1-8で、十字軍成立以前の地中海地域の状況を概説的に記述している。パレスティナについては上述のアル＝ハーキムの迫害の他、1078年、トゥルクマン族のアトスズによるエルサレムでの住民殺害に言及している。*Ibid.*, p.6. アトスズによるエルサレムの反乱鎮圧については本論の中で検討する。ベンヴェニスティも、1170年代以降のパレスティナがセルジューク族とファーティマ朝間の抗争の場となっていたことに一言触れるに留まっている。Benvenisti, M., *The Crusaders in the Holy Land*, Jerusalem, 1970, p.3. フランスは若干の具体的な史実を挙げてはいるが、前史についてはやはり簡単に触れているのみである。France, *op. cit.*, pp.342, 357-360. Prawer, *Crusaders' Kingdom*では十字軍以前の時期については冒頭の3頁と1章を割いているが、前史の重要な事件についての言及といった、時系列的な記述はほとんど見られない（*Ibid.*, pp.1-3, 46-59）。ただしId., *The History of the Jews in the Latin Kingdom of Jerusalem*, Oxford, 1988, pp.1-18では主としてカイロ＝ゲニザ史料を用いながら、十字軍到来直前のユダヤコミュニティを描き出している。管見の限りでは、王国史研究の中で一次史料を多用しながら前史に言及しているのは他に見当たらない。カイロ＝ゲニザ史料の基本的な性格についてはGoitein, S., *A Mediterranean Society: The Jewish Communities of the World as Portrayed in the Documents of the Cairo Geniza*, 6vols., Berkeley, 1967-1993, vol.1, pp.1-28.
(10) この時期のトルコ族の広汎な活動とセルジューク系各王朝間の複雑な関係については、例えば清水宏祐「セルジューク朝と十字軍」、川床睦夫編『シンポジウム　十字軍』中近東文化センター, 1988年、88-99頁; Cahen, C., 'The Turkish Invasion: The Selchukids', in Setton, K. (ed.), *A History of the Crusades*, 6vols., Madison, 1969-1989, vol.1, pp.134-176を参照。
(11) Suger, *Vita Ludovici Grossi Regis*, Waquet, H. (ed. and trans.), Paris, 1929. ルイの生涯についてはリュシェルが詳細な検討を行っており、表1はリュシェルを参

考にして作成した。Luchaire, A., *Louis VI le Gros, annales de sa vie et de son règne, 1081-1137*, Paris, 1890. 表1中、右端の項目である'Luchaire'は前掲書の中で各事件にふられている番号を示す。

(12) カペー家の直轄領（domain）と公権力が及ぶ地域（principality）の地理的範囲については、時期や研究者によってわかれている。12世紀初頭におけるその範囲に関する議論については、例えばHallam, E., *Capetian France 987-1328*, New York, 1980, pp.78-91.

(13) Suger, pp.152-153. ブロワ伯ティボーはこの時イングランド国王ヘンリ1世と同盟関係にあり、ルイと敵対していた。反乱に加わった他の城主としては、ミロ＝ド＝モンレリ、ユーグ＝ド＝クレシ、ギー＝ド＝ロシュフォールの名が挙げられている。Suger, pp.162-163. 彼らは前年の反乱にも加わっていた。Suger, pp.148-149.

(14) この時期のノルマンディ貴族たちのヘンリ1世に対する反乱や、イル＝ド＝フランスの城主たちのルイに対する反乱を、彼ら国王とブロワ伯、フランドル伯といった有力諸侯間の政治的関係と密接に関わるものとして捉えたのがハリスタである。Hollister, C., 'War and Diplomacy in the Anglo-Norman World: The Reign of Henry I', *Anglo-Norman Studies*, 6, 1983, pp.72-88. イル＝ド＝フランス周辺での反乱については特にpp.82-84.

(15) Suger, pp.38-39 (1105); p.70 (1107).モンレリはパリの南約24kmにあり、オルレアンへの道上に位置している。ギー＝トゥルソはモンレリ城主ミロの息子である。彼は「聖墳墓への旅（via Sancti Sepulchri）」から帰還したが、第1回十字軍の最中、1098年のアンティオキア包囲戦の際に逃亡した。Suger, pp.36-37. これは十字軍史料からも確認できる。例えば*Gesta Francorum et aliorum Hierosolymitanorum*, Hill, R.(ed. and trans.), London, 1962, pp.56-57（以下GFと略）; Peter of Tudebode, *Historia de Hierosolymitano itinere*, Hill, J. and Hill, R. (eds.), Paris, 1977, p.97（以下PTと略）; Ralph of Caen, *Gesta Tancredi in expeditione hierosolymitana*, *RHC Occ.* 3, p.650.グルネ＝シュル＝マルヌはパリの約16km東に位置する。城主ユーグ＝ド＝クレシは1111年と1112年のル＝ピュイゼ城主ユーグの反乱にも加わっている。註13を参照。

(16) Morigny, pp.14 (Robert of Oinville); 40-41 (Bovard). エタンプはパリの南約60kmに位置する。ボヴァルが問題の所領を荒らすに至った経緯については*Ibid.*, p.40.ギーは出発以前にはフィリップ1世のセネシャルとして活動し、帰国後、再びセネシャルに任じられている。Suger, pp.38-41.またRiley-Smith, *op. cit.*, pp.145, 149を参照。アンソ＝ド＝ガルランドは1118年、ル＝ピュイゼ城主ユーグによる3度目の反乱となる包囲戦の最中に戦死している。Morigny, p.22; Suger, pp.170-171; OV 11.36, pp.158-159.

(17) 1102年、ルーシ伯エブル2世を攻撃する際、ルイは700人の騎士を集めたが、これは「中規模の軍」とシュジェルは記述している。同規模の騎士は翌1103年後

半に行われたモンテギュ包囲の際にも動員された。Suger, pp.26–27 (1102); 32–33 (1103). これは直轄領から動員される数だけを指していると思われるが、歩兵の数については不明である。王国の場合はアルベルト＝フォン＝アーヘンが、1113年、マウドゥードとトゥグティキンの連合軍にティベリアで敗れた王国軍の数を、700人の騎士と4000人の歩兵と記したのが王国期に彼が記録した最大数である。この中にはその時に訪れていた西欧からの巡礼も含まれていたと思われる。一方、フーシェ＝ド＝シャルトルは1105年のラムラでの戦いに加わっていた騎士数を500人、歩兵を2000人と記述した。ここからマレーはボードゥアン1世治世期の騎士の最大動員数を500–700人と計算する。AA 12.11, p.695; FC 2.32, p.496; Murray, *A Dynastic History*, p.100.

(18) Hollister, *op. cit.*, p.83; Hallam, *op. cit.*, p.114.

(19) Gil, *op. cit.*, pp.409–410. アラビア語史料では概ね'Atsiz'と書かれているが、イブヌル・アシールは'Aqsis'とも綴っている。

(20) IA, p.103.「ダヴィデのmihrab」がどの場所を指すのかについてはいくつかの説がある。例えばアッバスは(1)都市内にある預言者ダヴィデのモスク(2)エルサレム南西のシオン山山頂と、2つを可能性に挙げている。Ibn al-Arabi, '*al-Rihla ila l-mashriq*', Abbas, I. (ed.), *al-Ahdath*, 21, 1968, p.81, n.3. ギブはイブヌル・カラーニシの英訳の中でこの場所を、エルサレムの西側、ダヴィデ門のそばにある「ダヴィデの塔」と訳している。Ibn al-Qalanisi, *The Damascus Chronicle of the Crusades*, Gibb, H. (ed. and trans.), London, 1932, p.45, n.1. しかし、ギルはダヴィデのmihrabをダヴィデの塔と同定することには懐疑的である。議論についてはGil, *op. cit.*, p.413, n.64. スィブト＝ブヌル・ジャウジの記述はSibt, pp.184–185.

(21) Mann, J., *The Jews in Egypt and in Palestine under the Fatimid Caliphs*, 2vols., London, 1920–1922, vol.1, pp.188–189. マンは移転の原因を1071年のアトスズによるエルサレムの征服に求めている。これに対し、ギルは征服の時期を1073年夏以降とする。エルサレム征服の時期と、包囲戦の回数をめぐる問題についてはGil, *op. cit.*, pp.410–411.

(22) Gil, M., *Palestine during the First Muslim Period (634–1099)*, 3vols., Tel-Aviv, 1983, vol.3, no. 455, pp.85–86, ll.13–18 (Hebrew).

(23) *Annales Altahenses Maiores*, de Giesebrecht, W. and Oefele, E. (eds.), MGH SS 20, p.816. 1064–1065年の大規模な巡礼についてはこの*Annales Altahenses Maiores*の他に、次の2つが同時代の史料として重要である。Lambert of Hersfeld, *Annales*, Hesse, L. (ed.), MGH SS 5, pp.168–171; Marianus Scottus, *Chronicon*, Waitz, G. (ed.), MGH SS 5, pp.558–559. 参加者の数については*Annales Altahenses Maiores*では12000人以上と記述されている。*Ibid.*, p.815. イングランドのクロイランド修道院長インガルフに帰せられている年代記にもこの巡礼に関する記述があり、ギルも史料の1つとして用いているが、14世紀に書かれたものとして信憑性に疑問が呈されている。Gil, *A History of Palestine, 634–1099*, Broido, E. (trans.),

Cambridge, 1992, p.487.インガルフの年代記の該当箇所についてはIngulph, *Chronicle*, Riley, H. (trans.), London, 1854, pp.148-149.この巡礼についてはJoranson, E., 'Great German Pilgrimage of 1064-1065', in Paetow, L. (ed.), *The Crusades and Other Historical Essays Presented to D.C.Munro*, New York, 1928, pp.3-43が詳細な考察を行っている。インガルフの年代記に関する批判についてはpp.7-8, n.13, 14.この巡礼団を十字軍に先立つ「武装した巡礼」として捉える見方については、例えばRichard, *op. cit.*, vol.1, p.xvii.なお、この事件はアラビア語史料では言及されていない。

(24) 救援に向かったのは「ラムラの支配者（dux de Ramula）」とマリアヌスは伝えている。Marianus, *op. cit.*, p.559.

(25) *Annales Altahenses Maiores*, p.815.

(26) Azimi, p.369. 他のアラビア語史料にはこの記述はない。十字軍を招いた原因を、巡礼への妨害と結びつけてムスリム側が考察しているのは、現存する史料の中ではここだけである。Hillenbrand, *op. cit.*, pp.50-53; Gil, *op. cit.*, pp.488-489を参照。

(27) 実際にシドンを包囲したのは1108年と1110年の2回であるが、1106年、西欧からやってきていた多くの巡礼たちからの後押しを受けて、ボードゥアンは包囲戦を計画している。攻撃の中止と引き換えに多額の支払いの申し出がシドンからあったが、一旦は拒絶した。しかし同年9月、ダマスカスのトゥグティキンとの戦闘でティベリア領主ユーグが戦死したため、作戦の中止を余儀なくされた。結局シドンから15000ベザントを受け取っている。AA 10.1-10.8, pp.631-635. ユーグの戦死についてはAA 10.5-10.6, pp.633-634; FC 2.36, p.511.

(28) 1110年、ベイルート征服までのファーティマ艦隊の戦闘記録は、攻撃と王国軍からの包囲戦に対する海上からの都市への支援を含めて、1103年、1105年、1106年、1108年、1109年、そして、ベイルートの救援に向かった1110年にそれぞれ記録されている。ハンブリンは王国初期におけるファーティマ海軍による艦隊行動を検討した中で、支配下にあった海岸諸都市が次々と十字軍によって征服されていったことにより、寄港できる港が限定されていき、これが長期間の艦隊行動に大きな打撃を加えることになったと指摘している。Hamblin, W., 'The Fatimid Navy during the Early Crusade: 1099-1124', *American Neptune*, 46-2, 1986, p.80.

(29) Smail, *op. cit.*, p.55.王国内のムスリムについては例えば以下を参照。Prawer, 'The Minorities'; Mayer, H., 'Latins, Muslims and Greeks in the Latin Kingdom of Jerusalem', *History*, 63, 1978, pp.175-192; Kedar, B., 'Subjected Muslims of the Frankish East', in Powell, J. (ed.), *Muslims under Latin Rule, 1100-1300*, Princeton, 1990, pp.135-174; Dajani-Shakeel, H., 'Natives and Franks in Palestine: Perceptions and Interaction', in Gervers, M. and Bikhazi, R. (eds.), *Conversion and Continuity: Indigenous Christian Communities in Islamic Lands, Eighth to Eighteenth Centuries*, Toronto, 1990, pp.161-184. 1150年代以降、ミラベル領主ボードゥアン＝ディブラ

ンから課せられた重税の負担と、自分達の信仰が脅かされたためにナブルス近郊の村々からダマスカス郊外へと集団的に移住したハンバル派のムスリムたちについてはSivan, E., 'Réfugiés syro-palestiniens au temps des croisades', *Revue des études islamiques*, 35, 1967, pp.135-147; Drory, J., 'Hanbalis of the Nablus Region in the Eleventh and Twelfth Centuries', *Asian and African Studies*, 22, 1988, pp.93-112; Talmon-Heller, D., 'The Cited Tales of the Wondrous Doings of the Shaykhs of the Holy Land by Diya al-Din Abu 'Abd Allah Muhammad b. 'Abd al-Wahid al-Maqdisi (569/1173-643/1245): Text, Translation and Commentary', *Crusades*, 1, 2002, pp.111-154. また、三浦徹「ダマスクス郊外の都市形成―12-16世紀のサーリヒーヤ―」『東洋学報』68-1.2, 1987年、34-36頁を参照。ナブルス地域から避難した彼らムスリムたちは、ヌール・アッディーンのフランクに対するジハードのプロパガンダ展開の上で、重要な役割を果たすようになる。Sivan, *op. cit.*, pp.143-144.

(30) Smail, *op. cit.*, p.55.1113年の蜂起についてはFC 2.49, p.572; IQ, p.186. スメイルはこの箇所では言及していないが、ナブルスのムスリムは1187年にもう1度、サラディンによる王国征服戦の際に、呼応して蜂起していることが記録されている。Imad al-Din al-Isfahani, *La conquête de la Syrie et de la Palestine par Saladin*, Massé, H. (trans.), Paris, 1972, pp.35-36.

(31) リッダはラムラのそばにある町である。Wilkinson, J. et al. (eds.), *Jerusalem Pilgrimage 1099-1185*, London, 1988, pp.100-101 (Saewulf); 126, 145, 149-150, 162-163 (Abbot Daniel).

(32) AA 7.39-7.40, pp.533-535; FC 2.4, pp.373-374.

(33) Dajani-Shakeel, *op. cit.*, p.169.

(34) Wilkinson, *op. cit.*, p.149. アスカロンからの襲撃の記述については*Ibid.*, pp.126, 145.

(35) FC, *op. cit.*.

(36) Jacques of Vitry, *Historia Orientalis*, Bridant, C. (ed.), Paris, 1986, p.108. テンプル騎士修道会については例えば橋口倫介『テンプル騎士団』白水社、1977年;同『十字軍騎士団』講談社、1994年を参照。

(37) もう一つの騎士修道会である聖ヨハネ騎士修道会の起源は巡礼のための病院であり、いつ「騎士」修道会化したのか、という時期については、12世紀初頭から12世紀半ばまでと研究者によって大きく見解が異なっている。Forey, A., 'The Militarisation of the Hospital of St.John', *Studia Monastica*, 26, 1984, pp.75-89; 櫻井康人「「修道会」から「騎士修道会」へ ―聖ヨハネ騎士修道会の軍事化―」『史学雑誌』110-8, 2001年、30-54頁を参照。聖ヨハネ騎士修道会が武装化した時期が12世紀前半の期間どの時期なのか特定しえない、つまり史料的に戦闘への参加が特定できないことは、「慢性的戦争状態による脅威にさらされていた」とする従来の王国像に疑問を投げかけるものである。

⑱ ランシマンとマイヤーは「イスラム世界に深刻な衝撃を与えた」と記述している。Mayer, *The Crusades*, pp.60–61; Runciman, S., 'The First Crusade: Antioch to Ascalon', in Setton, K. (ed.), *A History of the Crusade*, 6vols., Madison, 1969–1989, vol.1, p.337. エルサレム征服の記述については、十字軍を扱う文献ではおそらくほとんど全てで言及されていると思われるが、上記の２つ以外には例えば以下を参照。Richard, *op. cit.*, vol.1, p.15; Prawer, *The Crusaders' Kingdom*, p.15.リシャールは「ムスリムとユダヤ教徒の大多数は殺された」と書く一方、脚註では「多くの生存者も存在していた」と書いている。Richard, *op. cit.*, p.146, n.8.事実、征服の後、生き残ったムスリムたちに市中にあった遺体を運び出させている記述がある。GF, p.92; PT, p.142. また、征服直後にエルサレムからアスカロンに逃れたユダヤ教徒たちが、エジプトのフスタートのユダヤコミュニティに対し、トーラー（ユダヤ教の律法書）の買い戻しと、捕虜となっているユダヤ教徒の身代金の工面を要請し、123ディナールを集めたことを記した書簡が残されている。Goitein, S., *Palestinian Jewry in Early Islamic and Crusader Times in the Light of the Geniza Documents*, Jerusalem, 1980, p.256, ll.11–16 (Hebrew). 英訳はId., 'Geniza Sources for the Crusader Period', in Kedar, B. et al. (eds.), *Outremer: Studies in the History of the Crusading Kingdom of Jerusalem*, Jerusalem, 1982, p.310.

⑲ Hay, D., 'Gendar Bias and Religious Intolerance in Accounts of the "Massacres" of the First Crusade', in Gervers, M. and Powell, J. (eds.), *Tolerance and Intolerance: Social Conflict in the Age of the Crusades*, Syracuse, 2001, pp.3–10. ヘイは西欧側の年代記作者の記述の相違に着目した上で、異教徒の殺戮の描写に聖都の浄化とそのための暴力の正当化いう宗教的テーマが含まれているとするコールの指摘を論拠の１つとしている。*Ibid.*, p.6.コールの説については、Cole, P., '" O God, The Heaven have come into Your Inheritance' (PS. 78.1)": The Theme of Religious Pollution in Crusade Documents, 1095–1188', in Shatzmiller, M. (ed.), *Crusaders and Muslims in Twelfth-Century Syria*, Leiden, 1993, pp.84–111.

⑳ France, *op. cit.*, p.355.

㉑ IA, p.284; Sibt Ibn al-Jawzi, *Mirrat ez-Zeman, Recueil des Historiens des Croisades, Historiens orientaux*. 3, pp.520–521.

㉒ IQ, p.137; Azimi, p.373.「ダヴィデのmihrab」については註20を参照。

㉓ Goitein, *Palestinian Jewry*, pp.251–252, ll.8–28. 英訳はId., 'Contemporary Letters on the Capture of Jerusalem by the Crusaders', *Journal of Jewish Studies*, 3, 1952, pp.175–177. 十字軍がベイルート北部の、シリアとパレスティナとを隔てるナフル・アル＝カルブに到達するのは1099年５月であるから、ここに出てくる「多くの武装した集団」は彼らを指してはいない。ゴイテインは1098年、エルサレムをめぐる戦いにおける、ファーティマ朝とセルジューク朝の諸部隊を示している、と考えている。*Ibid.*, pp.168–169.

㉔ 十字軍の目的、つまり征服地の恒常的確保にあることを早い段階で理解し、イ

スラム世界の政治的分裂の解消と、一致してのフランクへのジハードを訴えたのはダマスカスの法学者アッスラーミ (al-Sulami, 1039-1106) である。*Kitab al-Jihad*『ジハードの書』と題されたその内容は1105年に口述されたが、彼の認識が同時期の支配者や人々に与えた影響はあまりなく、この著作が、フランク人に対する同時期のムスリムの一般的な認識であるとは考えにくい。むしろ、ジハードに対する熱意のなさなど、彼が憂慮していたことそのものが、当時の一般的なムスリムの姿勢を逆に反映していると思われる。Sivan, E., 'La genèse de la Contre-Croisade: un traité damasquin du début du XIIe siècle', *Journal Asiatique*, 254, 1966, pp.197-224. またElisséeff, N., 'The Reaction of the Syrian Muslims after the Foundation of the First Latin Kingdom of Jerusalem', in Shatzmiller, M. (ed.), *Crusaders and Muslims*, pp.162-165; Hillenbrand, *op. cit.*, pp.105-108を参照。

(45) 征服期以降の戦闘の頻度については本論の枠を越えるので詳論は避けるが、エレンブルムが1120年代半ばから1160年代末まで、王国軍の全体的な動員をかけるような戦闘がほとんどなかったことを指摘している。Ellenblum, *op. cit.*, p.520.

(46) 征服時の殺害により、住民構成が変わった可能性はある。Kedar, *op. cit.*, p.143; Prawer, 'Minorities', p.61. しかしプラヴェルは征服後、治安の安定と都市の経済的発展にともない、住民が戻ってきた可能性を指摘している。*Ibid.*. アッコンは1104年に征服されたとき、住民の安全裡の退去をボードゥアンは認めていたにもかかわらず、包囲戦に参加していたジェノヴァ人とピサ人が略奪目的で退去中の住民を次々と殺害した。AA 10.29, pp.607-608. しかし征服後、アッコンのユダヤコミュニティが迅速に回復していることをゴイテインは指摘している。Goitein, 'Geniza Sources for the Crusader Period', p.317. 1124年、ティルスが征服された際、都市の降伏にあたっては住民の退去と残留のいずれにもその安全が保証されていた。FC 3.34, pp.733-735; IQ, p.211. イブヌル・カラーニシは体の弱い者を除いて、留まる者は誰もいなかったと記している。しかし1180年代、イベリア半島出身のイブン=ジュバイル (1145-1217) は巡礼の途中で訪れたアッコン、ティルスにムスリムが住んでいることを記している。Ibn Jubayr, *The Travels of Ibn Jubayr*, Broadhurst, R. (trans.), London, 1952, pp.318-319. さらに加えて、征服後、1度は退去したがアッコンに再び戻ってきたムスリムたちがいたことについて彼は特に言及している。*Ibid.*, p.321.

(47) IA, p.699.

史料略号
Azimi: al-Azimi, 'La chronique abrégée d'al-'Azimi', Cahen, C. (ed.), *Journal Asiatique*, 230, 1938, pp.353-448.
AA: Albert of Aachen, *Historia Hierosolymitana*, RHC Occ. 4, pp.271-713.
AS: *Anglo-Saxon Chronicles*, Swanton, M. (trans.), London, 1996.

FC: Fulcher of Chartres, *Historia Iherosolymitana*, Hagenmeyer, H. (ed.), Heidelberg, 1913.
GN: Guibert of Nogent, *Self and Society in Medieval France*, Benton, J. and Bland, C. (eds. and trans.), New York, 1970.
HH: Henry of Huntingdon, *Historia Anglorum*, Arnold, T. (ed.), London, 1879 (*Rolls Series* 74).
IA: Ibn al–Athir, *al–Kamil fi l–tarikh*, Tornberg, C. (ed.), 12 vols., Leiden, 1851–1876, vol.10.
IQ: Ibn al–Qalanisi, *Dhayl tarikh Dimashq*, Amedroz, H. (ed.), Leiden, 1908.
Maqrizi: al–Maqrizi, *Ittiaz al–hunafa bi–Akhbar al–A'imma al–Fatimiin*, al–Shayyal, J. and Ahmad, M. (eds.), 3vols., Cairo, 1967–1973, vol.2.
Morigny: *La chronique de Morigny (1095–1152)*, Mirot, L. (ed.), Paris, 1912.
OV: Orderic Vitalis, *Historia Aeclessiastica*, Chibnall, M. (ed. and trans.), 6vols., Oxford, 1969–1981, vol.6.
Sibt: Sibt Ibn al–Jawzi, *Mira't al–zaman fi tarikh al–'ayan (A.D. 1056–1096)* , Sewim, A. (ed.), Ankara, 1968.
Suger: Suger, *Vita Ludovici Grossi Regis*, Waquet, H. (ed. and trans.), Paris, 1929.
Taghri Birdi: Ibn Taghri Birdi, *al–Nujum al–zahira fi muluk Misr wa'l–Qahirah*, 16vols., Cairo, 1963–1972, vol.5.

13世紀ポワチエにおける
王権・都市民・在地領主

大 宅 明 美

はじめに

　ポワトゥ地方を1204年にイングランド王権から奪ったフィリップ＝オーギュストは、領内のコミューヌ都市を自らの直属の封臣として位置づけるという、イングランド王が行ってきた政策を取り入れた。フィリップの1222年文書[1]がポワチエのコミューヌに認めた特権は多岐にわたっており、中でも様々な商業上の特権に加え、流血裁判権を除く刑事裁判権、及び全ての民事裁判権が賦与されている。しかしながら同時にこの文書は、『教会及びそこに土地と法廷と裁判権を所持するものの権利を除き』という文言を付け加えることによって、既存の都市内領主がそこに所持していた諸権限を保護しているのである。しかもその表現は随所で繰り返され、コミューヌという相対的に新興の勢力によって古来の都市内秩序が急速に破壊されることのないよう、国王が配慮していることを印象づけている。ところでポワチエ都市内には有力な世俗封臣は存在しないが、フランスでも最古の部類に属する教会施設が複数存在していた上に、9―12世紀の歴代アキテーヌ公＝ポワトゥ伯が新たな教会施設の設立や特権賦与を積極的に行っていた。その結果、この時にはすでにいくつかの教会領主が都市内に独自の支配領域＝ブールを形成していたのである。しかしながら前掲の1222年文書では、該当する教会領主名が列挙されることはなく、それらの各々に帰するべき特権の具体的な説明もない。

　すでに筆者は別稿において、ポワチエの教会領主が都市内に所有していた不動産について分析を行った[2]。本章では、13世紀中葉に起きた3つの事件を取り上げることによって、それぞれの教会領主支配領域が当時どれだけの独立性を維持していたのか、換言するなら王権とコミューヌはそこの住民に対してど

れだけの影響力を及ぼすことができたのか、という問題を検討したい。筆者は、13世紀半ば以降の王権の急速な強化が都市内諸権力に与えた影響を解明することを当面の課題としている。これまでのポワチエ史研究は、王権・コミューヌ・教会諸領主の関係をめぐる諸問題については13世紀初めから14世紀半ばまでを一括して扱うことが多く、むしろ静的な描写に終始している。そこで、13世紀中葉にしぼって都市内諸権力の相互関係を可能な限り明らかにすることによって、都市生活に密着した問題点を析出し、中世後期にかけて起こる変化を今後分析していくための序論的研究とすることが、本章の課題である。

1　ポワチエ都市内の教会領主支配領域に関する紛争

　ポワチエには、中世初期以来サン＝ティレール参事会教会が南部に、また11世紀後半に伯権によって設立されたモンティエルヌフ修道院が北部に、広大なブールを形成していた。都市中心部のより近くでは、サン＝ティレール＝ド＝ラ＝セル修道院、サン＝ニコラ分院、サント＝ラドゴンド教会、サント＝クロワ女子修道院などが小規模のブールを形成し、また都市外に本拠地を持つパン修道院、あるいはテンプル騎士団などのように、1軒の都市館のみ所持している教会施設もあった。

　ポワチエ都市内での諸権力のせめぎあいという本章の主題に直接に関連する最初の伝来史料は、13世紀半ばに相次いで起きた3件の紛争に関するものであろう。すなわち、サント＝クロワ女子修道院、テンプル騎士団、サン＝ティレール参事会教会が、ブールまたは都市館で所持する裁判権をめぐってこの時期に争いが起こり、完全な形ではないにせよ、各々について作成された記録が伝来しているのである。

　これら3つの事件は、いずれも一定区域での裁判権が焦点となっている点で共通してはいるが、史料の内容は裁判権に直接関係する事項に決して限られてはおらず、きわめて多様かつ豊富である。無論これらの記録が、それぞれのブールの住民が服していた権力あるいは強制力の全てを、全体的な姿で描き出していると考えることはできないが、そこで実際にどのような勢力が何を争点として競合しあっていたのかを明らかにしてくれることは間違いない。まずそのよ

うな視点から、それぞれの事件を概観することとする。

(1)サント＝クロワ女子修道院ブールに関する紛争

　サント＝クロワ女子修道院は、クロテール１世の妃ラドゴンドが６世紀に設立させたというポワチエでも最古の修道院のひとつである。修道院は９世紀にフランシーズを与えられている[3]が、そのブールについての記録は少なく、ここで分析する史料に述べられている事件以前の状況は不明である。この史料は『以下は、サント＝クロワ女子修道院長がブール内において要求している裁判権について、ポワトゥ伯の側に立って出廷した証人たちの記録である。』という文言で始まる調査記録であり[4]、オリジナルとしてフランス王権の文書庫に伝来している。長文で内容も豊富であるが、伯＝王権側からたてられた証人に対する調査記録のみというその断片的な伝来状況に加え、周辺史料も乏しく、この調査が行われることになった直接の契機や、その結果どのような決定が下されたかは分からない。同史料には日付が記されていないが、この史料を刊行したオドゥアンは、そこで証人として現れる人名とその肩書から、起草年代を1243－45年としている。証人団は16人からなり、コミューヌ市政関係者９名、伯＝王権を直接に代表する役人であるプレヴォら伯行政関係者６名、女子修道院長のもと役人であった人物１名で構成されている。先述の通り、紛争の原因は直接に記されていないが、証言内容から、伯役人によってブールの特権を侵害する何らかの行為が行われ、女子修道院長が異議申し立てをしたことがきっかけだと推測される。

　証言のスタイルはほぼ共通している。それは、各々が過去に見聞した様々な事実を挙げ連ねた後、「したがって女子修道院長は係争中のブール内で裁判権もフランシーズも所持してはおらず、それは伯殿のものに違いない」という主旨の発言で証言を締めくくるというものである。

　証人団のうちコミューヌ関係者によって、『女子修道院長のブール裁判権とフランシーズ』を否定するために挙げられた主な根拠は、４点にまとめることができる。①同ブール領民の記名された誰かが、国王からの召集に応じてコミューヌの軍隊と共に軍役に服したのを見たこと。②同ブール領民の記名された誰かが、コミューヌからの金銭負担要求に実際に応じており、しかも本人も

女子修道院長もそれにいかなる抵抗もしたことがないこと。③同ブール領民の記名された誰かが、『国王のメールとコミューヌ』によって日常的にコミューヌ法廷に呼び出され、彼らの身体や財産、あるいは債務・喧嘩などの行為に関して裁かれており、しかも本人も女子修道院長もそれにいかなる抵抗もしたことがないこと、④同ブール領民の記名された誰かが、コミューヌ役人によって市内の監視役を割当てられ、配置されていたこと。

伯行政関係者として出廷した証人は、主に以下の2点を強調する。①全ブール住民のうち、コミューヌ員はコミューヌ裁判権に、非コミューヌ員は伯役（＝プレヴォ）裁判権に服するという原則が貫徹していること、②同ブール内で行われる売買に関して流通税を徴収するのは伯プレヴォであること。以上の点に加えて、ブール内でのワインと穀物の売買において、伯の計量枡が広く用いられていることが、コミューヌ関係者及び伯行政関係者の両方によって何度も言及されていることを付け加えておかねばならない。

最後の証人は、女子修道院長のもとプレヴォであるが、女子修道院長が裁判権を持っていたのを見たことがないし、彼自身も裁判を行ったことはなく、その場所を彼はブールとは呼ばない、との断言で証言を結んでいる。全体的に見て、伯側がたてた証人団の証言はいずれも具体的かつ一貫性があり、サント＝クロワ女子修道院長側がどのような証人をたてたにせよ、これを打ち崩すのはかなり困難だとの印象を与える。

(2)テンプル騎士団都市館に関する紛争

テンプル騎士団都市館をめぐる紛争の関連史料は、やはり調査記録という形で伝来する。紛争のきっかけは、テンプル騎士団のアキテーヌ管区長（コマンドゥール）であるフルク＝ド＝サン＝ミッシェルが1252年3月14日に発した宣言の中に伝えられている。その主旨は、彼自身が全ての権威を持つと主張しているポワチエのある館の内部で、伯権の代行者たちが逮捕行為を行ったため、ポワトゥ伯に苦情を申し出たところ、調査を行うことが伯と彼自身の間で合意された、というものである[5]。調査はシトー派パン修道院長とポワチエのサン＝ティレール参事会教会学校長によって行われ、その記録は、先のフルクの宣言と同じくフランス王権文書庫に伝来している[6]。先のサント＝クロワ女子修

道院の史料では証人が語ったことだけが記録されていたが、テンプル騎士団都市館に関する調査記録のスタイルはそれと異なり、調査員の質問とそれに対する証人の返答を一問一答形式で記録している。

騎士団側の証人は、自身の従属民、所領小教区の司祭、ポワトゥ管区長（プレセプトゥール）の従卒などから構成されているが、資格がわからない者も多い。彼らの多くは、問題となっている館における裁判権は、かつてテンプル騎士団が館そのものと共にもとの所有者であるソロネーから譲渡されたものだと主張する。ソロネーは、イングランド王権支配の末期である1202—1203年に、ポワチエのコミューヌの市長（メール）だった人物である。それ以前は王権の役人を務めていたことから、おそらくジョン王自身によってメールに指名されたと考えられている[7]。こうした人物であるから、ソロネーがかつてこの館の持ち主であった時に、そこでの裁判権を国王から認められていたとしても不思議はない。いずれにしても、テンプル騎士団が都市内の囲い地を全ての権利と共に王権から直接に与えられたラ＝ロシェルのような例[8]と比べ、その権力の拠り所は相対的に弱かったように見える。

しかし、証人尋問において調査員らが重視するのは、テンプル騎士団が譲り受けた時点での権限の正当性というよりも、むしろそれ以降の騎士団自身によるその適用のされ方である。この点について調査員は何度も質問を重ねるが、騎士団側の証人の返答はおしなべて頼りない。例えば、証人の1人は、調査員から『同館がテンプル騎士団の修道騎士たちの手に渡った後に、強盗や殺人や、その他の裁判権に係属する何らかの事件が館の中で起こったのを、見たり聞いたりしたことがあるかと尋ねられ、否と答えた』。調査員は同じ証人に対し、館に住む者が誰に裁かれていたか知っているかと尋ねるが、証人は『何も見なかったし、何も知らないと答えた』。そうした中、騎士団側にとって真に有利だと思えるのは、①盗みを働いた女が館の中で逮捕された折、それはポワトゥ管区長の命令によって管区長と伯プレヴォの面前で行われたとする証言、②同館のある住人が喧嘩に加わった科で伯プレヴォに連行されたが、『騎士団の管区長が伯プレヴォのもとへ赴き、その者の裁きを彼に返還するよう要請したため、プレヴォは身柄を渡した』とする2つの証言ぐらいのものであろう。

他方、伯側の証人はいずれもコミューヌ市政役人である。彼らは主に2つの

点を主張する。①伯の役人であるプレヴォが実際に同館の中で逮捕を行うことがあり、また罪人が館から伯プレヴォのもとへ連れて来られることさえあったこと。②館の住人に対しては、コミューヌも一定の権力を行使していたこと。その内容としては、館のある1住人が『他のコミューヌ誓約者と同じようにポワチエのコミューヌのメールの命令に服していた』との証言に加え、館の住人に対してコミューヌからの金銭的負担の割当と徴収が行われていたことが強調される。そして伯側の証人は、『テンプル騎士団員たちが同館の中で裁判権または領主権を所持していたり行使したりするのを見たことは決してない』と、サント＝クロワ女子修道院ブールの紛争において行ったと同様の証言をするのである。以上の全証言を聞き終えた調査員たちが、調査記録の末尾に付記された、『これらの証人たちによって、問題の館においてテンプル騎士団員たちが何らかの裁判権を所持していることが証明されたとは言えないように我々には思える』、との意見を持ったのは当然のことであっただろう。

　興味深いのは、テンプル騎士団館についての調査記録には、やはりまとまった調査記録が別紙として添付されており、そこには都市館のもと住民、もと伯プレヴォ、コミューヌ関係者が、敵味方に分かれることなく1つの集団として現れていることである。しかも、最初の証人である都市館のもと住人が、「伯プレヴォもコミューヌのメールも、館の内部では逮捕行為を行うことができない。館の住人を捕えることができるのは、館の外においては伯プレヴォで、館の内部ではテンプル騎士団である」との主旨の証言を行った後、全員がそれを認めるという内容になっている。コミューヌ代表の先頭には当時のメールが現れて、「自身は同館の中でいかなる裁判権も所持しない」旨の証言を行い、その後に続く13人のコミューヌ関係者のほとんどがメールの言う通りだと証言している。

　史料を刊行したバルドネは、この別紙について「追加で行われた調査記録であるようだ」と記しており、先の調査記録にも登場した1人の人物が証人として現れることからも、この追加調査は日を改めて行われたと考えられる。両方に現れているのはコミューヌ代表の1人だが、彼が第1回の調査ではテンプル騎士団の権利を否定する証言を行いながら、第2回においてはただ『全面的にメールと同一の証言』をしているのみであることは興味深い。おそらくは、第

2回調査が行われるまでの期間に、関係者の間で何らかの新たな合意が成立したのではないだろうか。それがどのように行われたか知る術はないが、追加調査をもって、テンプル騎士団側の主張に有利な方向に形勢が変わったことは間違いない。

(3)サン＝ティレール参事会教会ブールに関する紛争

　サン＝ティレール教会ブールに関する紛争は、これまで検討してきた2例と異なって教会財務係（トレゾリエ）と教会参事会との間に起きた内部紛争であり、外部者による仲裁判決が下されるまでの過程を示す1257年の一連の史料[9]の中で伝えられている。同教会の財務係と参事会との間では様々な紛争が起きており、ブールをめぐっては特に長期間にわたって対立が続いていた。以下では、依頼を受けたオルレアンのサン＝テニャン参事会教会の財務に携わる役人であるジャン＝ド＝ゴメーによる仲裁判決[10]を要約する形で、その争点を整理する。

　まず第1の争点はブール内の裁判権である。判決文はその冒頭で、『最初に、ポワチエのサン＝ティレール教会ブールの上級裁判権を、全ての権限と領主権と共に、先述教会の財務係のみに属するものと決定する』と宣言した上で、参事会に対しては以下の権限のみを認めている。①強奪等何らかの犯罪を犯した者をブールの公道で捕え、2日間だけ投獄する権利。3日目には審理が行われるべく教会財務係またはその権利代行者に引き渡さねばならない。②ブール領民の間で起きた貸借、口論などの『小さな苦情に関わること』、及び領民間の争いによって『軽い傷が与えられた場合で、それが何らかの種類の武器を用いて与えられたのではない』場合の裁判権。ただし、『それ以上の事件については彼らの裁判上の権限は決して及ぶことはなく、その全てについては教会財務係の裁判権が保全される』と宣言される。

　第2の争点は、ブール内におけるワインの売買に関連している。そこでは、ブール内のワイン商業統制権は全面的に教会財務係に属するとされ、参事会員自身も基本的にそれを免れることはができないとされる。ただ例外として、参事会員自身のブドウ畑で収穫されたワインの売却に関しては、参事会員は教会財務係のワイン計量枡を用いる義務はなく、売買税も支払わなくてよい。また

教会財務係がワインのバンを宣言している期間も、参事会員は自身のブドウ畑で収穫されたワインであれば売却する権利を有する。しかしながら、参事会員が他者から買い付けたワインを転売するような場合は、教会財務係の計量枡を用いて売買税を支払わねばならず、かつバンの期間はワイン売却をすることができない。

最後に、教会財務係の権利代行人（セネシャル）及び参事会の権利代行人（プレヴォ）が交代するたびに、『相手を故意に不正に悩ませたりしない』旨の誓約を行うことが義務付けられている。

2　13世紀中葉のポワチエにおける教会領主支配領域の独立性について

以上の３つの事件は、ポワチエ都市内にいくつも存在する教会領主支配領域が、伯＝王権やコミューヌ権力に対して維持していた独立性のレベルにおいて、様々であったことを示している。サント＝クロワ女子修道院ブールが、13世紀半ばにはかなりの程度その独立性を失うに至っていたことはほぼ間違いない。テンプル騎士団の館も、有力者であったもと所有者から譲り受けた時点では全ての裁判権を伴っていたはずであるが、この時点では伯プレヴォやコミューヌから受ける何らかの強制力を避けられない事態になっている。

それに対して、サン＝ティレール参事会教会に関する先述の史料は、同教会が自らの支配領域とそこの住民に対する権威を維持し続けていることを示しているようだ。もちろん、この史料は一教会施設内部での勢力争いに関わっており、伯＝王権やコミューヌなど他の都市内勢力との間に起こった紛争を対象としてはいない。したがって、仮にそれらとの争いが存在したとしても、それはこの史料が作成される上での直接の対象ではなかったという点は考慮されねばならない。しかしながら、サン＝ティレール教会ブールをめぐる紛争から解決までの過程を示す一連の史料はフランス王権の文書庫に伝来しており、当時ポワトゥ伯であった王弟アルフォンスは何らかの形でそれに関与していたか、少なくともその経過は承知していたはずである。そうした中、ブール内の全ての権限と領主権はただ同教会の財務係のみに属すると宣言されているのであるか

ら、少なくとも、現実において伯=王権やコミューヌ勢力によってそれが大幅に侵食されていたとは考えにくい。

 むしろここで興味深いのは、ブール支配権に関しては、外部からの攻撃に対して団結して身を守ろうとする必要がないほどに、同参事会教会が内部紛争に明け暮れることが可能だったという事実そのものではないだろうか。実際、サン=ティレール参事会教会が豊富に伝来させている史料を眺め渡してみても、ポワチエ都市内のブール支配権に関して王権やコミューヌとの間での深刻な対立や異議申し立てなどの事件が起こった形跡は、少なくとも13世紀に関する限り、まったくない。唯一と言ってよい例外は、都市の罪人を処刑台に連れて行く行列がブールを通過することに対して教会参事会が苦情を申し立てたこと[11]である。都市の処刑台は南方郊外にあったため、罪人はサン=ティレール教会ブールを通過して連行されていたのである。これに対して1265年にアルフォンスは同教会の主張を認め、処刑の行列は今後ブールを避けて南東に迂回するように、との決定を下している[12]。1306年になって、国王役人によるブール支配権の侵害が初めて問題になるが、その折もフィリップ端麗王は、『同教会参事会は、参事会の土地の領民に全ての裁判権を所持し、全ての権限を行使する』とした上で、国王役人が同教会の権利を不当に侵害することを禁じている[13]。

 こうした伯=王権の態度は、ポワトゥ伯権に由来するサン=ティレール参事会教会の俗人修道院長としての肩書を所持し、かつ財務係の指名権をも持つという、同教会とのきわめて緊密な関係からも説明される。しかしそれだけではない。アルフォンス期を通じて、同教会の財務係は、伯の腹心として助言役をつとめ、伯領全体の財政にも携わり、かつ伯と教皇の間を連携するという、きわめて重要な役割を担っていた。アルフォンス期の4人の歴代財務係は、いずれもイル=ド=フランス地方出身の伯の側近の中から指名されている。参事会との間に前述の紛争が起きた時の財務係は2人目のフィリップで、1250年末から1254年にかけて、不在の兄王聖ルイに代わって王国の行政に忙殺されることになったアルフォンスの代わりに、ポワトゥ伯領の行政を引き受けた人物であった[14]。長期間にわたって続いてきたブールをめぐる教会参事会と財務係の間の紛争について、教会参事会の要求を退ける形で財務係に『全ての権限と領主権を』認める決定がこのフィリップの時に下されたことと、彼自身が伯と取

81

り結んでいた特に緊密な関係とは、無関係ではあるまい。

　以上のような13世紀半ばポワチエでの3カ所の教会施設支配領域をめぐる史料分析の結果として、特に注目されるのは以下の3点である。

　まず第1に、コミューヌ市政役人と伯プレヴォの間に見て取られる微妙な関係である。教会領主側からの訴えに対して両者は常に共に戦う立場をとり、両者の間にきわめて密接な関係があったことが改めて確認できる。しかしながら、例えばサント＝クロワ女子修道院ブールに関する係争の中で、ブールにおける女子修道院長の権威を否定する点では両者は完全に一致しているが、それでも両者の証言のニュアンスには微妙な違いが存在することに気づかされる。メールをはじめとするコミューヌ指導者層は、「ブールの全住民は伯［＝王権］の裁判権の下に服する」と言い、自らを『王のコミューヌ』と呼んで同住民の上に実際に行使していた裁判権の実例を挙げ連ねる一方、伯プレヴォの裁判権についてはまったく言及していない。王権の権威づけによって、サント＝クロワ女子修道院ブールのできるだけ広い範囲の住民に対してコミューヌの影響力を拡大させようという意図が、そこには見て取れるだろう。他方伯プレヴォないしその下級官吏たちは、こぞって『コミューヌに属さない者はプレヴォによって、そしてコミューヌに属する者はメールとエシュヴァンによって裁かれる』と言い、ブール住民のうちコミューヌ員であることが明確である者以外は、全て伯プレヴォ裁判権の下にあることを強調しているようだ。ここで明らかになるのは、この時期の同ブールが、コミューヌ員と非コミューヌ員が混在する状態になっていたことである。ポワチエにおけるコミューヌ誓約のあり方に関しては不明な点も多く[15]、それについての議論は別稿に譲るが、両者が混在するサント＝クロワのブールにおいて、コミューヌ権力と伯プレヴォ権力の間でこうした対抗関係が日常的に存在したことを史料は示している。これに対して、コミューヌ権力がそれほどの程度に入り込んでいなかったように見受けられるテンプル騎士団館をめぐる証言では、コミューヌと伯プレヴォの間の対抗意識は大きく表面化してはこないのである。

　第2に、一定区域の裁判権が争われる際に、証人が持ち出してくる事実の多様性である。サント＝クロワ女子修道院ブールとテンプル騎士団館の裁判権をめぐる調査では、そこで起こった事件が誰に裁かれていたかということだけで

なく、住民が軍役や監視役に参加していたか、都市による課税に応じていたか、その納入についてメールの強制力を受けていたか、売買税は誰が徴収していたか、ワインや穀物の計量枡はどの当局のものが用いられていたか、などの様々な内容を持った証言が現れている。住民にとっての裁判権は、きわめて広い分野での「強制力」と直結しているのである。

　第3に、「ブール」の語をめぐる都市民の解釈である。総じて、サント＝クロワ女子修道院ブールをめぐる伯側証人の主張は、『女子修道院長が彼女のブールであると言っているその場所において、何らかの裁判権やフランシーズを所持しているのを証人は見たことがないし、問題となっている同ブールの中にいる人々を、軍役、騎馬役、監視役、都市の諸費用から、また同都市のメールやプレヴォの法廷に答えないですむように、解放してやることができるとは思わない』という1人のコミューヌ役人の言葉に総括されていると言っていいだろう。軍役奉仕や都市費用支払いを始めとする諸義務をブール住民の一部が実際に負っていた事実や、また彼らがコミューヌ及び伯役人の法廷に出廷した事実を並べたてることによって、証人たちが証明しようとしていたのは、「女子修道院長にはそれらの義務から領民を解放してやることができない」ということであった。そしてそれは、証人たち自身にとっては、問題区域を「ブール」と考えないというブールの性格規定と結び付いているのであって、そのことは、最後の証人エリオンによる『その場所を彼はブールとは呼ばないのである』という、より明確な表現として表れている。つまり、その区域への居住は何ら特別な解放をもたらさず、他の都市域の住民と同様の義務を含意するのであるから、そこはもはや「ブール」とは言えないという論理なのである。ここに現れている「ブール」を「解放」と直接に結び付ける都市民の理解の仕方は、きわめて興味深いものがある。

　これまでのポワチエ都市史研究においては、モンティエルヌフ修道院設立に伴い『そのブールに居住しに来る全ての者』に認められた特権（1082—1086）[16]に代表されるように、11世紀後半までは諸ブール住民の身分的解放が伯に直属する都市民のそれよりもむしろ先行していたが、12世紀末までにはほぼ全ての都市民が同一の解放を獲得するにいたった、と理解されてきた[17]。したがって、当初「解放」を意味していたブールの語は、12世紀末以降はその意義を失い、徐々

に単なる教会領主が所持する土地のまとまりという概念に変化していく、と考えられてきたのである[18]。

しかしながら、サント＝クロワ女子修道院ブールの紛争に関する史料は、なお13世紀半ばにも、証人がこれをブールの名に値しないと言う際に、ブールの語を解放と不可分のものとして理解していたことを示している。ただし、その史料で具体的に解放の内容として問題となっているのは、12世紀以前におけるような死亡税、結婚税や、恣意的タイユといった人身的束縛ではもはやない[19]。女子修道院長が領民を「解放」してやれないが故にその支配区域がブールでないとされる対象は、国王への軍役奉仕、コミューヌが割当てて徴収する金銭負担、伯役人やコミューヌの法廷への出廷義務、伯の計量枡の使用とそのための支払いなど、王＝伯権とそれに組み込まれたコミューヌに対して一定領域の住民が負うべき諸義務であった。13世紀半ばのポワチエにおいて、「ブール」の語が以上のような義務からの解放と結び付けられて理解されていたとするならば、それはきわめて興味深い。そこで、あらゆるコミューヌ関係者がそこでのブールの存在を疑っていないサン＝ティレール参事会の支配区域について、住民とこれら諸義務との関わりを検証することが重要になってくるのである。以下ではこの点を中心として、議論をいっそう深めてみたい。

3 コミューヌの徴税権と軍事的賦課をめぐって

この問題について、ボワソナードやファヴローらによる先行研究は、以下のような整理を行っている。すなわち、コミューヌ設立後、ポワチエ都市内の教会領主は、支配領域内での裁判権を上級裁判権も含めて維持し続けるグループと、徐々にそれを失ってしまうグループとに明確に分かれていき、コミューヌは、前者のグループに属するブール領域については裁判権を行使できなかった。しかしながら、都市防衛及びそのための徴税に関しては、コミューヌはこれらのブールの住民も含めた全ての都市住民に対して早期から権威を確立していた、というものである[20]。しかもボワソナードやファヴローが、コミューヌ権力によって例外なく全住民から直接税が徴収されていたことの第1の根拠として挙げるのが、他ならぬ先述のサント＝クロワ女子修道院ブールとテンプル騎士団

館に関する史料中の、これらの教会領主の領民が支払いに応じていたとする証言なのである。

　こうした解釈の根底にあるのは、同史料中に『都市の諸費用の分担金として《pro assisia missionibus ville》』という表現で現れる徴収を、まずもって囲壁維持費用と結び付け、さらにはコミューヌそのものの存在意義を囲壁の維持と結び付ける考え方である。そもそもポワチエのコミューヌ設立の経緯を直接に示す史料は伝来しておらず、その設立年代をめぐってはこれまでも議論されてきた。現在のところそれに決着をつけた形になっているのはファヴローの説である。すなわち、ヘンリー２世が、反乱を繰り返す在地俗人領主層からポワトゥ支配の中心地であるこの都市を守るために12世紀後半に囲壁を建設させ、さらにその後、都市民をコミューヌとして組織させて囲壁の維持と管理を任せたというのである。したがってコミューヌの権利と義務は12世紀後半の設立当初より囲壁維持と不可分であり、囲壁と都市防衛に関する限り、メールは全都市民に対して権威を持っていたという。その上でファヴローは、「これ（『都市の諸費用の分担金』）は、全住民から例外なく徴収された。このことが、全都市域に対するコミューヌの権威を保証する役割を果たしたのは間違いない[20]」と言い、本章で分析してきたサント＝クロワ修道院とテンプル騎士団館との史料をその根拠として示すのである。

　しかしながら、ボワソナードやファヴローが見落としている点が２つある。ひとつは、コミューヌがサント＝クロワ女子修道院ブール及びテンプル騎士団館で金銭徴収を行っていたという証言は、紛争の中で、各々の教会領主の支配権を否定するための論拠として提出されているということである。したがって、現実に紛争が起こっているこのような場所でコミューヌが徴税を行っていたからといって、「特権的ブールの住民も含め、全都市民が例外なくこれに従わなければならなかった（ボワソナード）[22]」ということにはならない。

　もうひとつは、金銭徴収のためにはコミューヌがその場所での強制力を実際に持っていなければならなかったことを、これらの史料は示しているということである。税の徴収はしばしば容易ではなかった。独立性の度合いが低いことが確実なサント＝クロワのブールにおいてさえ、税は支払われたのではなく、差し押さえられることが多かった。同ブールでの徴収においては女子修道院長

及び住民の側からの抵抗はなかったとコミューヌ代表の証人は言っているが、テンプル騎士団館においてはそうはいかなかったようである。コミューヌのメールが、館のある住人から『都市の分担金のために担保を差し押さえ』させたが、その住人はそれを不服として、テンプル騎士団の修道騎士を伴って何度もその返還を要求したことが語られている。ここで証人が強調したいのは、度重なる要請にもかかわらず担保が返還されなかったという事実の方であるが、コミューヌによる貨幣の徴収が異議申し立てを受け、大きな抵抗を受けることもあったことを、はからずも示す結果になっている。このようなコミューヌの強制力が、独立性のより強いサン＝ティレール教会ブールにおいて全面的に行使されることができたとは考え難い。テンプル騎士団館の住民が修道騎士を伴って要求に現れた時には担保は返還されなかったとしても、もしもサン＝ティレール教会ブールで同様のことが起きたと仮定するならば、住民と共に返還要求に現れることになるのは教会財務係、またはその権力代行者となるはずである。そして先述の通り、その強力さはテンプル騎士団の修道騎士の比ではないのである。

　ボワソナードやファヴローが、囲壁に関するコミューヌの全都市域への権威を論証する際にもう一つ挙げるのは、コミューヌの文書庫に内容摘記のみ伝来する1285年の国王の書状である。そこには『ポワチエのメール、ブルジョワ、エシュヴァンによって必要とみなされ、指示された時には、モンティエルヌフ修道院長とサン＝ティレール参事会教会財務係は、都市ポワチエの囲い及び修理に貢献するよう領民に対して命じるべし』[23]と記されており、ファヴローはこの文言を、これら2つの教会施設に属するブールの領民がポワチエの他の住民と同一の条件で囲壁維持に貢献しなければならなかったことの証拠だとする[24]。モンティエルヌフ修道院は、11世紀後半に伯自身が全ての基本財産を寄進して設立させた、これもまた伯＝王権ときわめて関わりの深い教会施設であり、市内北部に広大なブールを所持していた。しかしながら、ファヴロー自身も認めている通り、ここで問題になっているのは金銭提供ではなく、実際の補修作業である。とするならば、ここに示されているのは、これらのブールも含む全都市民がコミューヌによって囲壁維持のために組織立てられていたということではなく、逆に、両ブール内にはコミューヌ役人が入り込んで作業の指揮を執

ることが不可能だったため、その領域に含まれる囲壁部分に関しては、メールから各教会領主に対して独自の作業を依頼するしかなかった、ということではないだろうか。さらに、同じく防衛関連事項である監視役の割当と配置についても、サント＝クロワのブールの住民はコミューヌの命令に服していたが、サン＝ティレール教会ブール住民の方は、財務係の権威のもとで独自に組織されていたことはすでに見た通りである。

　いずれにしても、これもまたファヴロー自身が認める通り、百年戦争開戦以前の全ての伝来史料のうち、ポワチエの囲壁維持に直接触れているものは前掲の１通の内容摘記のみである。確かに、13世紀のポワトゥ地方は南部のイングランド支配領域と隣り合っており、その中心であるポワチエが伯＝王権にとってきわめて重要であったことは間違いない。しかしながら、イングランド王権との真の意味での最前線はラ＝ロシェルやサントなどポワトゥ南部であり、ポワチエが位置する北部では平穏が続いた。百年戦争開戦直後の1340年に再びポワチエの囲壁が史料で言及される時には、それは『都市の囲壁と要塞は崩れかかっていて、また崩れて倒壊した部分もあり[25]』、早急に補修工事を要する状態であった。これは、フランス王国内の他の諸都市で見られた現象と大差ない[26]。そして、13世紀半ばにコミューヌが徴収していた『都市の諸費用の分担金』の主な使途が囲壁維持であったことを示す証拠は何もないのだ。都市財政史料が伝来しないこの時期について、その使途について議論することは困難なのである。13世紀半ばから後半にかけての伝来史料の全体を見る限り、コミューヌが最も盛んに支出しているように見えるのは、都市周辺の貴族層などから農村の土地や権利を買い取るため、あるいは都市内の家々を買い取るための資金の方なのだ[27]。

　13世紀の史料に現れる『都市の諸費用の分担金』を直ちに囲壁維持と結び付けるファヴローの見解は、百年戦争の危機の中で必要になった防備施設強化と都市財政制度発展との関連が、1960年代以降のフランス学界において非常に注目されたこと[28]と、おそらく関係があると思われる。しかしながら、ポワチエにおいて13世紀半ばからそうした関連付けをすることについては、大きな疑問が残る。コミューヌと特権的ブールの住民との関係についても、囲壁を王権から委ねられていることを根拠として、コミューヌがブール住民を含めた全都市

民に例外なく課税するという事実が13世紀半ばのポワチエにあった証拠は見当たらないのである。この時期のブールの独立性は、少なくとも一部の特権的ブールに関しては、まだまだ高いレベルで維持されていたと思われるのだ。

　確かに、王権を代行することによって都市内での権限拡大を狙うコミューヌの意図は、本章で分析した史料中に間違いなく見て取ることができる。コミューヌ市政役人たちは、サント＝クロワ女子修道院やテンプル騎士団が各々の支配領域内で主張している権限を否定して、それは国王のものだと主張する。同時に自らを『王のコミューヌ』と位置づけて、その代行者たる自らの権威をも確認しているのである。その関連で、コミューヌの徴税権についてむしろ興味深いのは、ファヴローらは注目していないが、サント＝クロワ女子修道院ブールの調査記録内の以下の証言である。『都市のメールとエシュヴァンとプリュドンムたちは、都市ポワチエにおいて国王フィリップの領主権と裁判権の下にある者たちに対してある徴収の割当を行ったが、女子修道院長が裁判権を持つと主張しているブールの中に居住するギヨーム＝ケンドロスには、10ソリドスと定めて割当てた。[29]』これは、何度も史料中に現れる既述の『都市の諸費用の分担金』とはまったく違う表現であり、性質を異にする徴収を思わせる。こちらの方では、『国王の領主権と裁判権の下にある者たち』に割当が行われたことが特に強調されていることと、臨時の徴収を思わせる記述であることから、おそらくはフィリップ＝オーギュスト期に王権から何らかの金銭要求が行われたことへの都市側の対応が問題になっているようだ。王権からポワトゥ諸都市に行われた援助金要求に関して詳しい史料が伝来するのはアルフォンス期以降であり[30]、ここに現れている要求についての詳細は不明である。いずれにしても、都市内の『国王の領主権・裁判権の下にある者たち』に課せられるべき金銭負担がコミューヌによって割当てられ、サント＝クロワ女子修道院のもとにある独立性が失われつつあるブールからは、実際にその徴収が行われていたことがここには示されている。この場合には、王権の権威付けをもって、コミューヌが都市民から金銭を取り立てていることが明らかなのだ。今後分析されねばならないのは、コミューヌによるこのような割当と徴収が、都市民全体に及ぶようになっていくのか、そうであればどのようなプロセスを経て実現されるのかという問題であろう。さらには、こうした臨時的な金銭徴収と、その他の都

市課税との関連も問題になってくる。前掲の1243－45年の史料では、両者は別々のものとして現れているが、王権と都市当局が結び付きを深めるにつれ、王権から要求された金銭の割当と都市業務のために必要な課税とはますます混淆していくはずだからである。

おわりに

　ポワチエにおいて、コミューヌがその発足当初から全都市民に対する軍事防衛面での権威を持ち、それから派生する税政面での権威をも保証されていたとする先行研究は、14－15世紀の実態を中世盛期にも当てはめようとする硬直的な見解である。本章での教会領主支配区域での紛争をめぐる記録の分析から見る限り、13世紀半ばにおいて、コミューヌの権威と領域は確かに拡大しつつあるが、どのような分野においてであれ全都市民に対する権威を確立するには到底至っていない。そこで浮かび上がってくるのは、複数の強制力が共存し、コミューヌ員と非コミューヌ員が混在する、非常に複雑な状況である。その中で、特権的ブールの独立性は高いレベルで維持されているように見える。この時代の伯＝王権は、有力教会施設の果たす様々な役割——例えばサン＝ティレール教会の財務係が果たす教皇とのパイプ役としての個人的役割なども含め——をまだまだ重視し、必要としていたし、コミューヌ市政役人たちは、そうした事情を充分に理解していたと考えられる。コミューヌとサン＝ティレール参事会教会、あるいはモンティエルヌフ修道院との間に深刻な争いが起こった形跡がないのは、その故であろう。

　しかしながら王権にとっては、軍事防衛に関しては命令系統の一本化が本来望ましいことも間違いない。13世紀半ば以降のフランス王権強化の過程で、多くの都市が周辺地域に対して様々な分野で王権を代行する役割を強化され、いわゆる『良き都市』となっていく。同時に都市内部では王権と深く結び付いた市政役人が主導権を握り、王権を後ろ盾として都市住民や周辺地域の全体に対する財政・行政面での実権を拡大する。ポワチエでのコミューヌ権力のさらなる拡大も、こうしたプロセスの中に位置づけて理解されるべきであるように思われる。全都市住民に対する軍事的・財政的権威をコミューヌが獲得するまで

には、戦争の危機が迫る中での都市住民の連帯意識の高まりだけでなく、都市―王権関係のいっそうの緊密化と、王権自体のさらなる強化が必要であったはずなのである。

註(1) Samaran, Ch. Et Nortier,M. (dir.), *Recueil des actes de Philippe Auguste, roi de France*, t. 4, Paris, 1979, no.1803.
(2) 岡村明美「中世盛期都市ポワチエに関する一考察―サン=ティレール教会とモンティエルヌフ修道院の都市内財産の分析―」『史学研究』215号、1997年、48-63頁。
(3) Labande-Mailfert, Y. et al., *Histoire de l'abbaye Sainte-Croix de Poitiers. Quatorze siècles de vie monastique*, Poitiers, 1986, p.86-88.
(4) Audouin, E., *Recueil de documents concernant la commune et la ville de Poitiers*, 2vols (*Archives historiques du Poitou*, t.44, 46), Poitiers, 1923-28, t. 1, no. XLVIII (p.90-97). 13世紀以降のフランスでの裁判における重要な手続きであった調査とその記録全般に関しては、Lot, F. et Fawtier, R., *Histoire des institutions francaises au Moyen Age*, t.II. *Institutions royales*, Paris, 1958, p.388-392 ; Guilhiermoz,P., *Enquêtes et procès. Etude sur la procédure et le fonctionnement du Parlement au 14e siècle*, Paris, 1892.
(5) Teulet, A. et al. (éd.), *Layettes du Trésor des chartes*, Paris, 1863-1909, 5vol., t.3, p.152.
(6) Bardonnet, A. (éd.). 'Comptes et enquêtes d'Alphonse, comte de Poitou', *1253-1269*, dans *Archives historiques du Poitou*, t. 8, 1879, p.126-133.
(7) Ledain,B., 'Les maires de Poitiers', dans *Mémoires de la Société des Antiquaires de l'Ouest*, 2e série, t.20, Poitiers, 1897, p.220-222.
(8) Richemond(éd.), 'Chartes de la commanderie magistrale du Temple de la Rochelle (1139-1268)', dans *Archives historiques de la Saintonge et de l'Aunis*, I, 1874, p.25-33.
(9) *Layettes du Trésor des chartes*, t. 3, p.348, p.355, p.369-372, p.374, p.375, p.420.
(10) *Layettes du Trésor des chartes*, t. 3, p.370-372.
(11) Redét, L., *Documents pour l'histoire de l'église de Saint-Hilaire de Poitiers*, 2 vol. (*Mémoires de la Société des Antiquaires de l'Ouest*, 1re série, t.19, 21), Poitiers, 1847-52, t.1, p.320-321.
(12) Ledain, B. (éd.), *Histoire d'Alphonse, frère de saint Louis, et du comte de Poitou sous son administration (1241-1271)*, Poitiers, 1869, no.10 (p.134).
(13) Redét, *Documents pour l'histoire de l'église de Saint-Hilaire*, t. 2, p. 5.
(14) Favreau,R., 'Alphonse de Poitiers et le chapitre de St-Hilaire-le-Grand (1241-1271)', *Bulletins de la Société de l'Antiquaires de l'Ouest*, série 4, t. 6, 1962, p.255-271.

⑮ 西フランスのコミューヌ都市に広く賦与された基本法であるエタブリスマン＝ド＝ルーアンは、本来コミューヌの誓約を都市民全員に強制する条項を含んでいたが、フィリップ＝オーギュストが1204年にポワチエに賦与したテクストはこの条項を含んでいない。その理由をめぐっては、ジリーとファヴローの間で意見の相違が見られる。Giry, A. *Les Etablissements de Rouen*, 2vol., Paris, 1883-1885, t. 1, p.406-407 ; Favreau, R. *La ville de Poitiers à la fin du Moyen Age*, 2vol., Poitiers, 1978., t. 1, p.76-77.いずれにしても、ポワチエにおいてはコミューヌ誓約が全住民に対する義務ではなかったことは間違いない。

⑯ Villard, F. (éd.), *Recueil des documents relatifs à l'abbaye de Montierneuf de Poitiers (1076-1319)*, Poitiers, 1973, t. 1, no.16 (p.25).

⑰ Favreau, R. et al., *Histoire de Poitiers*, Toulouse, 1985, p.107.

⑱ Favreau, *La ville de Poitiers*, p.64-66.

⑲ 前掲註⑯の史料、及びAudouin, *op. cit.*, t. 1, no. XXV (p.45).

⑳ Boissonnade, P., 'La ville et la commune de Poitiers depuis le XIe siècle jusuqu'à la fin de la période des Capétiens (1100-1328)', dans Audouin, *op. cit.*, t. 1, p.LXXII (Introduction); Favreau, *La ville de Poitiers*, p.189.

㉑ Favreau, *La ville de Poitiers*, p.94.

㉒ Boissonnade, op. cit., p. LXXII.

㉓ Audouin, *op. cit.*, t. 1, no.CXX (p.166).

㉔ Favreau, *La ville de Poitiers*, p.82.

㉕ Audouin, *op. cit.*, t. 2, no.CCCXLIII (p.90).

㉖ ここでは、囲壁建設が13世紀初頭に熱意をもって始められたものの、その後中断し、百年戦争開戦時になっても完成していなかったランスの例を挙げるにとどめる。Desportes, P., *Réims et les Remois aux XIIIe et XIVe siècles*, Paris, 1979, p.526-527.

㉗ Audouin, *op. cit.*, t. 1, no. LVII (p.109), no. XC (p.139), no. XCI (p.140), no. XCII (p.141), no. XCIV (p.142), no. XCV (p.145), no. XCVIII (p.148), no. CI (p.150), no. CIII (p.151), no. CIV (p.153), no. CVI (p.157), no. CVIII (p.158), no. CXI (p.159), no. CXII (p.160), no. CXIII (p.161), no. CXXX (p.182), no. CXXXI (p.182), no. CXL (p.219), no. CLV (p.239), no. CLVIII (p.246), no. CLX (p.248), no. CLXVI (p.256).無論、不動産取引に関する書類は当時最も大切に保存されたもののひとつだ、という事情も考慮されねばならないではあろうが。

㉘ こうした学界動向については、花田洋一郎「フランス中世都市財政史研究の動向――1950年以降のフランス学界――」『史学雑誌』104-4、1995年、79-103頁。

㉙ Audouin, *op. cit.*, t. 1, p.94.

㉚ 大宅明美「伯アルフォンスの援助金要求とポワトゥー諸都市――13世紀ポワトゥー地方における『良き都市』をめぐって――」『史学研究』246、2004年、45-63頁。

中世イタリアの都市条例にみる市民像

佐 藤 眞 典

はじめに

　イタリアが長い間しっかりした権力母体を失ったのは、西ローマ帝国崩壊後というよりは、大民族移動の混乱期以降という方が正確かもしれない。東ゴート王国では軍事的な支配権を掌握したゴート族が旧ローマの行政機構の上に乗っかる二重国家体制を築き、それが東ローマ帝国に滅ぼされて後、その帝国支配の一部が海岸沿いに残った。東ローマ帝国後退後、ランゴバルド族がやってきて北・中部イタリアを中心に支配し、南部と海岸の一部の支配を残す重複国家を築いた。206年間25代にわたって王権は続いたが、この時から1300年間続くイタリア不統一時代が始まった。イタリア諸王時代があったとはいえ、イタリアは独自の王権を喪失し、シャルルマーニュの再建した帝国の中から更に分立したドイツ王権下の１つの従属国家（Reichsitalien）の立場に置かれた。

　こうしたイタリアではあるが、10世紀中頃から農業の改善や商業の復活と貨幣経済の発展を受けて、人口も徐々に増大し始め、250万まで落ちていたイタリア半島の人口も10世紀中頃ようやく500万まで回復し、1300年代には1,100万人になり、11世紀から14世紀にかけて右肩上がりの発展の時代を迎えた。この躍進する時代の変革をR. S. ロペスは産業革命の時代に匹敵する「商業革命」の時代と規定した。遂には商人の、商人による、商人のための都市国家が登場してきた。また、産業革命後の人口爆発を受けて国民国家が形成され、国際化が大いに進展した時期と同様に、中世のこの時代には農村と都市の経済的発展により地域社会が活発化し、東西を結ぶ地中海商業が大発展し、取引の担い手、取引量、取引技術やその精神の変革が起こり[1]、いわゆる中世の地域の時代（regionalism または particularism と中心地システムの形成の時代）と遠距離通商の時代（Globalization あるいは Universalism とネットワークシステムの形成

の時代）を同時に迎えた。イタリアは複数のイタリア、少なくともミニ共和政的なコムーネ的北・中部イタリアと君主政的南イタリアの2つに分かれた[2]。歴史学的には前者が早くから好ましい歴史現象と見られ、後者は最近注目される研究分野となった[3]。

地域では領域の城塞化現象や都市のコムーネ現象が起こり、1200年頃までに都市、町、村、城砦に多くのコムーネが形成され、現在の8500のコムーネ数と較べても、ほぼ遜色のない社会が組織された。海岸や内陸に、アルプス山脈やアペニン山系の湧水群に、またより安全で健康な丘陵地に都市が発展し、その都市の多くは古代（ローマ以前とローマ時代）に起源を辿るが、大民族移動後に発展したヴェネツィア、フェラーラ、アマルフィなどや、1000年以後建てられたアレッサンドリア、ウディーネ、アクイレイアなどの都市も登場した。住民数2万人以上の都市が25も存在するようになった。特に北・中部イタリアでは107の司教座が置かれ、Civitasと呼ばれた都市コムーネを中心核とした地域社会が形成された。1348年にペストが流行し、社会の健康構造が壊れ、廃村化現象や都市の衰退が起こったので、それらのコムーネのすべてがすべて近代社会にダイレクトに繋がっていく訳ではないが、「イタリア社会」の基盤が、すなわち、その「基層」がこの頃できあがったといってもよいのではないか。この時生まれたコムーネは共和政のミニモデルとして、商人モデルと共に[4]、人類史に提示できるイタリアの特性ではなかろうか。ちなみにウェーバーは市民社会を形成する5大革命の最初の1つに上げている。そこで社会の基本的単位である都市コムーネを形成した市民の姿を素描するのが本稿の課題である。

都市コムーネの形成には市民層"cives"が登場してくる。そこで、市民とは単純に都市民urbanusのみを示すのではなく、都市、町、村、修道院、教区、城砦などの一定の住民団体を基礎にした自己充足的団体（都市コムーネ）の制度や規約（都市条例）への帰属性を示すものを意味し、コムーネは、語源的にはcum（一緒に）とmunis（義務を果たすこと）から派生し、カノン法では司牧者の共同体や神の平和運動の誓約者団体を示したりもするが、ここでは領主にしろ貴族にしろ、都市コムーネに帰属する市民として忠誠誓約を提示し、他勢力との同盟関係を結んで地域の政治秩序の基礎となり得る人々のまとまりを言う。形式的支配者の帝国や競争相手の同じ都市コムーネとも組んだり争ったり

して自己の自立した「個」を確立していく。その確立した「個」の地域を代表するコムーネを都市国家と呼んできた。その時代を「コムーネ的イタリア」とか「コムーネ的中世」、「コムーネ時代 l'età comunale」と呼んで、イタリア人は英雄的歴史段階として誇りにしてきた。

更に当然地域により遅速の差はあるが、コムーネ時代を区分すると、領域国家（lo stato territoriale）として自治的な個を確立した「11～13世紀の発展の世紀」と、大都市が中小都市を飲み込み、門閥・党派争いを克服しえず、権力を集中せざるをえない領邦国家（lo stato provinciale）へと、僭主や暴君を生み出すシニョーリア体制へと踏み出していく過程を辿る「1348～1450年のコムーネの危機の世紀」といわれる時代に区分される。

これまでの都市コムーネに関する研究はジョーンズの大著[5]やオッキピントの的確にまとめられた研究[6]など多々あるが、私は具体的に都市条例などの研究からなぜイタリアではこじんまりとした美しい花のような都市が出来上がったのか、そうしたコムーネを築く市民の姿を素描し、明解なコムーネ・モデル探求の一助にしたい。

1 中世の都市条例にみる都市コムーネの形成原理と市民像

地中海都市は防禦拠点や交易路に沿って、また、鉱山、巡礼、観光、保養などのその他の要因のもとに立地し、古くから発展を遂げてきた。そしてG.ファゾーリの言うごとく、「あらゆる定住社会は（原初的・基本的である限り）共同利害の問題について討議し、決議するために、自分たちの指導者を選ぶために、正義（法）を統制するために、耕作活動・生産活動を祝う（宗教行事の）ために、自然物資・加工物資を交換するために、隣人に戦争を仕掛けるために、全員で会合を開く場所の存在を教えてくれる」[7]。その存在がコムーネであり、その諸制度の発展とともに都市コムーネ像と市民像は鮮明となる。そうした会合で決められた諸々の規定が編纂されたものが都市や農村のコムーネの条例である。それ故にその条例が最もよくコムーネ原理とそれを支える市民像を伝えているものと思われる。

(1) 都市コムーネを構成した人々

コムーネにより構成員はそれぞれである。門閥・封建勢力よりなるコムーネのベッルーノ、市民を指導する封建層よりなるトレヴィーゾ、古代貴族の血を引く都市貴族層nobilesと市民civesからなるヴェネツィア、小貴族とhominesからなるマルケ地方のコムーネ、陪臣団の同盟からなるスポレート、マントヴァ、モデナなど、都市貴族と土地所有者層からなるシエナ、塔と船の所有者と商人層からなるピーサやジェノヴァ、市民層civesと商人層negotiatoresからなるパドヴァ、ヴィチェンツァ、チヴィダーレなど、都市によりその構成員は異なる。ガボットやタバッコなどのコムーネ起源の集団領主制説やそれへの批判に見る如く、意外と封建的な諸要素を含んでいるものも多い[8]。

地方によりその構成員の傾向性がみられる。ピエモンテなど山岳地域では貴族領主層が市民（nobiles＝cives）であるし、ロンバルディア地方では、当初は封建層（封臣層capitanei＋陪臣層valvassores）が優位を占めるが、次いで市民（cives）や一般住民層（populares）も力をつけてそれに加わってくるようになる。トスカナ地方のコムーネは多様な住民（civesとpopulus）から構成される場合が多かった。

(2) 都市コムーネの拡大とその性格変化

都市コムーネは当初から近代の市民のような法の前での平等な個々人の統一体ではない。常に同じ構成員からなった訳でもない。外来者を加入させながら、組織的閉鎖性を打破して拡大政策へと展開し、大都市によるヒエラルキー構造が築かれていく。また拡大と閉鎖性を同時に併せ持つ都市コムーネも登場した。性格的にはpolis的あるいは urbanitas的なものからcivitas的なものへ、そしてcomune territoriale（領域国家）的なものへと言葉では表現できるのではなかろうか。都市条例では、原初の市民はcives veteres, cives veri, naturales civesと呼ばれ、新加入の市民はcives noviとか forensesと呼ばれたし、定住市民はcivis habitatorとか civis intrisecusと表現され、移動してきた市民はcivis foretaneusとかcivis forensisと呼ばれていた。後者が前者の優位にたちそれを飲み込むことも生じえた。

帝国勢力や近隣諸都市との争いに、各都市コムーネは地方の有力者層を市民

化する積極的な拡大政策を採った。封建領主層と「都市定住契約（habitaculum）」を結び、税の支払い、約束の履行、都市コムーネの名誉を守る誓約のもとに「市民」として彼らを都市内に受け入れた。それは反って、都市を騒乱の巷に貶めることにもなったし、農村の活力を喪失させることにもなった。都市コムーネに敵対する領主の下にいる農奴を解放する「農奴解放令」を発布して自己管理下に組み込み、敵対領主の権力を弱めようともした。矛盾を内包しつつも地域の異なった勢力間の争いを仲介、調停、リードできる唯一の制度構造としてのコムーネモデルが構築され、後に、大中小のコムーネによるヒエラルキー構造が出来上がる。それを運営する市民が登場する。

(3) 都市コムーネを構成する市民の資格

市民とは「所有」と「能力」で都市コムーネに奉仕し得るものを示し、前述の通り、旧貴族層や封建層も含み、それらには公的名誉と市民権の資格が付与されて、市民権を持つ者と、持たざる者が明確にされ、時には後者が公然と排除されることも起こった。「市民権」の公的なものは政治への参加（投票権、被選挙権……）、軍役、徴税などからなり、私的なものは領域内所有権、営業権（ギルド加入）、契約資格、財産保護、経済分野での保護などから成り立った。

(4) 都市コムーネ市民への加入方法

最初の仲間市民は共同の誓約（conjuratio）で市民団を構成する、jure sanguinis（血縁法）での市民で、先天的に市民権を付与されていたものたちであり、仲間とはいえ、古い身分的不平等を滅ぼし得なかった。外から市民になりたい者は一定期間（3～40年、都市によりまちまち）の定住、不動産所有、結婚、職業などの加入申請資格を満たした上でポデスタに申請し、大議会consiglio maggioreでの2/3の得票が必要であった。そして以下の誓約文書を提出した。

＜誓約事項＞
都市コムーネの首領への自らの身体と物により服従し、都市の法に服従する
都市コムーネの利益を損なわない
都市コムーネの財産と名誉を傷付けない、傷付ける行動も謀議も行わない

中世イタリアの都市条例にみる市民像

> 都市コムーネの平和の存続を否定する行為を阻止する
> 都市コムーネ外の党派に加わらない
> 都市の守備・軍事の兵役、公職や徴税などの公的義務に従う
> 都市内定住と土地所有（市民としての法的人格の基礎）の義務に従う
> 保証金を提出する（豪族のみが提出）
> 公的集会への参加義務に従う

　誓約後都市市民の名簿に登録されてはじめてjure loci（地縁法）である後天的市民権を付与されて、単なる住民abitatorからcivis（assidui habitatoresからcives assidui）となった。コムーネと加入市民の関係はほぼ双務契約的関係で新加入の市民には金・身体・財産の保護が与えられた。実際に、フィレンツェのパオロ=メッサー=パーチェ=ディ=チェルタルドなる人物が14世紀後半に「沢山の良き慣習、諺、教訓を書きたい」と宣言して書き残した冊子『良き処世術の書』で「不運が見舞った時帰るべき故郷を失うので、コムーネが禁じた取引には手を出してはいけない」、「自らの都市とその首長（ポデスタ）の名誉、利益、繁栄を大事にし、自ら自身と自らの財産をそのことに賭けなさい」とか「コムーネに背く党派には決して加わらない」、「自らのコムーネと都市は自らと自らの家族・親族が住み、自らの財産が存在できる場所であるよう心がけなさい」などを推奨している。神を恐れ、師を敬い、本を読み、知恵者に尋ね、学んだことを忘れない「５つの知恵の鍵」を説いた本書は個人的な家計維持のための家訓書のようなものではある[9]が、王権のない不確かなふわっとした社会では「家」を守るためにも、コムーネがいかに大切であるかを十分認識していた。コムーネあっての個人と家族の認識が伺える例である。

(5)　都市条例にみられる階層区分

　多様な「市民 cives」が集合すれば、都市条例の中で以下のような階層区分も生じた。

　1182年ヴェルチェッリ、1190年トレヴィーゾ、1227年ヴェローナ、ノヴァーラ、フィレンツェでは騎士層（milites）と歩兵層（pedites）に、パドヴァ、ヴィチェンツァ、チヴィダーレ、ベルガモでは表現は少しちがうがequitesとpeditesに、更に1127年のモデナではmilitesと市民層（cives）に、トレントで

97

はmilitesとburgensesに、12世紀のマルケ地方、1126年のオシモ、1138年のマチェラータ、1165年のファブリアーノ、1174年のイエージ、ルッカ、パヴィア、カザーレでは上層階層（maiores）と下層階層（minores）に、シエナ、アンギアーリ、アルバ、ケラスコでは上層、中層（mediocres）、下層、アスティではmaiores、mediani、minoresと表現され、フェラーラ、ラヴェンナでは騎士層と一般住民層（populares）に、ラグーサでは貴族層（nobiles）と非貴族層（ignobiles）、マテリカでは貴族層と一般住民層に分かれていた。

　軍事的な期待、財政危機、同盟関係、征服とその従属化の理由から、市民権の拡大政策が採られると、二重市民権も生まれ、完全市民権の上に参政権なしの市民権（私的市民権の享受）を持つようにもなった[10]。

2　都市条例にみる機構上の変化と市民像

(1)　コムーネ概念の変化

　コムーネとか、都市国家と呼んできたものの出発点は必ずしも明白ではない。運動母体の結成や独立宣言のような時代を画期付ける明白な史料が存在しないことにもよる。

　「コムーネ」は原理的には、教会的または私的な、信者または仲間にとって善いものres sacrae vel bonum communeを守り育てるものが↑司教コムーネ、領主団コムーネや住民団コムーネなど……を形成し↑それらが世俗の公的なコムーネ、すべてのまたは多くの人々にとって善いものres　publicaへと変化していく。更には、その担い手も良き人々（boni hominess）から、より良き人々（meriores）、最良民（ottimati）といった寡頭派のコムーネへと表現が変わっていくが、その出発点は以下の2つの方向から生まれたと考えられる。

　信仰者団体としてのコムーネ概念は教区または修道院を物心両面の平和拠点locus pacificusとして安全地帯のモデルを築き、そこを拠点にして信仰・礼拝の中心やよきキリスト者としての模範が住民により築かれる。大民族移動後の不安な時期に都市を中心に活躍した信仰者の共同体を指導する司教に上からも下からも人望が集まり、そこからできる司教コムーネ、領主団のコムーネと市民団のコムーネの並存や重層化が伺える。

世俗的コムーネ概念には1つは、上から用益・特権仲間団体（Nutzungs- und Privilegien Genossenschaft）。2つ目は、下から誓約仲間団体（conjurationes、communio jurata）、すなわち、自由な集住共同体（Freie Einwohnergemeinde）として形成されたとも考えられる。

具体的にはミサの後、教会の前で仲間が集まって相談し、決め事をし、記録を残し、そして共同の基金を集めて、運用し、鐘楼に設置した共同金庫 bene communeに蓄えた。それを利用する仲間にとっていいものから全住民にとってよいもの、res publicaとしてこれらは下から築かれていった面を、守るべきものをもち、それを持続的に維持していった実態を尊重しなくてはならない。

特に、フリードリッヒ1世がイタリアに南下してきた時、12世紀後半には、都市コムーネ（アスティの司教、モンフェラート辺境伯、ビアンドラーテ伯を除く）がイタリア半島を牛耳るかたちが出来上がってしまっているのを発見し、帝国の再建（Revindikationという、かつての国王・皇帝の諸権利Regaliaを取り戻す）努力をしつつ、イタリアに積極的に遠征・介入していくが、その時、全市民（concives）にとってよいもの（共同善）、都市や地域の平和と発展を、コンラッド2世以後享受してきた状態を、全住民にとってよいものと主張して、できるだけ市民や住民が一体になって維持するコムーネがますます強化されていくことになる。その経験の積み重ねがコムーネ意識の形成を確固たるものにする。

(2) 立法・議会制の変化

基本的には封建時代にも存在した封主への忠告や相談consiliumの義務から同意による政治へと変わり、教会の前または広場の一般全員集会conventus concio, arengum から大小の議会consiglio, parlamentumの議会制度へと変化し、慣習や条例は共同財産とか公共物を管理する役職者の守るべき決め事への誓約juramentum, provisiones, reformationesとその抜粋法令手帳（breve, carnet）から都市条例statuti（podestàやpopoloの条例の並存と後者の優位）が誕生した。

(3) その議会制の原理の変化

「すべての人に関わることは、すべての人の了承を得なければならない

quod omines tangit, omnibus approvebatur」ということで、広場で行われたほぼ住民全員の集会（arengum）での歓呼賛同で決議するやりかたが、「多くの人に関わることは、多くのものの一致した決定が得られるように、法と道理による判断を仰ぐ他ないquod enim ad multos attinet, id non aliter quam multorum sententia decerni consentaneum iuri et rationique iudicavit」ということで法、道理、多数決（mors o usus, ratio, major pars）により、黒豆と白豆の投票で決議された。ここから白党と黒党の争いが生じるようになった。

(4) 都市条例の実施の仕方の変化

仲間に共通した財産や公共物を管理するもの、決められた通りに管理することを誓約した。それぞれの役職者が誓約して使いやすいように規約は分割されていた。その各部分から構成されていた都市条例の初期的編成原理から、条例は判事や公証人のプロによってすべて集められ1冊の羊皮紙の冊子に編纂され清書して展示された。そして「法を知らなかった」と言わせない処置がとられた。石版の上に、板の表紙を着けて、鎖で繋いで展示した「statuto」の存在があり、現実に展示されたその都市条例のページには多くの落書きがあった。よく参照されたページは手垢でよごれ、指差し記号が書き込まれたりした。もう一つの都市条例は宝物庫の奥深く仕舞われたり、更にそれを厳しく適用・執行するポデスタの手元にも一つがおかれたが、それらよりも住民間で生きて使われていた条例の存在に注目したい。

(5) 行政・司法組織の変化

基本的には、権力・役職は市民の同意または抽選により派生し、独占・専制を廃し、常に公平中立的であるように配慮された。コムーネの最高権力は司教の任命するコンスル⇑コムーネのコンスル⇑ポデスタ＋委員会制の各種委員、異邦人ポデスタ制（帝国のポデスタ⇑都市のポデスタ⇑農村のポデスタ）⇑カピターノ・デル・ポーポロ制⇑プリオーリ制（⇑最後にはプリンキパート制）へと移行していくが、上級の役職就任者はそれぞれ市民の同意の過程が辿られ、専制があっても長く続かないように任期は出来るだけ短く制限された。下級役職は籤・抽選で選ばれた。

また、「牧人の眼」にみるごとく、コンスルやポデスタなど都市の判決、執行、指導など、都市や住民に奉仕する重要な役職の場合、その任務遂行上、議会や条例で予め定められた枠を超えないように、越権行為や不正が起こらないように厳正な監査手続きが執られた。権力を集中する場合には、任期を限定するなど僭主（tyrannus―ナチ政権のみならず、フセイン政権や金正日政権にみるごとく、共和政はとかく専制独裁を生みやすい）や傲慢さ（supervia）を生み出さないための措置が徹底された。

(6) 行政改革の仕方

　コンスル⇧ポデスタ⇧カピターノ⇧シニョーリア体制の制度上の移行は古い体制と新しい体制が同時に存在し、どちらが現実に対応していけるか競った後、現実に対応できる制度が生き残る方法が採られた。移行期には2つの体制が並存することが度々であった。

(7) 財政の変化

　まず何よりも徴税台帳が整備されコムーネを財政的に担うべき構成員が明確化された。その原理は「貧乏人も金持ちと等しく、金持ちも貧乏人と等しく、皆等しく支払う」炉税（focus）からlibra税制の「富んだ人は富んだ人として、貧しい人は貧しい人として、それなりに支払う」税制へ、自己申告や委員会による評価税制への道が切り開かれた。

　軍事的役割やそれから財政的な役割の担い方に従って階層差が認められ、都市の経済的発展に伴って貧富の差が増大し、税制も→評価課税（libra, estimo）が導入され、人格（血筋）貴族層nobilitas personae⇧財産貴族層nobilitas divitiarumへと変化し、金権階級（plutocrazia）が形成された。そうした有力者層から金を引き出す公債制度も生まれた。

(8) 警察と軍制の変化

　警察 berrovieri, birri ⇧都市警備や城守備auxilium, castellanus の義務は市民の若者の義務であった。14歳～70歳の市民から構成される市民軍は騎兵milites pro communi＝領主・貴族層と歩兵pedites＝一般市民・住民から構成された⇧

後に軍役代納金などを使って傭兵condottieri制が導入された。兵役よりも財政的貢献の方が評価されるようになる。

(9) 外交の変化

　弱いものが強者に対抗するには同盟誓約が結ばれた。その最たるものは、都市コムーネの同盟、ロンバルディア同盟で、同盟は同盟会議に派遣された都市代表の podestasまたはrectorの１～２名により構成・運営された。同盟の拡大や方針決定の説得のため当該都市の議会や委員会に直接のりこんで説得を試みた。そのやりかたから後に恒常的に大使や使節を交流させる外交官制度などが生まれた。

　都市コムーネ市民の権利の擁護・主張、他人や他国の説得が必要となり、書と法の専門家notarius, judexなどの活躍の場が広がり、雄弁術 ars dictaminisの重要性が増大した。同盟関係や大中小の都市コムーネによるヒエラルキー構造の形成は議会や外交で活躍する市民の新しい生活様式を生み出し→俗人の役人、教育のある俗人ヒューマニストという人間改造への関心から活動的世俗生活の重視などの連鎖が生じた。新しい人種nuovus homoの政治・軍事への能動的参加とともに言葉で人を動かす市民的Virtù（civic humanism）のため古典の教養（黙想的活動）も必要になった。

(10) 領域政策の変化

　「確かな個」の基本は都市materと農村filii comitatiniの母子的関係の形成で、自然と対話しながら生きる農村と人の輪をつなぎ合わせて造る都市社会、それぞれ、人類が描く理想郷の２つの社会の形成と結びつき、共棲・依存関係のあり方である。領域の安全保障の感覚は４～６マイルの当初の支配権から、領域の領主層の市民化、農村の借財化や農村の市民的土地所有の拡大とともに、司教区まで広がり、市民軍を配置する城塞の管理と都市市民を派遣してコントロールする農村ポデスタ制の導入で領域支配は確立する。地域の農民が農村コムーネに招集され、中心都市が課す条例を申し渡たされたり、触れ役を通じて辻辻で読み上げさせられたりして都市による農村支配が徹底された。更に、中心都市の党派性を鮮明かつ徹底させるべくシンボルの館を農村コムーネに建て

させ、都市から市民を派遣・駐留させたりした。こうして農村の党派化が進展し、中小都市や農村コムーネの「個」としての独自性の喪失（植民地化）も起こった。

⑾　国境線の存在と市民意識

往来の保護区間、教区、裁判区域、軍事的守備範囲、租税台帳・区画台帳（Liber focorum et finium）など種々の境界線が微妙に異なり、重複して存在する。

コムーネの信徒住民の守護・保護聖人への救済仲介の期待relatio translationis corpis Sancti から神—キリストと直接結ぶ庇護契約を結んだ市民の14歳から70歳までの男子１人１人が武器をとって皇帝勢力、近隣の敵対都市や封建勢力と戦い、共和政の自由を守ろうとする意思の誕生が起こった。

⑿　都市の構成員のイメージの変遷

都市条例にみるコムーネ・市民像は都市そのものの構成員のあり方、「ノアの箱船」に収容される動物のように、社会に役立つあらゆる職種の都市内への受け入れ、認め合っていくcallingの考え方、領主・貴族層の市民が牛耳る社会から、特に、領域支配が拡大し、自らの都市コムーネとは思えなくなった住民層は、自からの都市を取り戻そうと、ポデスタコムーネ体制の中に、もう１つのカピターノ＝デル＝ポーポロのコムーネを考案していく、商人や職人市民artificesでなければ市政に参加できない「職人共和国・ポポロ体制」が形成されていく。アルテ（ギルド）への登録は容易で、登録するだけで市民資格を手に入れた。しかし職人気質は、一方で下層非アルテ組合員（sottoposti）や農民層への差別や蔑視観をも生み出す。また、都市コムーネの繁栄にとって必要な異邦人はヴェネツィアのフォンダコにみるように司法的にコントロールしながら受け入れもした[11]。

これらの諸々の原理が軽重や明暗の陰翳をつけてもっとシンプルに視覚的にも明確に描き出されるのがシエナのロレンゼッティの絵画やブルーニの都市賛美論であろう。

終わりに

　都市条例からコムーネを創り、それを育み、変化・成長させてきた市民像を読み取り、簡潔に提示してきたが、この点についてこれ以上まとめる必要はないであろう。むしろ市民たちが皇帝勢力、教皇勢力や敵対諸都市と争いつつ「生き抜いていった根本原理は何か」を提示しておくことの方が重要であろう。それは以下の三点、補完関係compensavilitas、信頼関係fidelitas、協調関係concordiaからまとめられる。

　都市条例では、地域の一部の都市住民の同意・合意の下に政策が決められ、権力や役職も選挙か籤か輪番制かにより派生した。より重要で強力な権力を他人に託す場合には、その託された者が専制者（tyrannus）や傲慢な越権行為（superbia）を犯す者からなる悪しき政府にならないように、常に制約を課し細心の注意を払って監視した。このことがコムーネの根本原理となるが、しかし、他方では、地域から派生した権力なるがゆえに、自分たちで解決できない問題の調停を上級の権力者（皇帝や教皇）に頼ろうとしたり、また常に地方権力の合法性を彼らに求めたのも当然の成り行きである。具体的には皇帝から都市コムーネや条例の設置権（potestas statuendi）を入手する努力をした。また条例の前文に見るごとく、都市と条例を神や保護聖人だけでなく、皇帝や教皇にも献じた。特に誕生したてのコムーネはまだまだよちよち歩きで、自己のコムーネの存続にはどんな権力にも依拠し利用しようという考え方が常に潜在した。例えば、『フリードリッヒ〔１世〕の事績』を書いたオットー＝フォン＝フライジングが都市コムーネの巧妙さとして指摘している点でもある。皇帝権も教皇権も利用できるものは、信条には関係なく憶面なく利用していこうとする姿勢を鋭く指摘している[12]。ローディ市などのような中小都市や農村コムーネは状況によっては、敵対する両陣営に立脚点を置かざるを得ず、都市同盟軍と皇帝軍の、また隣接・敵対する大都市の、両陣営に兵を出さなくてはならなくなってしまうことも間々ある。ともかく、自己の存続に、かかわるものは、信条にかかわらず、足らないものは何でも補完していこうとする姿勢をもつ。群雄する弱いものが持つ癖といったらよいであろうか。以下の原理と矛盾することにもなるが、競争する隣人よりは、優位に立とうとする性癖（遠交近攻策）と

いったらよいのであろうか。しかし、それは外からの勢力を簡単に導入してしまう弊害を生み、コムーネ内部のみならず、半島全体を捲き込む抜き差しならない党派争いを招来させることにもなった。シエナ市庁舎二階の平和の間のロレンゼッティの絵画に見る如く、党派争いで市内が壊滅状態に陥り、「悪しき政府像」を現出することになる。しかし、後によい面として、同調者や同盟仲間を増やすため言葉で説得する雄弁術やそうしたプロの書記官長職や外交官が世俗の市民層から生まれてくることにもなった。

　信頼・信仰関係fidelitasの原理は混乱と不安の時代に普及した信仰や封建関係とかかわりがある。国家とか平和・治安を維持する機構が未発達な社会では隣の人を信用し、隣人から信用される関係をいかに築くかが時代の大きな課題となる。隣人関係（vicinitas, amore verso i prossimi）と兄弟関係（fraternitas, fratellanza）にしか真の信頼を置くことができないこの時代の性とでも言うべきか。目に見えるもの、隣の人と、その世代の人と、そして神だけに信頼を置く考え方で、出来るだけ相識関係が崩れない小さなコムーネにとどめようとする考え方でもある。例えば、ポデスタのコムーネの領域支配が余りにも拡大し、都市内部の住民からは遠のいた（遠望の）コムーネになったと感じた時、コムーネへの親しみを感じるものにするため、自らの手に取り戻すポポロ体制がとられた。コムーネの中に都市商人・手工業者を中心としたもう一つのコムーネが形成された。いわゆる「国家の中の国家」が築かれたことになる。

　更にもう一点、確かに制度的に世俗市民のコムーネになったとしても、シエナの「良き政府像」に見事に表現されている如く、神やキリストや保護聖人に集団的に救済されたいと願うfidelitasの原理が都市の司牧者の帽子に似せた聖堂のクーポラや司牧者の杖に似せた鐘つき堂に象徴されるように、「司牧者と羊群のコムーネ」という尾骶骨を世俗化した都市のどこかに常に残している。

　和合あるいは協調関係concordiaの原理については、公的コムーネの出発点を意味する広場での一般全員集会を示すarengumはゲルマン語のringまたはcircleから派生した表現で、分裂や党派争いを捨てて「輪になって」再統一することを示している。シエナの「良き政府の効果」絵の都市の広場でサークルを作って踊る女性たちの姿やボッティチェッリの「春」の輪になる3美神にその表徴を見出す。同じ趣旨の原理はロンバルディア都市同盟を築く時も、都市

の年代記や賛美論にも、また他の都市条例や絵画にも登場する原理でもある。例えば、コンコルディアの女神はシエナの「良き政府」像の左端に大きく明確に描かれている。それはローマ時代の人と人を結びつける「結び目」の女神から由来しているが、ゲルマン民族が北から移動する際に使ったStämmebildung（南下部隊の柱となる諸部族の精鋭を束ねる）概念にも類似性があると私は考えている。現在の15カ国から25カ国に増大するＥＵ形成の論理にも一脈通じるところがある。異なった意見の持ち主や、異なった人種や、異なった文化・宗教・言語の持ち主も、紐はいろいろとよりあわせる方が、配分と整斉の正義さえ間違わなければ、強度を増すごとく、紐はいろいろな人々から創られる。そしてその紐はそう長くは生れない老人のもつ権標につながっており、24人の市民代表全員が一緒に（cum）その紐（chorda）を握る。市民から派生した権力はみんなでコントロールしていくという原理の構図が描かれている。ブルーニの都市論ではローマ共和政に都市の起源を求めながら専制者回避のこの点を明確にしている。都市条例から抽出するコムーネモデルは集会や議会での同意による政治、議会や条例に忠誠誓約した公平中立的な行政役人による統治（コムーネの自由であって、必ずしも個人の自由ではない）、特にコムーネが大きくなりポデスタ職などに権力を集中しなくてはならなくなった時、コムーネの形成原理を守るために、僭主を生み出さないようにする条例、議会やその他のチェック機構が重要となる。不可避になってきた良き最高の権力や公共善はシエナの壁画では老人王に、フィレンツェの都市礼賛論では「イタリアの女王regina Italiae」に、専制イメージを弱めるため老人や女性にシンボリックに例えられた。

　確かに社会・経済政策の遂行、度量衡・暦・時間・貨幣鋳造などの統制、言語的なまとまり、郷土愛などなど都市コムーネで発達したものが近代共和政国家のプロトタイプを想像させてきた。しかしキリスト教徒の司牧者である司教のコムーネ（universitas fidelium）から市民の都市コムーネ（universitas civium）への移行が指摘されても、シエナの市庁舎に描かれた壁画「良き政府」像に見るごとく、キリスト教徒がコムーネを創った思いは強く意識されている。特に都市の分裂回避には有効ではないかとさえ考えられている。また、ブルーニの都市賛美論にみるごとく、ミラノ公など強力になる君主的近隣諸国に対抗するに「力による統治」よりも「美と徳による統治」の「形と心の美しい都市

コムーネ」を創る市民層の余りにも美しすぎるコムーネモデルにまでフィレンツェの場合行き着く[13]。多かれ少なかれ他の都市にも通じることでもある。

　かつてW.ウルマンが中世の秩序は上から創られる下降理論（descending theory）と下の地域から創られる上昇理論（ascending theory）で捉えられるとして、イタリアの都市コムーネにより創り出される秩序体系は後者に属し、人民主権や議会制民主主義に行き着くとしたが、また、ルネサンスをこの脈略から説明しようともした[14]。またブルクハルトが指摘したように、イタリアの都市国家は合法性を欠いたがゆえに、「血筋の悪さを化粧で誤魔化す」必要があった。そこまで誇張しなくとも、特に政治単位がグローバル化していくヨーロッパ社会の中で、後にマキャヴェリが推奨するような力量Virtùを持った市民層をローマ共和制末期に求めたが、そうしたVirtùを持った市民層は既にコムーネ形成期には誕生していたとも言えるのではなかろうか。だだルネサンス後期にはそうした市民層は変質し、忘却されていて、新しい領邦体制を築くにはコムーネでは基盤の単位が余りに小さすぎた。そこでそれを超克できる可能性を都市同盟から帝国を築いたかつてのローマを絶望のヒューマニストのマキャヴェリは夢見ることになる。ドイツ皇帝よりもフランス王権を好んだが、必ずしも近代の国民国家を目指して夢見ていた訳ではない。

註(1) R. S. Lopez and W. R. Irving (eds), *Medieval trade in the Mediterranean world*. New York 1955. R. S. Lopez, *The commercial revolution of the middle ages*, New Jersey 1971

(2) Abulafia, D., *The two Italies. Economic relations between the Norman kingdom of Sicily and the northern Communes*. Cambridge 1977.

(3) 高山博著『中世地中海世界とシチリア王国』東京大学出版会、1993年などの研究により興味深い分野になってきた。

(4) 商人モデルに関しては最近公刊された斉藤寛海氏の著作『中世後期イタリアの商業と都市』知泉書館、2002年をみていただきたい。

(5) Jones, Philip, *The Italian city-state. From commune to signoria*, Oxford 1997, 更に英語文献ではHyde, John Kenneth, *Society and Politics in Medieval Italy. The evolution of the civil life. 1000–1350*, London 1973. が参考になる。

(6) Elisa Occhipinti, *L' Italia comunale*, Roma 2000）は冊子のような文献であるが好著。

(7) G. Fasoli, *La città medievale italiana*, Firenze 1973.

(8) その後の集団領主制説やそれへの批判については：*Piemonte medievale, Forme del potere e della società. Studi per il Giovanni Tabacco*, Torino 1985の中の論文R. Bordone, "Civitas nobilis et antique". Per una storia delle origini del movimento comunale in Piemonte, pp.29-62の特にp.33。

(9) Paolo di Messer Pace di Certardo, *Libro di buoni costumi*、A cura di A.Schiaffini, Firenze 1945

(10) Bizzari,Dina, Ricerche sul diritto di cittadinanza nella costituzione comunale, in *Studi Senesi nel circoro giuridico della Università*, vol. XXXII, Torino 1916, pp.19-136)、永井三明著『ヴェネツィア貴族の世界　社会と意識』刀水書房、1994年、亀長洋子著『中世ジェノヴァ商人の「家」』刀水書房、2001年

(11) 紙数の関係上、詳しい典拠の提示は省略したい。拙著『中世イタリア都市国家成立史研究』ミネルヴァ書房、2001年、N.オットカール著清水廣一郎・佐藤眞典訳『中世の都市コムーネ』創文社、1972年、D.ウェーリー著森田鐵郎訳『イタリアの都市国家』平凡社、1971年などを参照。

(12) *Ottonis Episcopi Frisigensis et Rahewini Gesta Frederici seu rectius Cronaca.* Ubers. von A. Schmidt, Herausg. F-J. Schmale. Darmstadt 1974, III-40, S.474-5

(13) シエナの「良き政府」像については：Chiara Frugoni, *Una lontana città, sentimenti e immagini nel medioevo*, Einaudi 1983. フィレンツェのブルーニの都市賛美論につては：Vittorio Zaccaria、Oratio de laudibus Florentine urbis, Pier Candido Decembrio e Leonardo Bruni, in *Studi Medievali* 3rd.ser 8,1967, pp. 529-54

(14) W.ウルマン著鈴木利章訳『中世における個人と社会』ミネルヴァ書房、1971年。Ullmann, W.,*Medieval Foundation of Renaissance Humanism*, London 1977

16世紀教会国家の統治官と匪賊

工 藤 達 彦

はじめに

　近年、近世国家が暴力装置の独占を図り、局所的な暴力集団の統制を試みたことが注目されている[1]。こうした暴力集団のひとつに匪賊[2]が挙げられよう。匪賊そのものは世界のあらゆる場所で古くから見られたが、16世紀後半の教会国家では農村地域を中心に匪賊が跳梁跋扈し、その狼獗ぶりは「イタリア史上稀に見る」[3]ほどであったという。F.ブローデルは地中海世界全体における匪賊行為とは「まず何よりも、政治秩序および社会秩序の守り手である既成の国家に対する復讐である」と規定している[4]。同様に、教会国家内での匪賊活動に関しても、進展する教皇権の中央集権化政策に対する反発、反乱であると捉えられてきた。G.プロカッチによれば、匪賊となったのはそれまで享受していた特権を教皇権によって剥奪されたことに反発する貴族層であり、また、その結果、反動化した貴族領主や教皇権そのものによって搾取され、苦しめられた農民層であった。これに対し教皇権は武力を用いた厳しい弾圧政策をとるものの、大きな効果を挙げることはできなかった。匪賊の活動は、国家全体の経済構造に深刻な影響を及ぼしたという[5]。またP.プローディは、匪賊活動とは国家や都市の優位に対する農民反乱であるとするJ.ドリュモーの定義を引用しているが、匪賊やその活動の実態にはほとんど触れていない[6]。教皇を教会国家の絶対君主とみなし、国家の中央集権性を強調した彼の研究において、国家への反逆、反乱であるはずの匪賊に対する検討がほとんどないのは問題があろう。

　こうした見解に対し、M.カラヴァーレとA.カラッチョロは地方ごとに匪賊の性格に大きな違いがあったことを前提としつつ、各地の小領主や農民による反乱の対象は教皇権ではなく富裕市民層および大封建領主層であったこと、また一部貴族による匪賊行為への参加は貴族たちによって引き起こされた数多く

の暴力行為のひとつにすぎないと主張し、匪賊活動とは進展する中央集権化に対する反発であるという見方に疑問を提示している[7]。しかしながら彼らにしても、匪賊に関する具体的な事例を記述しているわけではない。

　カラヴァーレとカラッチョロの指摘をふまえ、ローマ統治官裁判所の記録を史料として用い、この時期の匪賊の実態について初めて詳細な研究を行ったのがI. P.フォージである[8]。

　フォージはまず、匪賊という言葉は単なる悪党や盗賊ではなく、第一義的には政治亡命者を表していると主張する。貴族や市民同士の争いによって都市から追放された者が、同族や社会的周縁集団の助けを借りて都市郊外や農村地域に潜み、一時的に匪賊として活動しつつ、市政復帰を目指したというのである。彼らの目的は政敵への報復や殺人といった私的復讐にあり、その過程で盗賊行為や略奪を行うこともあった。つまり、こうした匪賊活動は古い貴族的慣習に基づくものであり、16世紀後半であっても人々の間では当然の権利とみなされていた。もちろん、教皇権による特権剥奪によって封建領主層が反乱を起こす場合も多々あった。しかしこのことは「中央集権国家」に対する自覚的な反乱ではなく、教皇に対する個人的反抗にすぎないという。

　また注目すべきは匪賊と地方諸勢力との結びつきである。小コムーネが匪賊たちの攻撃を避けるために彼らと結びつく例がある一方で、逆に教皇庁役人の攻撃に対する自衛手段として匪賊たちと団結する例も多く見られた。都市からの政治亡命者が同族の住むコムーネに逃亡したことによって、コムーネが一体となって亡命者の市政復帰、すなわち彼の政敵への攻撃を支援する場合もあった。こうした事態に教皇権は対処できず、場合によっては一族全体を犯罪者化させる結果となったり、匪賊集団の移動を容易にする一因ともなったりしたという。

　さらに匪賊たちと、封建領主や貴族との家政的な結びつきは、より深刻な問題を引き起こした。都市郊外に自治的な所領を持つ領主や貴族たちは、往々にして匪賊たちを保護し、政敵や隣接する領主との争いに利用した。フォージは例としてカテーナと渾名されたバルトロメオ＝ヴァッランテという人物を取り上げている。1578年頃からカテーナはカンパーニャ地方を中心にナポリ王国やシチリアでも活動していた。カテーナはローマの有力貴族であるチェーザレ＝

カエターニと、保護を受ける見返りに、彼の所領を襲わず、また彼のために働く契約を結んでいる。カエターニの持つイムニテートのおかげでカテーナは、教皇権や、やはり彼に悩まされていたナポリ王権から逃げることができた。カテーナはカエターニが希望する個人的復讐や殺人を請け負い、普段は彼の所領で共に生活をしていたという。カテーナはその他の有力貴族たちとも関係を持ち、彼らの依頼で犯罪を行うこともあった。1580年に偶然のきっかけで逮捕され、裁判の結果、その翌年に公開処刑が執行された時には、まだ30歳だったという。

　こうした具体的な事例を検討したフォージは、教会国家の匪賊行為が国家への反乱であるとする従来の見解を否定した。また第2の結論として、教会国家の司法装置の無力さ、ひいては国家そのものの脆弱さを主張する。匪賊たちの活動には常に封建領主や貴族が関与し、繰り返し公布される勅書も効果を挙げることはできなかった。こうした貴族たちが裁判にかけられる例も僅かながらあったが、いずれも教皇や枢機卿、その他の高位聖職者によって取り消された。教会国家の封建領主や貴族たちはその政治力や経済力を減退させつつも、国家の強固な中央権力形成の妨げになっていたというのである。

　フォージの研究は、教会国家の匪賊の実態や行動原理を明らかにした点で非常に重要である。しかし問題点もある。第1に主要史料が裁判記録であるため、逮捕、起訴された匪賊のみが分析対象となっている点である。確かにカテーナのような興味深い事例が明らかとなったが、一方で教皇権による日常的な匪賊対策に関してはほとんど明らかにされていない。匪賊の活発な活動をもって教会国家の司法装置の無力さを主張するのであれば、もう一方の当事者たる司法装置、なかんずくその末端に位置し、常に匪賊たちと直面していた統治官の対匪賊対策について検討する必要があろう。

　第2に、匪賊の発生原因に関しては補足が必要である。というのも、フォージは匪賊の発生原因を主に地方都市内部の政治的事情に求めているが、実際はそれだけではない。16世紀後半は、教皇権の支配がそれまで以上に拡大、強化する時期であり、その支配政策によっても匪賊は発生していたからである。

　第3の問題点は、匪賊および匪賊と結びついた封建領主や貴族たちの存在が教会国家における強固な中央権力の形成を妨げたとする見解である。この見解

自体には同意するが、その前提条件、すなわち教皇権は強力な中央集権国家の形成を目指し、地方の封建領主たちはそれに反対していたという対立構造の想定には賛成できない。多くの先行諸研究が教会国家における両者の対立を所与のものとしているが、近年では封建領主とその領土は自治権を保ちつつ、国家の税徴収制度や官僚制度に組み込まれていたことが指摘され、その実態解明が急がれている[9]。筆者は、教皇権と封建領主層とは時に対立しつつも、一定の協調関係を保持しており、その結果、教会国家は300年以上にわたって存続できたのではないかと考えている。教皇権にとっては取り締まりの対象であり、封建領主たちにとっては庇護、あるいは相互依存する者たちであった匪賊という特殊な存在に焦点を当てることで、この協調関係の一端をかいま見ることができよう。

　以上のような問題点をふまえた上で、本章では、地方都市ペルージャに派遣された統治官モンテ＝ヴァレンティの報告書[10]の中から匪賊に関する報告を取り上げ、日常的な匪賊対策の実態や統治官の裁判によって匪賊が発生する事例について検討する。さらにヴァレンティが公布した布告[11]に見られる匪賊取り締まりに対する教皇庁の消極的態度の意味を考察したい。

1　地方統治における司法権

　本節ではまず、教会国家の地方統治における司法権についてまとめておきたい。なぜなら、司法権の管轄区分が複雑かつ重層的であったことが、匪賊による広範囲な活動を許したと考えられるからである。

　先行諸研究ではほとんど注目されてこなかったが、教会国家には教皇庁が直接治める領域とそうではない地域とが混在し、いわばモザイク国家の様相を呈していた。直接支配地域は複数の管区に分割され、それぞれの管区の中心都市には、管区の責任者として特使（Legato）や管区統治官（Governatore generale）が派遣され、別個に管区内の主要諸都市には統治官（Governatore）が派遣されていた。

　本章で扱うモンテ＝ヴァレンティは、1574年1月から1575年12月にかけて、ウンブリア管区の管区統治官と、その中心都市であるペルージャの統治官を兼

任していた。ヴァレンティはその生涯であわせて14の都市や管区の統治官職を経験している。ウンブリアとペルージャは彼にとって11回目の統治官職就任であった。当時これだけの歴任回数を持つ統治官は僅かであり、彼が優秀な統治官として教皇庁に認識されていたことが伺える。その統治の実態は彼が教皇庁へと書き送った報告書によって詳細に知ることができる。全453通が現存する本報告書の大半は教皇庁国務省長官（Superintendens Status Ecclesiastici）サン＝シスト枢機卿に宛てられたものだった。

　教皇庁内の人事は教皇の親族重用主義、いわゆるネポティズモと呼ばれる、教皇の甥を権力の中枢に据える政策に従って行われていた。サン＝シスト枢機卿も教皇グレゴリウス13世の甥であり、国務省長官として枢機卿会議を指導し、各地方の統治を統括した。また、彼を頂点とする人的ネットワークを形成し、教皇庁役職の配分にあたった。近年、このネットワークが教会国家内の諸地方都市・地域にまで広がっていたことが指摘されているが[12]、本章でも国務省長官と地方貴族との繋がりが確認できよう。

　教会国家における地方統治は、国務省長官を頂点とし、ついで特使もしくは管区統治官、その下にその他の統治官というヒエラルヒー構造が存在し、管区統治官は管区内のその他の統治官を監督すべき立場であったが、実際にはそれぞれの統治官は管区統治官の介入を嫌う傾向が強かった。その際、両者は国務省長官を頼ることとなる。1574年2月15日付報告書[13]および同年8月2日付報告書[14]でヴァレンティはサン＝シスト枢機卿に対し、フォリーニョ統治官の司法権を否定し、裁判は管区統治官たる自分が所在するペルージャで行うべきだと主張したのだが、これに反発するフォリーニョ統治官が同じように枢機卿に働きかけ、上記の主張を撤回せざるを得なかった。また1574年8月20日付報告書[15]によれば、アッシジ統治官が自らの司法権をヴァレンティに妨害されたと枢機卿に報告しようとして、ヴァレンティのさらなる怒りをかっているが、この対立のためか、捜査は後手に回り、犯罪者は逃亡し、被害者の遺体は2日間も路上に放置されたままであったという。このように同じ管区内の統治官同士で司法権を巡る争いがあり、捜査や裁判に支障を来していた。

　司教や修道院の持つ司法権もまた、統治官の司法権と対立していた。ウンブリア管区南部のスポレートは司教代理が世俗裁判権を有しており、ヴァレン

ティはたびたびこれを非難している[16]。

　教会国家内に点在する教皇庁に直接従属していない諸地域には様々な種類があった。その中でも比較的広い領域を有し、国家組織が整備されていたのが、教皇庁によって与えられた爵位を持つ貴族が治める公国、侯国である。L.スコトーニは10カ国を挙げているが、それらを大別すれば、在地の有力貴族に爵位を与えてその領域を治めさせた場合と、教皇が自らの一族のために、時には軍事力を用いてまで獲得した領域とがあった。前者にはフェラーラ公国やウルビーノ公国があり、後者にはカスティリオーネ＝デル＝ラーゴ＝エ＝デル＝キウージ侯国やカストロ公国などがある。こうした「国家内国家」の地理的分布は、教会国家の周縁地域に集中しているが、しかし合わせれば全人口の20％を占める規模になる[17]。

　さらに、これら「国家内国家」とは別に各地の有力貴族、古くからの特権を保持し続ける封建領主たちは都市周辺に自らの領地を所有しており、多くの場合、財政的には教皇庁に従属しつつも、独立した司法権を与えられていた。こうした領域に関する研究はほとんどないが、例えば1709年の段階で、ローマ貴族たちの所有地140ヶ所が教会国家の各地に存在したという[18]。本章で扱うヴァレンティ報告書にも、ウンブリア管区内の様々な封建領主の名が散見されるが、彼らの領地では統治官は司法権を持っていない[19]。

　以上のように、教会国家内の司法権の管轄区分は、教皇庁から派遣されている統治官同士ですら明確になっておらず、さらに各地に点在する「国家内国家」や封建領主たちの領土によって、複雑に入り組んでいた。匪賊たちは諸地域にまたがって移動することで容易に官憲の手から逃れることが可能であり、その結果、被害は増大することとなった。ヴァレンティはこうした事態に対処すべく、管区間、国家間の協力を模索することとなる。

2　3地域合同匪賊掃討作戦の提案

　統治官ヴァレンティは犯罪者に対して常に厳しい態度で臨んでいた。報告書のあちこちで、犯罪者は必ず逮捕し、他者への見せしめとしなければならないと述べており、自らの拷問の効果が大きいことを誇らしげに語ったこともある[20]。

こうした態度は匪賊に対しても同様であった。

　ヴァレンティが管轄するウンブリア管区でも多くの匪賊が活動しており、統治官および警吏長（Barigello）の指揮の下、日常的に取り締まりが行われていた。例えば1575年３月18日付の報告書[21]によれば、ウルビーノ公国の都市グッビオとの境界付近へ派遣された警官隊が、火縄銃と剣で武装した３人の男たちと銃撃戦となり、このうち２人を逮捕した。両人とも怪我をしているため拷問にかけることができないが、うち１人はウンブリア南部のスポレート出身であるピエトロ＝ディ＝ジョバンニ＝レオンチーニであることが判明しているため、スポレートに係官を派遣して情報収集し、自らの司法権の下で罰を下すと述べている。その調査結果が報告されている同月21日付の報告書[22]によれば、レオンチーニは「18から20件のひどい悪事を犯しており、これらすべてと、彼の様子や発言に接するにつけ、まだ18歳にはとても見えない」人物であるという。さらに同月28日の報告書[23]では、教皇の許可が下り、レオンチーニの傷が癒え次第、ペルージャで裁判が開始されることが記されている。残念ながら、史料が存在しないため裁判の結果は不明であるが、ヴァレンティの日頃の言動から鑑みて、厳罰に処されたであろう。

　フォージの研究でも指摘されていたが、匪賊対策の問題点のひとつに、彼らの移動性の高さが挙げられる。そのため、各地の統治官らは互いに連絡を取り合い、犯罪者の逮捕、移送のために協力し合っていた。ヴァレンティがローマ統治官に逃亡した犯罪者の逮捕を依頼した例[24]や、逆にある人物を逮捕し、ローマの異端審問所へ送還するように命ぜられた例[25]がある。

　匪賊たちの行動範囲は教会国家内にとどまらず、国境を越えて周辺諸国へと広がっていた。1574年３月22日付の報告書[26]には、殺人の罪でトスカナ大公国から追放された犯罪者がペルージャで殺人と誘拐未遂の罪で逮捕されたので、大公の下へ送り返すことに決定したことが報告されている。ヴァレンティはその理由を、以前に大公がペルージャの犯罪者を逮捕しては送ってきてくれたためと説明している。同年６月７日付の報告書[27]ではウルビーノ公国から逃亡した匪賊の逮捕を公爵から依頼されたことが報告されている。ここでヴァレンティはウルビーノ公を「聖なる教会で、もっとも敬虔な封建領主」であると賞賛しているが、それは公が過去に犯罪者の逮捕や引き渡しに協力し、ヴァレン

115

ティが依頼したことすべてを実行してくれたからである[28]。また1575年4月27日付の報告書[29]には、ウンブリア南部の都市ヴィッソの市壁外にかかる橋の取り壊しを命じたことが報告されている。なぜなら「ナポリ王国や山岳地帯の匪賊たちがよくここを通過し、税関を逃れた物品もよく通過する」ことを憂慮したヴィッソのコムーネが、ヴァレンティに対策を請願してきたためである。

このように、匪賊たちはひとところにとどまることなく頻繁に移動し、当局の追求から逃れていた。そのため、ヴァレンティは各地の宿屋などに間者を配し、出入りする人々を記録させていた。先に挙げた1574年3月22日付の報告書に登場するトスカナ大公国出身の犯罪者は、その所在を間者によって当局に通報されているし、同様に、ローマ異端裁判所の命令を受けた同月26日付の報告書では、間者を宿屋に派遣するだけでなく、警吏長自らが客として紛れ込むといった捜査の有様が報告されている。

犯罪者たちは移動することで当局の追求から逃れていた。特にコンタード(都市コムーネが支配する周辺農村領域)で自立的な領土を有する封建領主たちの下に逃げ込めば、統治官などの司法当局は手が出せなかった。1574年8月20日付の報告書[30]によれば、アッシジで起きた殺人事件の犯人たちが、ペルージャ最有力貴族である「バリオーニ家の国の中へと、自分たちの物や財産を」持って逃げてしまったため、調査が滞っているという。こうした犯罪者たちは、フォージが指摘したような、封建領主の庇護下にある匪賊たちであったと推測される。この殺人もバリオーニ家の依頼によるものかもしれない。こうした封建領主と結びついた匪賊の取り締まりは困難を極めた。

また官憲の手が迫れば、境界を越えて他方へ容易に逃げることができるため、多くの匪賊たちが管区境界および国境付近に潜んでいたという。ウンブリア管区におけるこうした境界地域のひとつに、ウルビーノ公国、マルケ管区、さらに封建領主エットーレ＝ギジリエーリの所領ロッカ＝コントラーダと境を接する、サッソフェッラートがある。ヴァレンティの1574年2月15日付の報告書[31]には、サッソフェッラートに多くの匪賊たちが潜んでいるのは境界を越えて容易に逃亡できるためであると断言されている。そこでヴァレンティはウンブリア管区、マルケ管区、ウルビーノ公国の3地域合同による匪賊掃討作戦を提案した。彼は、枢機卿が同意すれば直ちにマルケ統治官およびウルビーノ公を説

得し、この事業によって「司法をあまり尊重しない、この村々に恐怖を与える」だろうと自信を示している。

しかし、枢機卿はこの提案を承認しなかった。2月26日付の報告書[32]では枢機卿の不同意に対して、「従う」とのみ記されており、ヴァレンティがどのような感慨を抱いたのかをうかがい知ることはできない。ただ次善策として、ヴァレンティはサッソフェッラートに武装した警備団を設置することを求め、のちに教皇の同意を得ている[33]。しかし、なぜ枢機卿は効果的だと思われるにもかかわらず、3地域による合同作戦を許さなかったのであろうか。あとで考察したい。

統治官は様々な匪賊対策を行っていたが、匪賊の逮捕は非常な困難が伴うものであった。犯罪者や匪賊は武装して、容易に移動、逃亡しながら、コンタードを中心に犯罪を重ねていた。確かにこうした現実は、フォージの主張通り、教会国家の司法能力の弱さを露呈しているように思われる。しかし犯罪の発生率や検挙率などの客観的な数量分析が不可能である以上、安易な判断を下すべきではないだろう。現時点で明らかなことは、教会国家の地方統治の任にあたる統治官は、頻発する匪賊行為に対してあきらめることなく対策に工夫を凝らし、時には成果を挙げることもあったという事実のみである。

3　統治官裁判による匪賊の発生

教会国家の匪賊たちはどのように発生したのだろうか。先に見たように、フォージは都市政府内の権力争いによって追放された貴族や有力市民が一時的に匪賊となったと主張している。ペルージャやウンブリア管区のその他の都市でもこうした事例はあったに違いないが、ヴァレンティ報告書では確認できない。しかし犯罪を犯した市民が、官憲の手を逃れて都市外に逃亡した事例が数多く報告されている。例えば1574年3月15日付の報告書[34]には、その数年前に傷害の罪を犯したあげく逃亡した男を、偶然にもコンタードで警官隊が発見し、格闘の末に彼を殺してしまうという事件が報告されている。その際、この男は手に持っていた斧で警官を攻撃している。また、同年11月19日付の報告書[35]よれば、やはり同じように傷害罪を犯して逃亡していた男を捕らえたところ、禁

止されていた火縄銃を所持していたという。報告書の諸処に些細なことから暴力事件に発展した事例を数多く確認できるが、ほとんどの場合で犯罪者は逮捕されることなく逃亡している。こうした逃亡者たちは欠席裁判によって有罪が確定してしまう[36]ため、刑を避けるために都市外に武装して潜み、さらなる犯罪を重ねることになったのであろう。

　では匪賊となったのは、凶悪犯罪を常習的に繰り返すような者たちだけだったのだろうか。1574年5月30日付報告書[37]は、ヴァレンティが自らの長年にわたる統治官職の経験をふまえて、あたかも統治における心構えを上司である若き枢機卿に教え諭すように記しており、ヴァレンティ報告書の中でも特異な性格を持つ。ここでヴァレンティは、匪賊の発生原因として、統治官による拙劣な法運用を挙げ、柔軟に対応することでこれを取り除くことができると提案している。少し長くなるが、重要な部分を引用しておく。

　「支配に関するいくつかの業務を多少経験してきた私が、枢機卿猊下によくよく伝えたいことは、今日、すぐに死刑判決を下す習慣があり、私はそれを悪いやり方であると思っているということです。……判決を下す際には、じっくりと検討する必要があります。なぜなら、軽い罪で死刑を宣告すれば、多くの場合、人は絶望し、盗みや殺人といったもっと悪い犯罪を犯し、都市や管区の不安の原因となるからです」。

　「私はボローニャにいた時、私の前任者がおよそ80人に対して死刑判決を下したことを知りました。そのうちの数人は秘密集会の疑いをかけられたのですが、この集会ではなんの過ちも犯されておらず、彼らはその後領域中を荒らし回ることとなりました。同様のことはロマーニャにいた時にも目撃しましたし、マルケの多くの匪賊たちもあまりにも簡単に死刑判決を受けたせいで、犯罪を行っています。……私は、こうしたやり方には良い効果はなく、むしろ悪影響をもたらすと考えます。殺人や極悪犯罪ではない事件の場合には、死刑を下すのではなく、またすでに司法当局の手の中にある事件の場合には、性急に司法判断を下すべきではありません。私なら、和解のために罰金を払わせる可能性を探ります。……こうして私は、大きな混乱を避けるために、そして教皇庁財務省に仕えるために、この管

区の平穏を保とうと注意しています。これはまた、すべてを司法に一致させようとするものでもあります。……結局のところ、こうした方策は匪賊をできるだけ減らそうというものであり、つまり殺人や悪巧みやその他の残忍な犯罪でなければ、幾ばくかの罰金を支払わせることにとどめようということです」。

　ヴァレンティは犯罪者には厳しい罰が必要であると考え、実践していた。犯罪者の逮捕や追跡を報告する際、ヴァレンティは繰り返し「恐怖」という言葉を用いている。前節の３地域合同の匪賊掃討作戦の提案は、より効果的に匪賊たちに「恐怖」を与える方策であった。別の事例として、1574年２月９日付の報告書[38]では「以前は善人が抱いていた恐怖を犯罪者が抱いています。なぜなら、すぐそばに罰が見えるからです」と述べ、同年11月22日付報告書[39]では「悪さをしようと思っていたこのうちの１人を拷問しました。同じような悪人たちへの恐怖と見せしめにするために、残りの者たちを捕らえるでしょう」と報告している。犯罪者を徹底的に取り締まり、見せしめとしての罰を下すことで、他の犯罪を抑制しようとするのがヴァレンティの統治における基本方針のひとつであった。

　しかし、この恐怖は無制限ではなく、対象は常習的犯罪者およびその予備軍に限るべきであるとヴァレンティは考えていた。無実の者はもとより、偶発的かつ単発的に軽微な犯罪を犯してしまった者であれば、厳罰はむしろ逆効果である。通常、犯罪を犯した者はすぐに逃亡してしまう。そこで欠席裁判において死刑判決が下されれば、被告人は郊外に潜み、匪賊や常習的犯罪者とならざるを得ない。安易に厳刑を科すのではなく、賠償金や罰金刑で済ませて当事者の社会復帰を促すことで、犯罪者化を未然に防ごうとヴァレンティは考えていたのである。このように、ヴァレンティは厳罰主義と柔軟な法運用を両立させることで、匪賊をはじめとする犯罪者を減らし、管区内の平和を創出しようとしたのである。

　問題はこうした合理的な統治方針が国家全体で幅広く行われていたわけではなかったということである。現実には各地で逃亡した被告人に対する欠席裁判が行われ、厳しすぎる判決が匪賊を生み出すこととなっていた。こうした匪賊

の発生原因は、地方都市側の状況を重視するフォージの研究ではほとんど触れられていないが、16世紀後半以降、国家全体に拡大していく統治機構が原因で匪賊たちが発生、増加していったのである。

4　司法取引の提案と撤回

　3地域合同の匪賊掃討作戦の提案は枢機卿に受け入れられない一方で、統治官裁判を含む様々な理由によって発生、増加する匪賊たちに対し、ヴァレンティは先に見たような対処療法的な対策をとるしかなかった。なるべく多くの匪賊たちを捕らえ、厳罰に処して見せしめとすることで他の匪賊たちの活動を抑制しつつ、柔軟な法運用で匪賊の発生原因そのものを取り除こうとする試みは、しかし即効性を持つものではなかった。

　ヴァレンティは匪賊を減少させるために、もっと効果的な方策を模索し続けたと思われる。というのも、1575年末にペルージャおよびウンブリア管区統治官の任期を終え、トーディ統治官を経て、マルケ管区統治官に就任していた1577年8月16日にヴァレンティの名で、教会国家全体に適用される対匪賊の一般布告[40]が公布されたからである。その内容は厳しい罰則を規定し、あらゆる人間が取り組むべき匪賊対策を明示するとともに、匪賊たちには仲間の名を当局に密告することで減刑を認めるという、いわば司法取引を認めたものとなっている。

　この一般布告の書き出しは、活発な匪賊の活動に憂慮した教皇が「聖なる教会に直接、間接に服属しているすべての国家における匪賊担当官に、尊敬すべきマルケ統治官モンテ＝ヴァレンティを任命した」となっている。すなわち、このときヴァレンティはマルケ管区統治官だけでなく、教会国家全体における匪賊担当官を兼任したのである。続いて、教皇の命令として、すべての人間が匪賊と対決しこれを撲滅するために努力すべきこととして、11段落にわたって様々な規則が記述されている。取り締まりの対象にはジプシー（Zengari）や放浪者といった人々も含まれている。裁判の結果、罰金刑が科せられた場合には、没収財産の「半分は教皇庁財務省に、残りの半分は告発者と執行者とで等分に分配される」と定めており、積極的な告発を推奨している。

最後の２段落では密告や名指しに関する詳細な条件が定められている。

「すべての者が匪賊退治に取り組まねばならないので、我らが主［教皇］は前述のモンテ＝ヴァレンティ閣下に、以下の場合のように名指しを認める職権を与えた。すなわち、生死を問わず、１人の匪賊を司法当局に引き渡した者は、たとえ匪賊であっても、罪が許されるだろう。ただし、もし両者の罪が同程度か［引き渡された者の方が密告者よりも罪が］軽ければ、さらにもう１人の匪賊の名を挙げるべきである。また、生死を問わず、１人の匪賊を司法当局に引き渡した者が、もし匪賊でなければ、同程度かより軽い犯罪を犯した匪賊の名をもう１人挙げるべきである。さらに、１人の匪賊を司法権力に引き渡した者が匪賊団の首領であるならば、［引き渡された者が］捕らえられるにせよ殺されていたにせよ、匪賊であるのなら、［匪賊団の首領の］罪は許されるが、上述の如く、さらに２人の匪賊の名を挙げるべきである。しかし警告せねばならないが、教皇聖下の小勅書にあるように、この名指しには例外がある。すなわち、ラヴェンナのジローラモ＝ラスポーニ、ペルージャのフランチェスコ＝フマイオーロ、カメリーノのアンソヴィーノ＝コンティ、マリアーノ＝ダ＝ボロニョーラである。かくの如く、教皇聖下はすべての者たちに約束し、示し、自身が持つ権限と小勅書の内容を確認する。

さらに、自分が犯罪者や匪賊ではあるが、匪賊たちに対して行動を起こすために、また司法の好意を受けるために、自分自身やその他の人間のための安全確保を望む者がいれば、教皇聖下は、裁判中の安全保障契約 (Saluicondutti) を認める権利を有することを表明する。このことによって、良い効果があるだろう」。（［　］内は筆者による）

この２つの条項は効果的な匪賊対策を目指したものであろう。まず、匪賊に自首を勧めている。刑罰を恐れて逃亡したために、やむを得ず匪賊となった人々にとって、この司法取引は社会復帰への好機と捉えられたはずである。名乗り出た匪賊が、罪を許される代わりにさらに別の匪賊の名を挙げることで、当局の追求は容易となり、効率的な匪賊退治が可能となる。こうした行為は匪賊か

121

ら見れば裏切り行為にあたるので、教皇の名において身の安全を保証することも明記されている。

　なぜ、ヴァレンティがこのような職務を兼任することとなったのか、史料がないため推測の域を出ないが、ヴァレンティ自らが積極的に教皇庁内の有力者に働きかけたのではないだろうか。教皇庁内の体制はヴァレンティのペルージャ統治官時代と変わっていない。かつてヴァレンティが提案したウンブリア、マルケ、ウルビーノ公国の3地域合同の匪賊掃討作戦を認可しなかった同じ教皇や枢機卿が、急に匪賊対策に積極的に乗り出したとは考えにくい。むしろ、匪賊撲滅に熱心であったヴァレンティが懸命に働きかけた結果であると考えたい。本布告の内容が匪賊に対する厳罰主義と柔軟な法運用との併用となっており、これはヴァレンティが以前から実践していた手法に通じていることもこの推測を補強してくれる。

　本一般布告が国家全体で実施されれば、それなりの効果を挙げることができたであろう。しかし同年11月21日付で公布された短い布告[41]によって、司法取引の部分は取り消されることとなった。

　　「教皇聖下がもたらす、我らが主の明瞭な命令とふさわしい尊敬を通じて、マルケ統治官モンテ＝ヴァレンティ閣下は本布告によって、1577年8月16日付の同者の布告において認めた名指しを、今後は取り消す。本布告の公布後、以前の上記布告の内容に約束されたことは行われない。間違いなく」。

　なぜ、僅か3ヶ月で名指しは取り消されたのだろうか。取り消しは教皇の名によって行われていることから、教皇もしくは枢機卿に働きかけ、方針転換させた人々の存在が想定される。例えば教皇庁内部に、匪賊に対しては強圧的に臨むべきだと考える人々がいたのかもしれない。しかし、このような司法取引は当時の教会国家では常套手段であった[42]。そうであれば、この件だけが妥協的態度とことさらに非難されたとは考えにくい。また管区統治官という要職にあったとはいえ、枢機卿のような高位聖職者でもなく、有力一族出身でもないヴァレンティが教会国家全体に効力を及ぼす権限を得ることに反対の声が上がった可能性がある。この後、同様の対匪賊担当官には、1580年にアレサンド

ロ゠スフォルツァが、1581年にはラティーノ゠オルシーニとジャコモ゠ボンコンパーニが、1583年にはジュリオ゠オンガレーゼが、それぞれ任命されているが、すべて枢機卿である[43]。しかし、それならばヴァレンティの権限だけを取り上げるか、もしくは担当官の職務を解任すればよい。名指し制度そのものを取り消す必要はないはずである。

となれば、働きかけは教皇庁外部から行われたはずである。すなわち匪賊と関係の深い地方貴族や封建領主層によってなされたのではないだろうか。

フォージの研究でも指摘されていたように、コンタードに自立的な封土を有する封建領主たちは匪賊たちを保護、利用し、時には自らが匪賊と協力、同化して、略奪や私闘といった中世以来の貴族的慣習の実践に明け暮れていた。彼らにとって匪賊は必要不可欠な存在だったのであり、その撲滅は受け入れがたかったのではないか。

こうした封建領主たちの反発の声を聞き入れたのは、教会国家の地方統治の責任者である、国務省長官サン゠シスト枢機卿であろう。本件と第2節で見た3地域合同の匪賊掃討作戦を却下したのは同じ理由、つまりサン゠シスト枢機卿が地方の封建領主たちとの協調関係を重視していたからではないだろうか。

サン゠シスト枢機卿とバリオーニ家との繋がりを示す逸話が1574年3月8日付の報告書[44]にある。バリオーニ家の当主アドリアーノが危篤状態に陥ったので、ヴァレンティが騒動を未然に防ぐためにバリオーニ家の領土内の都市スペッロに司法権を持つ役人を派遣したところ、内部干渉であると抗議、拒否された。ヴァレンティは良かれと思ってしたことであると、先手を打って枢機卿に弁解している。また、同月8日付の報告書[45]にはアドリアーノが死去し、枢機卿が個人的な使者を派遣したことが記されている。このような教皇庁内の最有力者と地方の封建領主との繋がりは国家全体に広がっていたと思われる。

このような人的結合関係は相互に利益をもたらすものであった。バリオーニ家は自領地で生産されるオリーブ油の販売に関する特権をサン゠シスト枢機卿から得ていたし、一族の成員が逮捕された際には、釈放を求めて枢機卿に繰り返し嘆願書を送り、枢機卿もそれに応えてヴァレンティに働きかけを行っている[46]。枢機卿側にしてみれば彼らの支持と忠誠を得ることで、一方で自らの教皇庁内の権力基盤を確固たるものとし、他方で国家の安定を得ることができた

であろう。

　教会国家内には多くの「国家内国家」や封建領主の自治的所領が点在し、彼らとの強調関係なくしては国家の存続は困難であっただろう。そのため、サン＝シスト枢機卿にとっては、匪賊の取り締まりよりも、彼らとの結びつきを保つことが優先事項だったのではないだろうか。

おわりに

　教会国家全土にはびこる匪賊たちに対し、統治官は無為無策であったわけではない。ペルージャ統治官モンテ＝ヴァレンティは、各所に間者を配し、コンタードで警官隊を巡回させ、匪賊を捕らえては見せしめとして厳しく罰した。教会国家内の他の統治官や司法当局、さらには周辺諸国と協力し合って、自由に移動する匪賊に対抗した。こうした努力も、匪賊と地方有力者との強い結びつきや、教皇庁内の有力者の消極的姿勢によって妨害され、徹底した取り締まりを実施することはできなかった。

　また、統治官の厳しすぎる司法判断が匪賊の増大につながっていたことも確認できた。ヴァレンティはその弊害を認識し、教皇庁の最有力者に指摘したが、改善されることはなかった。そして16世紀後半以降、管区統治官の重要性が低下する一方で、都市に派遣される統治官の数が増えるにつれ、ますます匪賊たちの数も増えていったことであろう。

　これを単純に教会国家の司法能力の欠如と結論づけることは、匪賊による犯罪の発生回数や検挙率の推定、さらに他地域との比較検討が行われていない以上、早急に行うべきではない。事実、教会国家は紆余曲折を経つつも、300年以上にわたって存続するのである。匪賊が自由に暴れ回り、これに対応しきれない国家がそれほど長く存続できるだろうか。各地の統治官は様々な困難に直面しつつも、匪賊に対してねばり強く戦い続け、ある程度の成果を挙げていたと考えたい。

　しかし、統治官による匪賊対策は局地的なものであり、国家全体を統括する教皇権にはまた別の方策があった。そもそも教皇権は、各地で半ば自治的な領土を持つ地方有力者と結びついた匪賊たちを根絶しようと、もしくはそれが可

能であると考えていただろうか。むしろ教皇権は、地方の有力者や封建領主たちと結びつくことで、匪賊たちの活動を統制し、より相対的な安定を目指していたのではないか。そのために、時の教皇の甥であり、教皇に代わって世俗統治に責任を持つ枢機卿である国務省長官が、彼らとの人的関係を保持し、その要望に最大限応えていたのではないか。これは従来、指摘されるだけであったネポティズモの国家的広がりの具体的事例と言えるだろう。教皇権がとったこの対策は、自らが派遣した統治官の政策を妨害すらするのであるが、全体的には国家に長期的安定をもたらしていた政策であったと考えたい。

註(1) 高澤紀恵「近世パリ社会と武器」二宮宏之・阿河雄二郎編『アンシアン・レジームの国家と社会』山川出版社、2003年、101-130頁。

(2) 本論では史料中にbanditiと表現されている人々に匪賊という訳語をあてた。なぜなら、地理的、機能的限定がなく、「徒党を組んで悪事をはたらく者たち」「追放者」というbanditiの原義にもっとも近い用語であると考えるからである。

(3) G.プロカッチ（斎藤泰弘・豊下楢彦訳）『イタリア人民の歴史Ⅰ』未来社、1984年、269頁。

(4) F.ブローデル（浜名優美訳）『地中海（普及版）Ⅲ』藤原書店、2004年、133-168頁。

(5) プロカッチ、前掲書、265-271頁。

(6) Prodi, P., *Il Sovrano Pontefice*, Bologna, 1982.

(7) Caravale, M., Caracciolo, M., *Lo Stato Pontificio da Martino V a Pio IX*, Torino, 1978, pp.343-346.

(8) Fosi, I. P., *La societa violentà −Il banditismo nello Stato pontificio nella seconda metà del Cinquecento−*, Roma, 1985

(9) Chiaccella, R., 'Conclusioni (seconda parte)', *Archivi per la Storia*, 13, 2000, pp. 273-278.

(10) Valenti, T., 'L'Epistolario di Mons. Monte Valenti da Trevi, Governatore di Perugia e dell'Umbria (1574-1575)', *Bollettino della Deputazione di Storia Patria per l'Umbria*, 32, 1934.（以下Epistolarioと略）モンテ＝ヴァレンティの経歴、および同報告書の内容に関しては以下を参照。拙稿「一六世紀教皇国家における地方統治—ペルージアの統治官モンテ＝ヴァレンティの報告書を手がかりに—」『史学研究』231、2001年、61-79頁。

(11) 歴代ペルージャ統治官が公布した布告はすべてペルージャ国立公文書館 (Archivio di Stato di Perugia、以下ASPと略) *Editti e Bandi*と名付けられたシリーズに収められている。教会国家の布告に関しては以下を参照。拙稿「一六世紀「教

会国家」の統治官と布告」『史学研究』238、2002年、1-20頁。
(12) Reinhard, W., 'Papal Power and Family Strategy in the Sixteenth and Seventeenth Centuries', in Asch, R. G., Birke, A. M. (eds.), *Princes, Patronage, and the Nobility*, New York, 1991, pp. 329-356.
(13) Epistolario, pp.18-19.
(14) Epistolario, pp.71-72.
(15) Epistolario, pp.80-81.
(16) 本章2参照
(17) Scotoni, L., *I Territori Autonomi dello Stato Ecclesiastico nel Cinquecento*, Galatina, 1982.
(18) San Martini Barrovecchio, M. L., 'Gli archivi dei <governatori> baronali dello Stato pontificio', *Archivi per la Storia*, 4, 1991, pp.339-346.
(19) 本章2参照
(20) 拙稿「一六世紀教皇国家における地方統治」、76頁。
(21) Epistolario, pp.165-166.
(22) Epistolario, p.167.
(23) Epistolario, p.170.
(24) Epistolario, pp.11-12.
(25) Epistolario, p.30.
(26) Epistolario, p.30.
(27) Epistolario, pp.50-51.
(28) これらの報告書からは、ヴァレンティとトスカナ大公やウルビーノ公との緊密な協力関係が伺えるが、こうした犯罪者の送還や交換がどの程度の数、頻度で行われたのかは不明である。ブローデルは当時の国家間における「犯罪者引き渡しはきわめて稀」と述べているが（ブローデル、前掲書、152頁）、匪賊の活動が国家を越えて広がっている以上、隣国との協力がそれなりに行われたのではないだろうか。例えば、フォージが報告するカテーナの事例では教皇グレゴリウス13世はナポリ副王の軍事協力を受けている。Fosi, *op. cit.*, pp.112-118.
(29) Epistolario, p.195.
(30) Epistolario, pp.80-81.
(31) Epistolario, pp.15-16.
(32) Epistolario, p.19.
(33) Epistolario, p.22.
(34) Epistolario, p.23
(35) Epistolario, pp.122-123.
(36) 教会国家では、欠席裁判は被告が罪を認めたものとして合法的に行われた。拙稿「一六世紀「教会国家」の統治官と布告」、10頁。
(37) Epistolario, pp.47-49.

(38) Epistolario, pp.11-12.
(39) Epistolario, pp.124-125.
(40) ASP, *Editti e Bandi*, 8, 10. 本布告は40cm×30cmほどの大きさの紙に活版印刷されており、「尊敬すべきモンテ＝ヴァレンティ閣下の一般布告。マルケ統治官であり、聖なる教会国家全体における我らが主の対匪賊担当官。他の匪賊たちを退治するために、匪賊たちが名指しし、証言することを許可する権限を有する」という題目の直下には、三重冠を戴く龍という教皇グレゴリウス13世の紋章が描かれている。
(41) ASP, *Editti e Bandi*, 8, 11.
(42) ブローデル、前掲書、155頁。
(43) Caravale, M., Caracciolo, M., *op. cit.*, pp.346.
(44) Epistolario, p.21.
(45) Epistolario, p.22.
(46) 拙稿「一六世紀教皇国家における地方統治」、70-78頁。

税関連上訴に見る16世紀ヴェネツィア共和国の中央政府・地方都市・農村地域

中 平　　希

はじめに

　13世紀初頭の第4次十字軍を契機にして勢力を伸ばしたヴェネツィア共和国は、15世紀までには、地中海の東西を滞りなく往来するための海上支配圏を作りあげた。ヴェネツィアの支配は、商業拠点としての港だけでなく、クレタやキプロスといった広い土地を持つ島々にも及び、小麦栽培や砂糖のプランテーション栽培が行われた。そのため近年では、ヴェネツィアの海上支配圏を初期の「植民地帝国」として検討する研究も始まっている[1]。

　海上帝国を築いたヴェネツィア共和国は、同じく15世紀にイタリア内陸でも領土を拡大していた。15世紀初頭の領土拡大は、周辺諸国との偶発的な戦争や外交の結果であり、共和国が当初から「帝国」政策を持っていたとは考えにくい。しかし、いずれにせよヴェネツィアは、1420年までに、ヴェネト地方を中心として、東はオーストリア公領と境を接するフリウリ地方、西は隣国の首都ミラノに近いロンバルディア地方の東半分に至る広い領域を支配下に納めたのである。1454年に締結されたローディの和約は、イタリア戦争までの平和の礎になるとともに、ヴェネツィアが15世紀初頭に新たに手にした領土を周辺諸国に承認させる役割を果たした。この内陸領は、当時、海上帝国を意味した「海の国（Stato da mar）」に対応して「陸の国（Stato da terra）」と呼ばれ、18世紀末の滅亡まで共和国の一部になった。現在は、研究上のタームとして「テッラフェルマ（Terraferma）」と呼ばれている。海に対する陸を意味する語である。

　しかし、テッラフェルマの重要性は、長らく等閑視されてきた主題であった。ヴェネツィア貴族の伝統的思想は、海上商業国家の栄光を重視するあまり、内陸領を軽視する傾向があったからである。また、近代に至っても「海の共和国」

という神話は消えず、ヨーロッパ経済の一大勢力としてのヴェネツィアの衰退という文脈で、海上覇権の喪失と土地投資への資本流出との関係に焦点が当てられた結果、テッラフェルマ支配は海上勢力ヴェネツィアの繁栄を阻害した要因であり、衰退の原因だったと見なされてきた。

また、近代イタリアが、19世紀に国家統合を成し遂げて以来、新たに創出すべき国家のモデルを歴史研究に求めたことも原因の1つだろう。そのためイタリアにおける歴史研究は、中世のコムーネ時代の研究に国家の礎を求めるか、あるいはイタリアはなぜ近代化に失敗したのかという問題設定のもとに、中央集権化の阻害要因を探ることに主眼をおいてきた。20世紀半ばにヴェネツィア共和国にとってのテッラフェルマ支配の意義に初めて注目したM. ベレンゴやA. ヴェントゥーラの研究は、ヴェネツィアの支配が旧来の現地支配層である都市貴族を支援して民衆を政治から排除する一方で、現地支配層の中央政府への参加を認めずに服属都市から次第に権力を剥奪したこと、しかも現地支配層の体制そのものは残存したために国家の中央集権化を果たせなかったことをあきらかにし、それまで流布していた「ヴェネツィア神話」[2]を論破した画期的な研究だった。しかし「イタリアの近代化失敗の原因を探る」という問題意識においては、従来の方向性を踏襲したものでもあった。

しかし1980年代以降、16世紀から18世紀に至る近代初頭のイタリア諸国を、「中央集権化に失敗した」のではなく、中央にも地方にも複数の核をもち、それらがバランスをとりつつ機能した、独自の権力システムを持つ複合国家として捉えようとする新たな試みが進んでいる。ロンバルディア地方を対象としたG. キットリーニの研究に触発され、ヴェネツィア共和国のテッラフェルマについても、J. S. グラブ、M. クナプトン、J. M. フェッラーロ、A. ヴィッジャーノ、S. ザンペレッティらによって研究が進められており[3]、現地での権力構造や、現地支配層と中央政府との関係などがあきらかにされつつある。同時に海上帝国の研究も進んでおり[4]、ヴェネツィア共和国を、孤立した都市国家としてではなく、地中海にもイタリア内陸にも領土を持ち、各地域との関係によって成り立っていた領域国家として捉えなおす試みが、進展しているのである。

本章では、そうした視点に立って、財政面でヴェネツィア共和国にとってのテッラフェルマの重要性を位置づけ、各地から中央政府に送られた税関連上訴

案件をもとに、テッラフェルマの服属都市やその支配下にあった農村地域と、中央政府との関係の一端をあきらかにしたい。後述の通り、テッラフェルマは16世紀以降、ヴェネツィア共和国財政において大きな税収をもたらした重要地域であった。それゆえ、テッラフェルマでの税徴収は中央政府にとって大きな関心事であり、また、常に中央と地方、あるいは地方内部での対立の大きな原因になったはずである。そして上訴という法的手段に注目することは、中央政府から派遣されて地方統治に当たるヴェネツィア人統治官という通常の行政ルートとは別に存在した、中央と地方との関係を解明する手がかりになるだろう。

1 領域国家ヴェネツィアの税制と領域支配

(1) 首都・海上領土・内陸領

　15世紀以来、領域国家となったヴェネツィアの地域構成要素は、大別して3つであった。首都ヴェネツィア（ヴェネツィア市、湾岸地域、内海の島々）、海上領土(ドガード)（アドリア海と東地中海の商業基地と領土）、イタリア内陸領テッラフェルマである。

　これらの3地域をヴェネツィア共和国財政収支で比較すると[5]、1500年の共和国収入の場合、最大の収入源は首都からの税収であった。これが総収入の54％を占める。その内訳は、商業にかかる間接税収入が38％、塩税関連収入が25％、直接税収入が25％で、全体の約4割が商業中心地としての首都の機能から得られた収入であった。これに対して、首都に次ぐ税徴収地だったテッラフェルマは共和国総収入の29％をもたらしたが、海上領土からの収入は全体の17％に過ぎなかった。

　これと比較して1582年の共和国収入を検討すると、総収入に占める首都収入の割合の減少と、テッラフェルマ収入の増加が見て取れる。首都収入が総収入の42％、テッラフェルマからの収入が41％で、双方で共和国総収入の8割を占めた。これに対して海上領土からの収入の割合は、さらに減少して全体の15％である。首都収入の内訳を見ると、商業にかかる間接税からの収入は49％に増加したが、1500年の場合も1582年の場合も、共和国総収入に対する割合は約20％であり、その重要性に大きな変化はない。共和国総収入に対する首都の直

接税収入の割合も、1500年に14％、1582年に16％でほぼ横ばいである。首都収入のうち、減少したのは塩税関連収入であった。16世紀はヨーロッパ各国で財政規模が拡大した時代であり、同時期のインフレーションの影響もあって、ヴェネツィア共和国の収入も1500年の1,145,580ドゥカートから1582年の3,317,906ドゥカートへと3倍近く増加したが[6]、実際の金額が減少したのはこの項目だけである。

この減少分と海上領土からの収入減少分を埋め合わせて、大きな伸びを示したのが、テッラフェルマからの収入であった。また、支出面で検討しても、1500年の共和国総支出におけるテッラフェルマの割合は、首都への支出が45％、海上領土への支出が38％だったのに対して17％であるし、1582年にはいっそう少なくなった（首都41％、海上領土36％、テッラフェルマ11％）。テッラフェルマからの税収が共和国総収入の4割を占めていたにもかかわらず、共和国がテッラフェルマのために支出した金額は総支出の1割に過ぎないのである。したがって、テッラフェルマからの税収は、共和国の財政を支え、さらには支出のかさむ海上領土を維持し続けるためにも用いられたはずである。テッラフェルマは、これまでもヨーロッパ各国への陸上商業路・原料供給地・市場として、首都の経済にとって重要な地域であったが、それに加えて16世紀には、税徴収地としても重要になったのであった。

(2) テッラフェルマにおける統治構造と徴税

このテッラフェルマで、税はどのように徴収されていたのだろうか。

テッラフェルマは行政上、15の地域（プロヴィンチア）(provincia)で構成されていた[8]。これらの地域（プロヴィンチア）は15世紀の征服の際に、現地の既存の政治体制をそのまま取り込んだものであった。北・中部イタリアでは、13・14世紀の間に小都市コムーネが周辺農村地域を含めて有力な都市コムーネの支配下に組み込まれるという領域再編がなされた[7]。テッラフェルマにはパドヴァ、ヴィチェンツァ、ヴェローナ、ブレシア、ベルガモといった有力都市があり、これらを中心とした政治構造は征服以前から現地に存在したのである。これらの都市を中心とした15の地域（プロヴィンチア）が、個別に条約を結んでヴェネツィアに服属したのがテッラフェルマであり、中央政府は15の地域中心都市にヴェネツィア人統治官（rettore）を派遣した。

行政長官（podesta）や司令官（capitano）、施政官（provveditore）と呼ばれるこれらの統治官が、現地での行政機関の長であり、最高裁判官である。さらに各地域内の重要拠点にもヴェネツィア人統治官が派遣されたが、彼らは地域中心都市駐在の統治官の下位にあった。これらを合わせると、中央から派遣されるヴェネツィア人統治官は73職になる[9]。しかし、彼らの下で実際に行政を行ったのは、従来通り、現地の市議会と市民が就任する官職であった。また、都市の周辺に広がる農村地域は、地域ごとにいくつかの農村地域区に分けられるが、これを統括するのは下位のヴェネツィア人統治官の場合と、地域中心都市の市議会が選出した代官の場合とがある。両者の割合は地域によって様々だが、トレヴィーゾ領やパドヴァ領といった首都の近隣地域ではヴェネツィア人統治官が多かったのに対して、それ以外の地域では市議会の代官が多い傾向にあった。なお、都市共同体と農村共同体との区分は必ずしも明確ではないが、本章では、前述の15の地域中心都市を「都市」、それ以外を小都市も含めて「農村共同体」と定義する。

　テッラフェルマで課された税は大別して2種類ある。1つは様々な商品の流通に課税される間接税（dazi）であり、その性格上、経済活動の中心である都市で徴収される傾向があった[10]。徴収方法は、税種ごと・地域ごとの請負制である[11]。もう1つが直接税（gravezze）であり、資産査定に基づく割当税として、都市と農村地域の双方から徴収された。直接税の税額を割り当てるための資産査定とその台帳をエスティモ（estimo）という。地域全体を対象とした総資産査定台帳の作成を行うのは現地市議会で選出された資産査定官である。

　このように、テッラフェルマはヴェネツィア共和国財政にとって重要な地域だったにもかかわらず、中央政府はわずかな人員を統治官として各服属都市へ派遣するのみで、現地での行政・司法・徴税業務の大半は、征服以前から各地域の政治的中心であった地域中心都市の制度や組織に委ねたままであった。イタリア戦争に次いで、イタリア諸国の多くがハプスブルク家の支配下に入っていく状況のなかで、ヴェネツィア中央政府は様々な政治上、司法上、税上の特権を各服属都市に認めることで、各地域をヴェネツィア支配圏に留めておこうとしたのである。

132

2　税関連上訴を扱う中央政府機関

(1)　元老院十人サーヴィ委員会

　司法の面で見ると、テッラフェルマにおける刑事・民事の最高裁判権は、公的にはヴェネツィア中央政府にあった。地域(プロヴィンチア)によっては、現地市議会の法廷が最高裁判権に匹敵する権限をもつ場合もあったし、農村地域では現地市議会選出の代官が裁判を行ったが、現地における最高裁判官は中央派遣のヴェネツィア人統治官である。そしてさらにその判決に不服がある場合には、中央政府の法廷に上訴するという手段が残されていた。権限が重複する多数の機関が交錯していたヴェネツィア中央政府では、上訴裁判所となりうる機関も複数存在した。本章ではその1つ、元老院(セナート)の下部組織である「元老院十人サーヴィ委員会（Collegio dei X Savi del Corpo del Senato）」が扱った上訴案件を史料として検討する。これは、テッラフェルマから中央政府に提出された上訴のなかでも、特に税関連案件の審理を行う司法機関として、1529年に設置された委員会である[12]。

　当時、ヴェネツィア中央政府は、テッラフェルマへの直接税として、新たにスッシディオ（sussidio）税の課税をはじめていた[13]。新税導入が契機となって、テッラフェルマでは農村地域住民が現地都市の市民に対して税負担率の是正を求める論争が巻き起こった。各地で税を巡る係争が増加し、その結果、中央政府に寄せられる上訴もまた増加した。テッラフェルマでの課税と徴税を巡る問題は当時の重要課題であり、この委員会の設置はその要請に応えるものだったのである。

　15世紀末から16世紀初頭にかけて、ヴェネツィア中央政府は統治の効率化を目指した行政改革を模索し、様々な問題を分野横断的に扱ってきたそれまでの政府機関とは別に、特定分野専門の機関を積極的に新設した[14]。新領土の税関連上訴を専門とする委員会設置もこの政策の一環である。中央政府内に職掌の重複した多くの司法職が併存するなかで、元老院十人サーヴィ委員会の特徴は、税関連上訴という特定分野に特化したことだった。テッラフェルマからの税関連上訴は、総理府(シニョリア)や元老院(セナート)など他の上位機関にも審理する権限があるが、この委員会が唯一の専門機関である。この委員会設立は、テッラフェルマの税問題

133

について処理の効率化を目指した、中央政府の意図の現れだったのである。

　委員会の構成人数は、常任委員が10名で、任期は当初6ヶ月だったが、後に4ヶ月に短縮された。上訴案件の重要性に応じて、ゾンタと呼ばれる非常任委員が5名から30名加わることがある。委員たちは、中央政府の他の司法職と同様に、法律の専門家ではなく、政治組織である元老院(セナート)での互選によって選出された。司法職就任者が必ずしも法律の専門知識を有していないというヴェネツィア司法の特徴は、テッラフェルマの慣習に反するものである。テッラフェルマでは司法職のみならず、官職就任者全般の法学知識を重視し、多くの都市政府で、その都市の法律家組合や公証人組合に所属していることが官職就任の条件だったからである。しかしヴェネツィアでは、元老院(セナート)で経験を積んだ人物が就任することで、司法機関もまた、政治課題への認識を他の政治家たちと共有し、政治的判断ができる点が重視された。中央政府が地方に対して課す税という政治性の高い分野であればなおさらである。この委員会は、元老院(セナート)の権限と意向をもって上訴案件を審理したのである。

　委員会の活動は、毎週3回の会合に出席し、委任を受けた上訴を審理し、判決を下すことだった。会合ではまず、3名の議長たちが所定の規定にしたがって訴訟を取りあげる。次に、訴訟当事者本人または訴訟代理人とその弁護士、当該案件に関わる役人の代理人や財務弁護士（Avvocati Fiscali）が、問題の案件について各自の言い分を主張し、口頭弁論を行う。財務弁護士とは、税関連の係争において国家側に立ち、国家収入に損害を与える不正行為を監視する役職である[15]。税関連裁判の特徴であろう。こうして双方の当事者が口頭弁論を行い、証拠書類を提出し、議論が終了すると、委員たちはいかなる判決を下すのかを話し合い、投票を行う。判決は出席委員による多数決で決定された。

　この委員会がヴェネツィア中央政府機関として大きな重要性を持ったのは、16世紀後半であった[16]。テッラフェルマの税関連上訴のための専門機関として設立されたこの委員会の職掌に、この時期、関連分野を扱う他の中央政府機関の判決に対する上訴が付加される[17]。また、特に複雑な税関連案件について、元老院(セナート)、総理府(シニョリア)、十人委員会(コンシリオ＝ディ＝ディエチ)から個別に委任を受けて、特別裁判所の機能を果たすこともあり、この種の委任は16世紀後半に急増した。こうした決定は、この委員会の職掌をテッラフェルマに限定せず、税関連訴訟全般を扱う専門裁

判所として機能させようとした政策だと考えられる。1619年の元老院(セナート)決議は、この委員会の非常任委員制度を廃止して常任委員数を20名に増員する改革を行った。これは様々な規則を定めてその後の組織の基礎を築いたもので、当時の委員会の重要性を伺わせる。しかしその後、この委員会は次第に特徴を失い、他の上訴裁判所との大きな差異は見られなくなっていった。

(2) 史料について

元老院十人サーヴィ委員会の史料は、ヴェネツィア国立文書館（Archivio di Stato di Venezia）に、「元老院の十人、後に二十人サーヴィ委員会（Collegio dei dieci poi venti savi del corpo del senato)」という名称で全213箱（busta）のマニュスクリプトが保管されている。史料群全体については、1977年にG.タンバが整理し、目録を公刊した[18]。本章で扱うのは、このなかの「spazzi」と呼ばれる史料のうち1590年から1592年の3年間の記録である。「spazzi」とはヴェネツィアの司法用語で「上訴審判決」を意味する。この時期を選んだのは、史料の残存状況が安定し、かつこの委員会が最も活発に活動していた時期に当たるからである。

1590年から1592年までの3年間について、上訴審判決史料は、合計156通あり、そのうち1590年の文書が90通、1591年が35通、1592年が31通ある[19]。3年間のうち、「判決」にあたる文書が53通と裁判日時を定めた決定が1通あり、これらに連なる一連の文書を1訴訟案件と考えた。同一内容の判決が2通重複する2件を除いて、全訴訟案件数は52件である。

3 上訴の訴訟内容と中央政府の対応

(1) 地理的分布

この委員会の本来の設立目的であるテッラフェルマからの上訴は、上訴案件全体の約80％である。1件を除き、他はすべて1つの地域(プロヴィンチア)に関する案件で、地域間の訴訟は見られない[20]。その内訳は、最も多いトレヴィーゾ領が10件、次いで多いパトヴァ領が7件、ブレシア領7件、ベルガモ領4件、ヴィチェンツァ領4件、フリウリ領3件、ヴェローナ領2件、その他5件である。特に多

いのは、首都に近接するトレヴィーゾ領とパドヴァ領からの案件であり、これら2地域(プロヴィンチア)の案件数は、テッラフェルマ案件数の40％を占めている。また、逆に首都から遠く離れ、ミラノとの国境地帯にあるブレシア領とリヴィエラ＝ブレシアーナ領およびベルガモ領の合計は約30％であり、それに次いで多い。同じく国境地帯として西のフリウリ領を加えると、国境地帯からの訴訟案件数は全体の36％を占める。これに比べてヴェローナ領やヴィチェンツァ領その他の中間地域(プロヴィンチア)は、合計しても24％である。つまり、首都に隣接する地域が最も熱心に税関連訴訟への中央政府の介入を求め、ついで、逆に遠方の国境地帯の諸地域(プロヴィンチア)も介入を求める傾向にあった。

(2) 訴訟当事者

　中央政府に税関連上訴を持ち込んだのはどのような人々だったのだろうか。1590年から92年までの3年間の上訴案件52件の訴訟当事者を6項目に分けて検討しよう。
　まず第1の当事者は、ヴェネツィア中央政府機関である。これには統治官とその役人も含まれる。第2にテッラフェルマの服属都市と都市役人、第3に個人名があがっている場合であり、これはその個人がテッラフェルマ現地の人物の場合とヴェネツィア人の場合とを分けた。テッラフェルマ人は、ほとんどの場合、名前や訴訟内容から現地の有力者だったと思われ、そのなかには封建貴族や現地市民も入っている。また海上領土からの上訴が2件あり、当事者はクレタ島とイストリアの人物であるが、便宜上この項目に分類した。第5が農村共同体である。最後にこれらに当てはまらない当事者をその他とした。そのなかには聖職者、手工業者組合や商人といった都市内の団体、物乞いらが含まれている。
　これらの上訴案件のなかで、訴訟当事者として圧倒的に多く登場するのは農村共同体であった。登場回数はのべ39回で、2番目に多いテッラフェルマ有力者の19回と比較すると2倍以上である。また、原告としての案件を比較するなら4倍である。中央政府とその役人や、テッラフェルマ都市と都市役人は、訴訟当事者になる場合は多いが、原告になった場合は少ない。特に中央政府機関が当事者となった案件のうち、過半数の8件はテッラフェルマとは無関係であ

税関連上訴に見る16世紀ヴェネツィア共和国の中央政府・地方都市・農村地域

表1 税関連上訴案件の訴訟当事者（1590～1592年）

		被告							
		V中央政府・役人	TF都市・役人	私人（TF人）	私人（V人）	農村共同体	複数の農村	その他	原告案件数
原告	V中央政府・役人	1	0	0	0	0	0	0	1
	TF都市・役人	0	0	0	0	0	1	1	2
	私人（TF人）	1	0	0	0	2	2	2	7
	私人（V人）	4	2	0	0	0	0	0	6
	農村共同体	2	2	10	0	1	0	1	16
	複数の農村	0	4	1	1	3	0	3	12
	その他	6	2	1	0	1	1	1	12
	被告案件数	14*	10	12	1	7	4	8	

Archivio di Stato di Venezia, *Collegio dei dieci poi venti savi del corpo del senato*, busta 31より作成。
V＝ヴェネツィア、TF＝テッラフェルマ
*14のうち8件はテッラフェルマとは無関係の案件
計52件の上訴案件を分析したものであるが、1つの案件につき、原告が2つのカテゴリにまたがる場合が2件、被告が2つのカテゴリにまたがる場合が2件あるため、案件数の合計は52とは一致しない。

り[21]、これらを除いた6件がテッラフェルマの税を巡って、中央政府機関やヴェネツィア人統治官の下した判決や措置を不服として上訴された案件である。

　さて、中央政府を除けば、最も多くの案件で被告として登場したのは、テッラフェルマの有力者であった。特に農村共同体を原告とし、テッラフェルマの有力者を被告として行われた案件が最も多い11件である。また、被告・原告双方を合わせると、農村共同体とテッラフェルマの有力者との係争は15件にのぼる。全52件の約30％である。次に多かったのは、テッラフェルマの地域中心都市・都市政府の役人と農村共同体との係争で、すべて合わせて7件であった。

　それではなぜ、農村共同体が多くの上訴案件の原告となったのだろうか。中央政府に上訴が提出される前に、テッラフェルマ各地で行われた原審が、個々の農村共同体や農村地域区での裁判から始まって地域中心都市での裁判に至るまでの間に何回行われたのかを、この史料から読み取ることはできない。しかし、いずれにせよ現地で行われた裁判のうち、最高位の裁判所は各地域（プロヴィンチア）の地域中心都市にあった。そしてその法廷における最高裁判官はヴェネツィア人統治官であったが、現地の事情と都市条例（スタテュート）に詳しくないヴェネツィア人統治官に法的な助言を行う補佐役は、現地都市エリート層の出身者である[22]。さらに、

137

農村地域区の多くには市議会で選出された市民が代官として派遣され、裁判を行った。したがって、テッラフェルマの原審においては、都市側の利害を代表する人々の意見が通りがちだったと考えられる。また、直接的に都市や都市役人が訴訟相手でないとしても、農村共同体が最も多く訴訟相手とした現地の有力者たちは、都市支配層と何らかの関係を持つ場合が多かった。農村地域に所領を持つ封建貴族は、ヴェネツィア征服以前から、都市支配層とかなりの程度融合していたからであり、また、テッラフェルマ諸都市の市民は16世紀に所有地を大幅に増やして、農村地域の土地所有者となったからである。この委員会が担当した上訴案件の多くで、農村共同体が中央政府に提出された上訴の原告となったのは、訴訟相手と違って、彼らが現地の最高裁判所である地域中心都市の裁判所内に代弁者を持たなかったため、自らの言い分を取り上げてくれる司法機関として、地域(プロヴィンチア)の枠組みを越えた中央政府の支援を求めたからであった。

　それでは農村共同体の訴えは、中央政府機関の上訴審でどの程度聞き届けられたのだろうか。農村共同体と地域中心都市および都市役人との係争の場合を見てみると、この両者が争った案件は7件ある。このうち、農村共同体側の勝訴となったのは3件、都市側の勝訴となったのが3件であり、残りの1件では部分勝訴として都市側・農村側双方の調停が図られた。また、農村共同体とテッラフェルマ有力者との間の係争の場合には、全15件のうち、農村共同体側の勝訴が7件、有力者側の勝訴が7件である(残り1件は裁判日時の決定)。勝敗はかなり拮抗しており、元老院十人サーヴィ委員会がどちらか一方を強く支持したとは思われない。しかし、そのことをふまえても、半数以上の上訴案件で農村共同体が原告であったことを考えれば、勝訴の可能性が少なくとも半分はあったことが、農村共同体が中央政府の上訴機関への上訴を決意した動機だったのではないだろうか。

(3) 訴訟内容

　これらの農村共同体はどのような問題をめぐってヴェネツィア中央政府に上訴を申し立てたのだろうか。1つの事例をあげて検討したい。この時期の都市と農村共同体との典型的な対立点をめぐっての訴訟だと思われるからである。

　「1590年5月16日、15名の非常任委員を含む元老院(セナート)のいとも優れたる常任十

人サーヴィ委員会にて」[23]、上訴審判決文はこのように始まる。左脇には３名の議長の名が記されていた。文書はまず、「リヴィエラ＝ブレシアーナの共同体（Co[mun]ità della Riviera di Bressana）」を上訴審原告とし、「カンパーニャ区の５つの共同体（Cinque Co[mun]i della Quadra, overo sesteier de Campagna）」を被告とする係争について、双方の訴訟代理人と弁護士の口頭弁論が当委員会で行われたことを記している。リヴィエラ＝ブレシアーナ領は都市サロを中心とした地域であり、テッラフェルマ西方のガルダ湖西岸にある。西隣のブレシア領に含まれることもあるが、ヴェネツィア人統治官報告書の史料編纂に携わったA.タリアフェッリの分類では、独立した地域（プロヴィンチア）とされている[24]。本章ではそれに従い、原告である共同体リヴィエラ＝ブレシアーナは、サロを中心とする都市共同体と考えたい。1610年のヴェネツィア人統治官ジョヴァンニ＝ダ＝レッツェの報告によれば、リヴィエラ＝ブレシアーナ領はガルニャーノ、マデルノ、サロ、モンターニャ、ヴァル＝ディ＝テネーゼ、カンパーニャの６つの区（Quadra）からなり、カンパーニャ区には11の地名が記されている[25]。被告はそのうちの５つの農村共同体であろう。訴訟当事者双方が論拠を申し立て、証拠書類を提出して弁論を尽くした後、判決が下された。原告である都市側の訴えの通り、国家検察官が1588年[26]２月22日と３月26日に出した文書を破棄し、当事者双方は原状を回復すべしという原告勝訴の判決であった。国家検察官（Avogadori di Comun）は中央政府の司法職の１つだが、テッラフェルマに派遣されたヴェネツィア人統治官の判決に対する上訴を扱う権限もあり、この案件では国家検察官の決定が原判決に当たる。

　しかし同時に、この判決文から、原判決が上訴審では被告だった農村共同体側の嘆願に応えて出されていたこともわかる。つまり原審で最初の訴えを起こしたのは農村共同体側であった。そして当委員会での上訴審判決は、原判決を破棄したものの、農村共同体の主張については、一括破棄ではなく、６項目それぞれの是非を審判したのである。

　それでは訴えの内容は何だったのだろうか。まず第１項は、この農村地域区で土地を取得した「余所者（forestieri）」の問題である。農村共同体は委員会に送った嘆願書のなかで「我々の区の諸共同体内で資産を取得した余所者たちは、〔前所有者である〕売り手たちの資産が〔現在も〕現地でそれらの共同体

の利益や便宜に関わっているのですから、〔その資産を取得した余所者たちも〕やはり現地でその売り手たち〔がかつて負担していた分〕を負担し、その資産の重要性に応じて変わることなく、売り手たちがそれらの資産を売却する前に負担していたすべての直接税(グラヴェッツェ)を納税すべき」[27]だと訴えている。「余所者」とは、この訴訟が地域中心都市と農村共同体との間で争われたことから考えれば、これらの農村の土地を買った市民であろう。問題の争点は、新たに土地を取得した市民がその土地が所在する農村共同体へ納税するか否かであった。

　テッラフェルマで課された直接税(グラヴェッツェ)は割当税である。中央政府の課税であれ、現地市議会の課税であれ、直接税はまず、地域(プロヴィンチア)全体の資産を調査した総資産査定台帳（estimo generale）[28]に基づいて、都市と農村地域とで分割された。都市の割当分は市民が分担し、農村地域では割当分をまず農村地域区ごとに、その後さらにその中の農村共同体ごとに分け、最終的に農村共同体住民が自らの分担額を納税する。しかし、特に16世紀に進展した市民による土地買収は[29]、この税負担システムを混乱させることになった。多くの場合、貧窮の末に市民に土地を売り払った農村住民は納税の基盤である資産を失う。個々の農村共同体の税負担率は資産査定(エスティモ)を基に定められたのだから、理論上は村民の資産が減少した分の当該農村共同体の税負担率は下がるはずである。しかし、税負担率計算の基になった総資産査定台帳は、実際には数十年、ときには100年間も改訂されなかった[30]。したがって資産減少が税負担率に反映されるまで、長期にわたって当該農村共同体は、すでに村民の所有ではなく、納税されない資産分も含めて計算された税負担率で、直接税の納税を強いられたのである。売却済み資産分の税負担額は、当該農村共同体の村民全員が割り増しで負担するか、負担しきれない場合には当該農村共同体を含む農村地域区が共同で負担することになる。

　それでは土地を購入した市民はどうしたのだろうか。彼もまた「不法に」脱税したわけではない[31]。しかし、市民は概して市民としての特権を主張して、都市への納税を好んだ。なぜなら、都市と農村地域との税負担率が変化しないかぎり、多くの市民が新たに土地を取得し、市民資産全体が増加すれば、各市民の納税額は相対的に減少するからである。資産査定台帳のなかでも、市民間・農村共同体間・農村住民間の税負担率を定める市民台帳・農村地域台帳・各農

村共同体台帳は比較的頻繁に更新されたために、内部での不公平感は低かったと思われる。しかし、地域(プロヴィンチア)全体の総資産査定台帳の改訂は行われず、本来支払わなくてもいいはずの納税を強いられる農村地域側の不満がつのることになった。

　この担税上の不公正を是正するためには、2つの方法があった。1つがこの第1項で農村共同体側が主張した、土地を購入した市民が、購入地分の納税分担額を、都市にではなく、所在地の農村共同体に納税する方法である。上訴審はこの項目については農村共同体側の主張を認める判決を下した。判決は「この区〔カンパーニャ〕で資産を取得した、あるいはしようとしている余所者たちは……その資産の売り手たち〔前所有者〕が行っていたように、すべての直接税(グラヴェッツェ)を負担し、納めなければならない」[12]としている。

　第2項から第4項までは、不公正是正のための2つ目の方策に関わっていた。すなわち、税負担率や新たな課税を決定する議会に、農村共同体側の意見を反映させようとしたのである。第2項ではリヴィエラ=ブレシアーナ領を代表する議会であるリヴィエラ総議会の議員構成が争点である。嘆願書を見ると、農村共同体側はリヴィエラ総議会の総議員数を36名に定めることを求め、議会において「決議の際には、利害関係の乏しい多数の議員によって、より大きな利害関係を持つ少数者が後ろに追いやられて抑圧されないように、より大きな利害関係を持つものたちによる入念な話し合いの上で進められることが適切」だとして、「いとも優れたる貴委員会の権限をもって、前述の議会の議員数は、資産査定(エスティモ)の割当率（ratta delli estimi）にしたがって割り当てるものとお定めくださいますように」[13]と嘆願した。つまり、課税を決定する議会の議員数は、税負担率に応じて各区に割り当てるべきだというのである。資産査定の単位1リラごとに2名の議員を出すことにすれば、リヴィエラ=ブレシアーナ領全体の資産査定(エスティモ)総数は18リラであるから、議員総数は36名になる。この場合、これらの5農村共同体が属するカンパーニャ区からは2名の議員が出せるはずだというのである。この第2項で農村共同体側が主張したのは、議員数を資産査定(エスティモ)額に応じて配分することで、都市側に有利な決議を下しがちな現在の議会の状況を、農村地域側にとって公平にすることであった。さらに農村共同体側の2通目の嘆願書では、第2項に付加して「いとも優れたる元老院(セナート)の権限をもって、

我々の区を前述のリヴィエラの地域（patria de Riviera）の他の部分から切り離し、それによって前述の総議会からも分離し、自らの議会をもって、自らの交渉を統括し、自らの支払いを自分で行うことができるように」[34]させてほしいとして、総議会から独立した議会を持つこと、すなわち地域中心都市の支配からの政治的独立まで要求している。しかし当委員会の上訴審判決は、この項目については都市側の申し立てを認め、農村共同体側の訴えを棄却した。

第3項も同じくリヴィエラ総議会についてであるが、ここでの争点は、都市側が主導権を握る議会で、農村共同体関連の議案を審議することの是非である。農村共同体側の訴えはこうである。「総議会が望ましくない関心と権限を有しているがゆえに起こる混乱を解消するために、我々は以下のことを要求いたします。……この議会内では、いずれかの共同体や特定の個人の便宜や利益（à comodo, o benefficio di alcu[n] comune o di particolare persone）に関わることは何であれ、扱わず、提議せず、決議すべからざること。ただ唯一、この地域全体（tutta la detta patria）の統治と全体的な利害に関わることのみを扱い、提議し、決議すべきこと」[35]。この上訴案件についての史料では、本章で「都市」と定義したサロは、「Comunità della Riviera di Bressana」あるいは「essa comunità」と、一貫して「comunità」という語で表記されており、カンパーニャ区の5農村共同体のほうは「comuni」もしくは「essa Quadra」と表記されている。したがって、この議会で論じるべきではないと農村側が訴えている「いずれかの共同体」の事案とは、農村共同体の利害に関わる事案である。リヴィエラ総議会はあくまで地域(プロヴィンチア)全体に関わる議案のみを審議すべきであり、個々の農村共同体やその構成員に関わる議案を論じてはならないというのが農村側の主張であったが、これも棄却された。

第4項では、リヴィエラ総議会での課税決議の条件が争点となった。農村共同体側は、議会で新たな課税を決議する際には、課税が必要な理由と誰が税を負担するのかを事前に明示せよとの判決を求めたが、都市の従来の慣習を遵守するとして、この項目でも農村側の嘆願は棄却された。この第4項については3名いる議長のうち2名が農村側の意見を汲んだ反対意見を出したが、投票結果は10対6で、都市側勝訴が可決された。

第5項は、第1項と関わる問題である。「我々の諸共同体は、他の諸共同体

の利害や便宜のために被害を被るべきではありません。それゆえ我々は以下のことを要求いたします。いとも優れたる諸兄がいとも優れたる貴委員会の権限をもって、これらの共同体が、既に失った〔土地〕と〔その土地で収穫された〕雑穀の売却利益が入っていた場合の利益2万リラ……について〔査定した〕資産査定の持ち分に応じて、課せられた負債を取り消してくださいますように。前述の利益は、資産査定の持ち分に応じてではなく、現在の雑穀に応じて配分されるべきなのです」(36)とあるように、資産査定台帳に記載された農村共同体の資産のなかには既に売却された土地があり、売却済み資産とその土地で収穫された穀類の売却利益に課された税の滞納分の帳消しを求めているのである。第1項の主張とは表裏一体である。これについて上訴審は農村共同体側の訴えを認め、承認すると判決した。

　第6項は、都市が首都ヴェネツィアに派遣していた使節（Nontio）の給与と、使節が首都滞在時に逗留した屋敷の賃貸料についてである。農村共同体側の嘆願書を見ると、都市側が首都に駐在する使節を3年ごとに派遣していること、その使節のために首都に住居を借りていること、その給与と家賃が高額であり、その財源の3分の1以上は諸農村共同体の納税で賄われていたことがわかる。納税額を減らすために、農村共同体側が不要と考える経費削減を求めたのである。農村共同体側にとって、使節は「都市の悪習」であり、「他の方法で、もっと少ない費用でも、我々の地域（patria n[ost]ra）に奉仕するのに充分な人物を用意することはできる」のだから廃止すべきだった。首都に常駐する地域の使節は、中央政府に対して地域の意見を代弁し、中央と地域とのパイプ役になる存在であるが、この要求を見ると、農村地域側の目には、所詮、都市側だけのための利益代表としか映らなかったのだろう。この項目に関しては当委員会の委員たちの票が割れ、2回投票が行われたが決定しないので、議長たちの判断に委ねられた結果、原告である都市側の自由にまかせるという結論になった。

　こうした判決に続いて、上訴審判決を現地駐在のヴェネツィア人統治官へ通達する文書が発行された。宛先はサロ施政官およびリヴィエラ＝ブレシアーナ司令官である。この案件に限らず、検討した史料では判決は常に統治官を通じて訴訟当事者に通達された。

　農村共同体側の6つの要求は、整理すれば次の3点にまとめることができる。

1つは、かつて農村共同体構成員が所有していた土地を取得した市民の納税問題であり、市民は前所有者が負担していた納税を継続すること、あるいは、資産査定台帳(エスティモ)の記載ではなく、現実の所有関係に即して、すでに農村住民が所有していない資産に関する税金は免除されるべきだという要求である。彼らは都市と農村地域との直接税負担率の算出基盤になった、総資産査定台帳の改訂そのものを要求していたわけではないが、その要求まであと一歩であった。総資産査定台帳の改訂問題は16世紀のテッラフェルマ諸都市と農村地域との間で頻出の争点である。あるいは、いつ実現するかわからない改訂ではなく、より現実的に当面の不公正を是正する方策を模索していたとも言える。

　2点目は、税負担率や新たな課税を定めるリヴィエラ総議会で、都市側の恣意的な議決を抑制し、農村共同体側の意見をいかにして反映させるかという問題である。その方策として、資産査定(エスティモ)による税負担率に比例した議員数を各農村地域区に与える改革案が示され、それによって議会を公正な審議機関とすること、理由を明示しない新たな課税決議を禁止すること、さらに全体の利害とは無関係な個々の農村共同体に関わる議案をこの議会で審議させないことが要求の内容であった。2通目の嘆願書ではさらに踏み込んでリヴィエラ総議会から分離独立し、この農村地域区独自の議会を設置することまでも願い出ている。

　そして3点目が、都市が首都ヴェネツィアに派遣していた使節の給与と宿舎賃貸料である。農村共同体側の意見では、この使節職は無駄な支出であり、廃止すべきであった。

　具体的な農村共同体側の申し立てに対して、都市側の嘆願は抽象的である。「リヴィエラのカンパーニャ区の5共同体で、混乱を起こしてこの共同体リヴィエラの昔からの統治のやり方を変えようという考えが起こった結果、彼らはいとも輝かしき国家検察官の文書を得て、その文書をもって種々の決議と前述の統治を阻害する訴訟を起こし」[27]たとして、都市側は農村共同体側の申し立ては旧来の秩序や慣習を壊すものだと非難した。農村共同体側の要求の1点目については、「彼らが述べた税についてのことは、長年にわたって同〔都市〕共同体で行われ、遵守されてきたことに合致しているのだと申し上げます。これは、今も昔も慣例になっている慣習にしたがって継続されるべきであり、継続できることです」と、慣習に適っているのだから何ら変更の必要はないという

のが都市側の主張である。2点目の議会問題にしても「同〔都市〕共同体の総議会には、カンパーニャ区も他の諸区と同様に、自らの議員たちを出して協力しているのですから、この総議会は、諸〔農村〕共同体と特定の個人の事案において、そのなかで同〔都市〕共同体全体の利害に関わっているならば、同〔都市〕共同体の便宜とその言い分を守るために適切だと思われるように、対策を講じ、決議することができるのです」と、農村地域区が議員を出すことは認めたが、議員数を税負担率に応じて配分せよという農村共同体側の改革案を黙殺し、総議会は個々の農村共同体について決議すべきではないという訴えに対しても、総議会には農村側の議員も加わっているのだから、都市共同体の利害が関わる場合には決議できるのだと反論した。そして、3点目の使節については、都市側の嘆願書には全く言及がない。

　こうした当事者双方の訴えに対して、上訴裁判所である元老院十人サーヴィ委員会は、農村地域側の要求の1点目については認める判決を下したが、2点目のリヴィエラ総議会については、いずれも都市側の意見を入れて農村地域側の訴えを棄却した。そして3点目については、意見が割れたものの、最終的には都市側の対応にまかせると結論した。つまり、ヴェネツィア中央政府の税関連上訴を専門とする上訴裁判所は、テッラフェルマ都市の市民が農村地域で土地を取得した場合に起こる納税システムの不公正に関しては、農村地域側の意見を認め、土地を取得した市民はその土地の在所である農村共同体へ納税すること、また、こうした不公正な課税の結果、未納の滞納税は帳消しにすることを認めた。しかし、税の分野を超えて、地域(プロヴィンチア)政治により深く関わる問題である地域議会の改革については介入を控え、従来の通り、地域中心都市の主導権を認めたのである。

おわりに

　テッラフェルマから中央政府に提出された税関連上訴を分析すると、テッラフェルマの被支配者が中央政府に期待した役割は、テッラフェルマの「地域間」の紛争ではなく、「地域内」の都市と農村共同体との間の紛争の調停だったことがわかる。元老院十人サーヴィ委員会の判決は、地域中心都市・現地有力者

と農村共同体との係争において、とりたてて農村共同体に好意的だったわけではないが、それでも多くの上訴案件で原告となったのは農村共同体であった。農村共同体が上訴した理由としては、現地での裁判が都市当局や有力市民と関係の深い現地有力者に有利に進められがちだったことが考えられる。その状況からの救済を求めて、農村共同体はたとえ勝訴の確率が半分であっても中央政府に助力を求めたのである。また、数としては少ないが、現地有力者も農村共同体との係争の際に原告として上訴している。特に有利ではないにせよ、不利でもなかったために、彼らにも新たな可能性を求めて中央政府機関に判断を求める余地があった。この中央政府機関は、テッラフェルマの当事者双方にとって、自らに有利な判決を得るために活用できる機関だったのであり、現地からの上訴を通じて、中央政府はヴェネツィア人統治官という行政ルートとは別に、有力者もしくは地域中心都市と農村地域との間の地域内対立を仲裁する機能を果たしたのである。リヴィエラ＝ブレシアーナ領の事例では、土地を取得した市民の納税が争点の１つとなっていたが、このような明白な税上の不公正を正すことで、中央政府機関は現地での不満を解消し、重要な税徴収地である地域の安定に努めたのであった。

　しかし、地域の安定を目指す以上、その仲裁機能は地域の既存の体制を揺るがすものであってはならない。そのため、地域政治に関わる重要な問題、たとえば前節の農村共同体側の２点目の要求である議会改革については、地域を統括する地域中心都市の意向を尊重する判決が下されたのである。中央政府機関の対応は、当面の不満を和らげる働きをしたが、根本的な解決のために、現地での地域中心都市を柱とする徴税システムや統治制度の抜本的改革を目指してはいなかったのである。

註(1) 大黒俊二「ヴェネツィアとロマニア―植民地帝国の興亡」歴史学研究会編『多元的世界の展開』青木書店、2003年。
　(2) ヴェネツィア神話に関しては、永井三明『ヴェネツィア貴族の世界』刀水書房、1994年、81頁。神話の代表的作品であるG.コンタリーニの著作とテッラフェルマとの関係については、拙稿「ヴェネツィア『神話』とその再生」『西洋史学報』24号、1997年を参照。
　(3) Grubb, J. S., *Firstborn of Venice: Vicenza in the early Renaissance State*, Baltimore,

1988; Knapton, M., Gullino, G., Ciriacono, S., Ulvioni, P., Silini, G., *Venezia e la terraferma: economia e società*, Bergamo, 1989; Ferraro, J. M., *Family and Public Life in Brescia, 1580-1650*, Cambridge, 1993; Viggiano, A., *Governanti e governati: Legittimità del potere ed esercizio dell' autorità sovrana nello Stato veneto della prima età moderna*, Treviso, 1993; Zamperetti, S., *I piccoli principi. Signorie locali, feudi e comunità soggette nello Stato regionale veneto dall' espansione territoriale ai primi decenni del' 600*, Venezia, 1991.

(4) Viggiano, A., *Lo specchio della Repubblica: Venezia e il governo delle isole Ionie nel' 700*, Verona, 1998.

(5) 1500年史料は、Besta, F. (a cura di), *Bilanci generali della Republica di Venezia*, vol. I, Venezia, 1912, pp. 171-173、1582年は*Ibid*., pp. 282-339.史料の分析については、拙稿「十六世紀ヴェネツィア共和国財政と税制」『史学研究』241号、2003年、48-52頁を参照。

(6) 1582年の総収入は、史料上3,317,906ドゥカートとの明記があるが、史料に記載のある全収入項目を合計しても2,575,667ドゥカートにしかならない。本章では実際に史料に記載のあった収入項目の合計2,575,667ドゥカートを100％として計算した。ペッツォーロは、他の史料に現れる1570～80年代のヴェネツィア共和国の総収入は2,500,000ドゥカート前後であり、この史料の数値は過多ではないかと指摘している。Pezzolo, L., *L'oro dello stato. Società, finanza e fisco nella Repubblica veneta del secondo '500*, Venezia, 1990, p. 39.彼が妥当とした数値はむしろ、上記の計算上の合計に近い。

(7) 佐藤眞典『中世イタリア都市国家成立史研究』ミネルヴァ書房、2001年、373-374頁。

(8) 東からウーディネ、ベッルーノ、フェルトレ、トレヴィーゾ、コネリアーノ、バッサーノ、パドヴァ、ロヴィーゴ、ヴィチェンツァ、ヴェローナ、コローニャ、サロ、ブレシア、ベルガモ、クレーマがそれぞれの地域中心都市である。ウーディネがフリウリ地方の地域中心都市になったのは、共和国支配下の時期。Fanfani, T., 'Introduzione storica alle relazioni dei luogotenenti della Patria', in Istituto di Storia Economica dell' Università di Trieste (a cura di), *Relazioni dei rettori veneti in terraferma*, vol. 1, *Patria del Friuli (Luogoteneza di Udine)*, Milano, 1973, pp. XXXI-XXXII.

(9) Tagliaferri, A. (a cura di), *Venezia e la terraferma attraverso le relazioni dei rettori, Atti del convengno, Trieste, 23-24 ottobre 1980*, Milano, 1981, pp. 17-19. 他にヴェネツィアから派遣される役人として財務官（camerlenghi）がある。

(10) Knapton, M., 'L' organizzazione fiscale di base nello stato veneziano: estimi e obblighi fiscali a Lisiera fra '500 e '600', in Povolo, C. (a cura di), *LISIERA*, Vicenza, 1981, p. 387.

(11) Pezzolo, *op. sit.*, pp. 66-81.

⑿ 元老院十人サーヴィ委員会については、Tamba, G. (inventario a cura di), *Collegio dei X poi XX Savi del corpo del Senato*, Roma, 1977, pp. 9-26.
⒀ ヴェネツィア共和国税制度の発展については、拙稿「財政と税制」、52-56頁を参照。
⒁ 同時期に設立された機関には、1477年設立のデチマ税十人委員 (Dieci Savi sopra le Decime in Rialto)、1485年の衛生監督官 (Provveditori alla Sanità)、1501年の水路委員 (Savi alle Acque)、1506年の商品担当五人委員 (Cinque Savi alla Mercanzia)、1516年のパドヴァ大学改革委員 (Riformatori dello Studio di Padova)、1537年の冒瀆取締官 (Esecutori contro la Bestemmia)、1539年の国家糾問官 (Inquisitori di Stato) がある。Tamba, *op. sit.*, p. 9. 国家糾問官は異端審問官とは無関係でヴェネツィア中央政府官職の1つ。告発された犯罪の裏付けを職務とした。永井三明『ヴェネツィアの歴史』刀水書房、2004年、198-199頁。
⒂ Pezzolo, *op. sit.*, pp.30-31.
⒃ Tamba, *op. sit.*, p.20.
⒄ 16世紀後半に開墾監督官 (Provveditori sopra Beni Inculti) と公有地監督官 (Provveditori sopra Beni Communali) の判決に対する上訴、国家検察官が告発した衛生監督官 (Provveditori alla Sanita) の判決に対する上訴、密輸に関する判決に対する上訴が職掌に加えられ、17世紀初頭には、テッラフェルマ糾問官 (Inquisitori in Terraferma di qua e di là dal Mincio) の判決に対する上訴も扱うことが、元老院で決定された。
⒅ Tamba, *op. sit.* 史料群には、設立時の1529年から共和国滅亡時の1797年までの史料が含まれているが、全213箱のうち、16世紀の史料は50箱であり、相対的に17・18世紀の史料が多い。「spazzi」には「上訴審判決記録簿 (Spazzi in registro)」と「上訴審判決草案 (Spazzi in firza)」の2種類がある。まず草案に書かれたものが、後に記録簿に転記されたが、完全に転記されていない期間もあるため、本章では判決草案の方を用いた。
⒆ Archivio di Stato di Venezia, *Collegio dei X poi XX Savi del corpo del Senato*, busta 31. 以後「*Collegio*, busta 31」と略記。
⒇ この1件はドガードとポレージネ領の境界上にある土地の用益権を巡って農村共同体と現地有力者との間の係争だった。残り20%は、首都の案件が8件、海上領土から2件である。首都の案件は前述の「関連分野を扱う他の中央政府機関の判決に対する上訴」と「上位機関から個別に委任を受けて複雑な税訴訟を裁いた場合」およびそれに類する案件であるため、これらの案件は元老院がこの委員会を税関連専門の上訴機関として運用しようとした証拠になる。
⒇ 註⒇を参照。
⒇ 統治官に助言を行う法律専門家である補佐役 (assessore) は、規則上、赴任都市出身者ではなく、任地に家族も親しい友人もいないことが条件であった。Grubb, *op. sit.*, p. 51. しかし後には事実上、現地都市のエリート層が構成する法律

148

家組合内部で選ばれるようになる。Zamperetti, S., 'Magistrature centrali, rettori e ceti locali nello Stato regionale veneto in età moderna', in *Comunità e poteri centrali negli antichi Stati italiani*, Napoli, 1997, p. 107.

(23) *Collegio*, busta 31、1590年5月16日の文書。（　）内は原文、〔　〕内は筆者の注記。史料のうち7通がこの訴訟案件を拠っており、内訳は、判決文1通、通達書1通、原審裁判官である国家検察官の文書2通、共同体リヴィエラ＝ブレシアーナの嘆願書1通、農村共同体の嘆願書2通である。

(24) Tagliaferri, *op. sit.*, pp. 17-19.

(25) Pasero, C., *Il catastico bresciano di Giovanni da Lezze (1609-1610)*, Brescia, 1969-1973, pp. 401, 408-409. カンパーニャ区の11の地名を地図上で見ると、この区はガルダ湖に沿ってサロの南部に広がる農村地域区であったと思われる。

(26) ヴェネツィア暦では3月1日が新年で、1月1日から2月末日までは前年に含まれるため、2月22日のほうはヴェネツィア暦では1587年である。

(27) *Collegio*, busta 31、1590年〔ヴェネツィア暦では1589年〕1月10日の文書。

(28) Knapton, *op. sit.*, pp. 384-388. 都市と農村地域の他に、聖職者に税を割り当てる地域もあるが、本章では捨象した。

(29) 1610年のレッツェの報告によれば、ブレシア領の場合、15世紀には農村住民が農村地域の土地の66％を所有していたのに、1610年には25％に減少し、差の41％は「nobili」の手に渡った。この場合の「nobili」の意味は有力市民に近い。Ferraro, J. M., 'Feudal-Patrician Investments in the Bresciano and the Politics of the Estimo, 1426-1641', *Studi Veneziani*, N. S. 7, 1983, p. 39.

(30) たとえばヴィチェンツァ領の場合、16・17世紀の間に総資産査定台帳が改訂されたのはわずか2回だけであった。Knapton, *op. sit.*, p. 385.

(31) 法には触れなくとも事実上の脱税であり、さらに明白に不法な脱税も多いが、本章では触れない。ブレシア市民の意図的な脱税については、Ferraro, 'Feudal-Patrician', pp.37-40.

(32) *Collegio*, busta 31、1590年5月16日の文書。

(33) *Collegio*, busta 31、1590年〔ヴェネツィア暦では1589年〕1月10日の文書。

(34) *Collegio*, busta 31、1590年3月13日の文書。

(35) *Collegio*, busta 31、1590年〔ヴェネツィア暦では1589年〕1月10日の文書。

(36) *Ibid*.

(37) *Collegio*, busta 31、1589年12月12日の文書。

近世イギリスにおける国家と社会
―― 10分1税・15分1税の課税問題の分析を中心として ――

井 内 太 郎

はじめに

　テューダ朝期の議会的直接税[1]は、10分1税・15分1税（以下、10分1税と略記）と補助税（the subsidy）から構成されており、両税は王領地とならび国家財政を支える二大収入源であった。両税はいずれも、戦時などの非常時に国王が議会の承認を得て課税する非経常収入であったが、10分1税がヘンリ2世時代から継続的に用いられてきたのに対して、補助税は16世紀初頭に新規に導入されたものである。したがって両税がセットで課されることになったのは、テューダ朝期に入ってからのことである。

　テューダ・初期ステュアート朝期における10税1税の研究は非常に立ち遅れた状況にある[2]。その理由の1つは、同税が16世紀初頭に導入される補助税に取って代わられる時代遅れの税として、その問題点ばかりが強調されてきた点にある。しかも、従来の研究では同税の税収額や徴税制度の検討に重きが置かれ、その運用面とくに徴税官と税負担者との間で税査定や徴税がいかに行われていたのか、そこから当時のいかなる国家や社会あるいは中央と地方の関係などが見えてくるのかが判然としない。

　このような観点に立って表1と表2を見るとき、同税に関して大きく2つの問題設定が可能であろう。まず第1に補助税導入の背景である。表1によれば、1510年代以降に補助税の導入が定着していくことがわかる。また表2はポンド当たりの課税額を示したものであるが、それによると10分1税は1回の徴税額がほぼ固定されていたのに対して、補助税の方が徴税額ならびに徴税効率が良かったことは明らかである。したがって、その間に10分1税の査定・徴収に関して地方社会内部でいかなる問題が生じていたのか、また10分1税と補助税と

近世イギリスにおける国家と社会—10分1税・15分1税の課税問題の分析を中心として—

で査定・徴税システムにいかなる違いがあるのかが、問われねばならない。第2に表1に見られるように10分1税に何らかの税制上の問題があったにもかかわらず、16世紀末になると、同税の課税回数が補助税と同様に急増していることの意味である。さらに興味をひくのは、理論的に考えれば、16世紀末には議会的直接税の税収総額は急増していくはずである。しかしながら、表3によれば、それが逆に減少していることである。10分1税は1回の徴税額が約3万ポンドで安定していたことから、その原因の多くは補助税の徴収額が著しく減少していったことにあった。つまり対スペイン戦争が激化した1580年代末以降に、議会的直接税を財政的基盤としながら戦争を遂行する政府の戦時財政政策が限界に達していたことを意味しているのである。この問題は単なる税制上の問題にとどまらず、課税を巡る国家と社会あるいは中央と地方の間の政治・社会問題の中で捉え直してみる必要がある。

もとより、ここでそのすべてを検討することは不可能なので、本章では同税の第1の問題について検討しながら、近世イギリスの国家と社会の特質について明らかにしてみたい。

表1　テューダ・初期ステュアート朝期における課税供与法

year	(1)	(2)	statute	year	(1)	(2)	statute	year	(1)	(2)	statute
1487	2	—	Rot.VI, pp.400-2	1540	4	1	32HenVIII c.50	1587	2	1	29Eliz c.8
1489	—	1	Ibid., pp.420-4	1543	—	1	34&35HenVIII c.27	1589	4	2	31Eliz c.15
1490	1	—	Ibid., pp.437-9	1545	2	1	37HenVIII c.25	1593	6	3	35Eliz c.13
1491	3	—	7HenVII c.11	1553	2	1	7EdVIc.12	1597	6	3	39Eliz c.27
1497	2	2	12HenVIIc.12,13	1555	—	1	2&3Philip&Mary c.23	1601	8	4	43Eliz c.18
1504	—	1	19HenVII c.32	1558	1	1	4&5Philip&Mary c.11	1606	6	3	3Jac c.26
1512	2	—	3HenVIII c.22	1559	2	1	1Eliz c.21	1610	1	1	7Jac c.23
1512	1	1	4HenVIII c.19	1563	2	1	5Eliz c.31	1621	—	2	18&19Jac c.1
1514	—	1	5HenVIII c.17	1566	1	1	8Eliz c.18	1624	3	3	21Jac c.33
1515	—	1	6HenVIII c.26	1571	2	1	13Eliz c.27	1625	—	2	1 Car c.6
1515	1	1	7HenVIII c.9	1576	2	1	18Eliz c.23	1628	—	5	3 Car c.8
1523	—	4	14&15HenVIIIc.16	1581	2	1	23Eliz c.15	1640	—	4	6Car c.2
1534	1	1	26HenVIII c.19	1585	2	1	27Eliz c.29	1641	—	2	16Car c.3,4

＊(1)=10分1・15分1税　(2)=補助税
＊Rot.=*Rotuli Parliamentorum*, 1278-1504 (6 vols, 1767-77)
＊*Statute of Realm*., vol.III-Vより作成。

表2 テューダ朝期における議会的直接税の負担額と課税回数

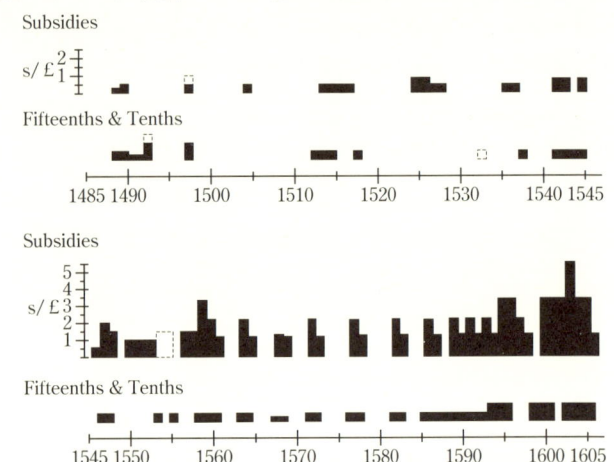

Subsidies

Fifteenths & Tenths

1485 1490　　1500　　1510　　1520　　1530　　1540 1545

Subsidies

Fifteenths & Tenths

1545 1550　　1560　　1570　　1580　　1590　　1600 1605

1) Schofield (1988), p.231より作成。
2) 縦軸の目盛りは査定額1ポンド当たりの税額を示している。
3) 10分1税の税額は、1ポンド当たり6ペンスに換算してある。
4) 波線の囲み部分は、供与されたものの、実際には徴収されなかったことを示している。

表3　10分1税と補助税の徴収額　（単位＝1,000ポンド）

year	receipts	year	receipts	year	receipts
1488	1	1544	77	1576–7	115
1489	c.24	1545	57	1581–2	110
1497	31	1546 ('43)	55	1585–6	106
1504	31	1546 ('45)	110	1588–9	105
1513	33	1547	97	1590–1	103
1514	50	1549	54	1592–3	97
1515	45	1550	47	1594	95
1516	44	1551	40	1595	91
1524	73	1552	43	1596–7	87
1525	65	1556	68	1599	83
1526	6	1557	77	1600	81
1527	9	1558	134	1601	?
1535	22	1559–60	137	1602	76
1536	23	1563–4	150	1602–3	76
1541	47	1567–8	87	1603–4	67
1542	48	1571–2	117	1604–5	67

＊補助税は査定額に基づく徴収額を示す。
＊10分1税の1回の徴収額は約3万ポンド（ただし1537年には36,000ポンド）。
＊1546年は1543・1545年の課税供与法に基づく徴収額。
Schofield, *Taxation*, pp.231–2より作成。

1 10分1税・15分1税の徴税システム

(1) 10分1税・15分1税の成立の背景
① 直接査定税方式の直接税（1188〜1332）
　10分1税・15分1税はもともと税負担者の資産査定を行い、その査定額の10分1あるいは15分1を税金として支払うものであったが、このように資産査定額に対して分数式で直接査定税を課す方式が初めて導入されたのは、ヘンリ2世時代のことである[3]。1187年にアイユーブ朝のサラディン（1138-93）により聖地エルサレムや十字軍諸都市が占領されたため、西欧のキリスト教国の君主たちは、聖地奪還を目的とする第3回十字軍の遠征に必要な財政援助を求められた。そこでヘンリ2世はノッティンガムシャのゲディントン（Geddington）で国王評議会を開催し、王国内の聖俗の富裕層を中心にレント料や動産査定額の10分1（the tithe）の額を税として課したのである。それが王国内の臣民全体に対して課されるようになったのは1207年のことであり、この時に税負担者は町（township）・教区・区（ward）レヴェルで行われた動産査定額の13分1を徴税官またはその代理人に支払うことを義務づけられた。
　1294年にさらに重要な税制改革が行われている。すなわち、これ以降、都市や古来の王領地（ancient demesne）に居住する臣民は、農村地域に居住する臣民よりも、税率が引き上げられることになったのである。この時には前者が6分1税、後者が10分1税を課されることになった。その後、税率は様々に設定されるものの、この2つの領域区分に基づき都市や古来の王領地に対してより高い税率を設定するやり方は原則として維持された。1332年になると都市・王領地が10分1税、農村地域が15分1税を課されることになる。この税率は1624年に最終的に同税が廃止されるまで維持されることになり、ここにいわゆるテューダ朝期の10分1税・15分1税の原型ができあがったのである[4]。
　1332年まで様々な税率で税が課されていたが、興味深い点は、それにもかかわらず、査定額ならびに財務府の受領金がある一定の極めて狭い範囲の中に収まっているということである。たとえば、1306年に課税された13分1税・20分1税は査定額に基づく予想額が35,300ポンドで実収入額は33,400ポンド、また1332年に課税された10分1税・15分1税は予想額34,000ポンドに対して実収入

153

額は32,400ポンドといった状況であった。税率したがって予想額が変化している点は、ある程度まで議会が当時の経済状況を考慮し、それに合わせて税率を修正したことで説明がつく。しかしながら、オームロッドは予想額よりもむしろ実収入額がほぼ同額である点に注目して次のような指摘を行っている。すなわち、徴税官が資産査定額を過小評価する傾向が次第に強まり、しかもその額が固定されていったために、それが実際の資産額から乖離していったのである[5]。また先述のようにテューダ朝期の10分1税も約3万ポンドであったことを考えると、ほぼ3世紀間、税収総額は殆ど変化しなかったことになる。

② 割当税方式の直接税（1334～1624）

このように直接査定方式の課税が、事実上、形骸化していることが明らかとなったため、1334年に10分1税・15分1税が認められた時に、新しい課税方式が導入されることになった[6]。すなわち、1332年の資産査定記録（particule compoti）と徴税額に基づいて、各徴税区に徴税額が割当てられることになったのである。それ以降、税収総額は約37,000ポンドに固定されることになった。この割当税方式の課税は、税収総額が固定されるため大幅な税収入の増加は期待できないものの、予定額が確実に徴収されることと、徴税業務の迅速化・簡略化が可能になるという利点があった。しかしながら、別の見方をすれば、国王＝政府の地方に対する行政能力の限界を露呈したとも言えるだろう。したがって、それぞれの共同体内部で資産査定の必要性が生じた場合には、共同体内部の税負担者の間で行われることになった。査定を巡って紛糾でもしない限り、以前のように徴税官がその段階で直接介入することはなくなったのである。そのため徴税官の職務は割当額を徴収する最終段階にほぼ限定されたといってよい。また1334年以降も10分1税・15分1税という名称は維持されながらも、課税方式が直接査定方式から割当方式へ大きく変化した点に注意する必要がある。

1433年に、経済不況の煽りを受けて多くの都市や町が衰微し、従来の割当額を支払うことができない状況が生じた。そのため、まず税収総額が4,000ポンドほど減額され、次に各州の割当額に比例して減額分が差し引かれることになった。さらに各州内において、経済衰退や自然災害などによる経済力の弱体化の度合いに応じて都市や町の割当額が差し引かれたようである。その後1446

年に減額分は6,000ポンドに引き上げられ、税収総額は約31,000ポンドに落ち着くことになる[7]。また王国内の各都市や町の割当額の減額も1468年頃までに終了している。この税収総額ならびに各徴税区の割当額は、1625年に同税の最後の徴収が行われるまで、「地方の慣習」として資料の転写ないしは口承で受け継がれることになるのである。

(2) 10分1税・15分1税の徴税システム

テューダ朝期の課税供与法をもとに10分1税の徴税システムを再現してみよう。表1に見られるように、課税供与法では10分1税と補助税がセットで認められていた。規定内容の分量や詳細さを比較してみると、そのいずれにおいても補助税が圧倒している。同税に関する規定が形式化している理由としては、同税が割当税であり、煩雑な査定・徴税業務を回避できたことや、割当額が数世紀間維持されてきたことなどが考えられよう。

① 徴税官

1334年以降に各州ごとに2人の徴税委員（commissioners）が任命され、各徴税区の住民と支払額について交渉を持っていたとされているが[8]、テューダ朝期にそれが実際にどこまで行われていたのかは、判然としない。しかしながら、この点は、ここではあまり重要な問題とはならない。というのも、同税が割当税方式を採用していることから、このシステムの基軸は査定よりもむしろ徴税業務にあったからであり、その段階で中心的な役割を果たしていたのが徴税官（collector）たちであった。

まず庶民院の議員たちは自分たちの選挙区である州ないしバラ（borough）を担当する徴税官の候補者リストを指定期日までに大法官府（the Chancery）に送付することを求められた[9]。大法官府は、そのリストに基づいて国璽（the Great Seal）付きの任命書（commission）を発給した。彼らはそれに基づいて徴税官に正式に任命され、担当する州ないしバラにおける割当額の徴税業務を委託されることになったのである。州において任命される徴税官の数は平均すると8〜10名であったが、各州ごとに比較してみると35名が任命された州から4〜5名しか任命されなかった州までかなりばらつきが認められる。それに対してバラで任命された徴税官の数は平均すると3〜5名と数は少なく、各バラ

間の人数の格差もそれほど大きくはなかった。もとより徴税官の数の多寡のみから各州やバラにおける徴税業務を比較することはできない。むしろ、ここで確認しておきたいことは、テューダ・初期ステュアート朝期を通じて、徴税官の数にそれほど大きな変化は生じていないということである。おそらく中世以来、その数に大きな変動は生じなかったものと見てよいであろう。

　徴税官に任命されるためには、いくつかの条件を満たす必要があった。まず社会的身分の問題であり、州の徴税官は地元の騎士、（単なる）ジェントルマン、ヨーマン、一方、バラ内においてはバージェスや職人の中から選ばれるよう規定されていた[10]。さらに、財産資格も設定されており、不動産の年価値にして10ポンド以上、動産の場合には100マルク以上の資産評価額の財産を所有する人物に限られていた[11]。ちなみに補助税の徴税委員の財産資格は不動産の年価値にして20ポンド以上とされていた。これだけ見れば、補助税の徴税委員の方が社会的ランクが上位にあったことになる。それはともかく、10分1税の徴税官に任命された人々は、地方社会内部において最も高貴な身分というわけではなかったが、中流層あるいはそれ以上の身分・階層に属してかなりの財産を所有しており、都市や村の要職を占める人々であった。

② 徴税手続き

　徴税官は大法官府から任命書を受け取ると、彼の担当する村（township）や区（ward）に赴き、同地の指導者（prepositus）と2人の住民、バラの場合には市長、ベイリフと4人の住人が召集された。徴税官は彼らに対して1～2人の同地の有力者に割当額を徴収させ、その徴収金を彼のもとへ遅延なく持ってくるように命じた。しかしながら村や区への割当額までは史料的に確認できても、誰の責任のもとで、いかにして税負担者の支払額が査定・徴収されていたのかについては、地方の治安官（the constable）に任される場合が比較的多かったこと以外には、断片的にしかわかっていない[12]。

　彼らの主要な職務は各村や区内の税負担者の間に割当額を配分し、徴収することであった。しかしながら、その方法が「地方の慣習」に基づいていたため、各村や区の状況によりかなりの違いが見られた。通常の場合、徴税を委託された治安官たちは、まず住民に集会を開催させた。そこで彼らは課税に至った理由や供与法の概要を説明し、割当額の徴収方法については住民たちに決定させ

た。ヘレフォードでは「はるか昔から同税を少しでも支払う能力と資力がある同市内のすべての市民や住民」により、個々の支払額の査定が行われたが、他方でノッティンガムシャのサウスウェルのように、税査定が数名の有力者により行われることもあった[13]。

たとえば1541年にオックスフォードシャのバーフォード（Burford）で、割当額を住民間で分担するためにコモン・ホールで住民集会が開催されたが、この時に100人以上の住民が参加している点が注目される。そもそも、この史料が残ったのは、この時に割当額の分担を巡って紛糾したためである。すなわち6人の住民が同地で査定・徴収にあたったベイリフたちが、普段よりも4ポンドも多く徴税し、その分を着服したとして異議を申し立てたのである。同地の王領地管理官（the king's steward）や治安判事らが事態の収拾にあたったがうまくいかず、最終的に星室庁（the Star Chamber）へ訴訟として持ち込まれ、中央の裁定を仰ぐことになったのである[14]。この訴訟に関する証言録取書（deposition）の記述の中で興味深いことは、同地における割当額の徴収は、住民の共同作業（communal effort）で行われるものと見なされていたことである。住民集会を通じて税負担者（＝正規の共同体の構成員）の税額の割り振りを決定することは、同時に村の地理的境界や共同体の構成員を確認する機会でもあったのである。つまり皆で合意した税を支払うということは、王国の臣民としてよりも、まずは共同体の構成員としてのアイデンティティに関わる問題であったのである。彼らにとって、それはたとえば共有地などの共同権（common rights）の維持、貧民救済の責任、生産活動における協同性と同じくらいに重要な共同体的行為であったのである。

2 10分1税・15分1税の徴税実態

(1) 資産査定の対象

同税は、もともと直接査定税として税負担者の動産（every man's moveable goods）の査定額に対して10分1あるいは15分1の税を課すものであった。しかしながら同税が割当税になると、割当額を支払うための査定対象の選定や税率は基本的に各村や区の自主性に任せられることになったため、その方法は地

域によって多様にならざるをえなかった。先ほどのバーフォードの場合、税負担額を巡ってトラブルが生じたものの、家屋（houses）の年間のレント料（the yearly rents）に基づいて税査定を行う点では、その村の「慣習」として住民間で合意が成立していたという[15]。

スコフィールドは、1485〜1547年にかけて割当税の各村や区における査定対象を示す史料をもとに49の事例を分析し、それらは大きくわけて4つに分類できるとしている。まず各土地の1筆（a parcel）を基本単位として税を割り振り、それを維持するやり方で、7件ほど確認できる。この場合には、税が課されるごとに新たに査定をする必要はなく、その筆の保有者から割当額（a customary sums）を徴収するだけの作業となる。次に個人の資産額を査定して税を課していくやり方であり、土地（land and tenements）の年価値に基づくもの（11件）、動産や家畜の評価額に基づくもの（25件）、土地・家屋と動産・家畜のいずれもが評価の対象になっているもの（3件）があった。一見すれば、動産や家畜が査定対象となる事例が多いように見える[16]。しかしながら、彼が扱った事例の4分3は1537〜1547年に集中しており、地域的にも南東部に集中しているため、それを一般化することはできない。むしろ注目すべきなのは、次の点であろう。すなわち、各共同体内部における税査定は「地方の慣習」に基づいて行われていたため、多様にならざるをえなかった。このように10分1税の徴税業務においては地方の自律性が保証されていたのであり、共同体内部で何らかのトラブルが生じた時にはじめて、徴税委員や治安判事らが調停にあたるためにそこに介入したのである。

(2) 割当額の地理的分布

まずイングランドの州ごとの割当額から見てみよう。まずノーフォーク州は中世における経済的豊かさを繁栄して、約3,486ポンドを割り当てられており、全体の約10%を占め、王国内で最も多くの税を負担していた。それに対してロンドン市の割当額は612ポンドで全体の約2％に過ぎなかった。しかしながら16世紀に導入された補助税について見ると、ロンドン市の支払額は全体の10〜12％に達しており、一般的には、このように補助税の負担割合の方が大きくなる傾向があった[17]。ここでは、各州の割当額をいちいち提示する煩雑な作業よ

りも、むしろ次の点を確認しておくことが重要であろう。すなわち、1334年に割当額が決定されて以降、1449年に1度だけ割当額の再査定が行われたが、それ以降、その割当額は200年あまりの間ずっと有効であり続けたということである。したがって、表4に見られるように、ノーフォーク州内の主な徴税区における割当額が、1449年と1605年の間で殆ど変わっていないとしても、全く驚くにはあたらないし、もちろん、それは17世紀初頭の同州の経済状況を反映したものでもなかった。

表4　ノーフォーク州における10分1税の割当額の配分額（単位＝ポンド）

	1449	1605	% Total		1449	1605	% Total
Freebridge	384.32	341.48	(−) 12.03	S.Greenhoe	110.91	110.91	3.91
Lynn	−	42.33	(+) 1.49	Mitford	71.40	71.45	(+) 2.52
Launditch	122.40	122.40	4.31	Depwade	65.70	65.70	2.31
Thetford	−	16.00	(+) 0.56	Loddon	57.33	57.93	(+) 2.04
S.Erpingham	109.37	109.37	3.85	Tunstead	99.66	99.66	3.51
Norwich	84.70	89.23	(+) 3.14	Yarmouth	−	−	−

＊Hudson, *op. cit.*, pp.266-97 ; Braddick, Parliamentary p.55, App. 1、3より作成。
＊% Totalは各地区への配分額の同州全体の割当額に占める割合
＊(+)(−) は、それぞれ負担額の増減を示す。

また中世以来、何らかの理由により10分1税・15分1税を免除される場合が少なからずあった。慣習に基づき免税措置を施された地域としてチェシャとウェールズがある。その後1392年から1415年の間に、カンバーランド、ウエストモアランド、ノーサムバランドの各州が加えられた。チェシャに関しては、同州が王権伯領（the county palatin）であったことによるものであり、当時の同州の主張に従えば、これまで議会に代表を送ったことはなく、またウェールズと同様に新王の即位ないし伯爵位の継承が行われる時に賦課されるマイズ（Mise）を支払ってきているというものであった[18]。あとの3州は北部辺境域にあって外敵の侵入に対して常に防備を固めておく必要があったためである[19]。主要5港（the cinque ports）も国王大権に基づき免税特権を与えられていたが、それも同様の理由によるものであった。また議会制定法により免税を認められたものとしては、1512年にオックスフォード・ケンブリッジ両大学ならびにイー

トン・ウィンチェスター校の各コレッジ（college）、1515年にはすべてのコレッジ、修道院、ホスピタル、カルシオドス会修道院（charterhouse）ほかの法人に対しても免税特権が与えられている[20]。こうした伝統的な特権も、対スペイン戦争が激化する1580年代末から同税の最後の課税が行われる1625年にかけて、その法的正当性が財務府裁判所（the Court of Exchequer）の衡平法部門（the equity side）における訴訟の重要な争点となった。というのも、表1で見たように、この時期に補助税のみならず、10分1税の課税額も引き上げられたため、それまでくすぶり続けていた地域間の割当額の不均衡や免税特権などの問題が一気に吹き出すことになったのでる[21]。

(3) 割当税の経済的負担

次に10分1税が税負担者にとって、どれほどの経済的負担になっていたのか検討してみよう。しかしながら、先述のように各村や区における税負担者の査定額と税額のリストが殆ど残存していない以上、それは断片的な史料からの推測の域をでるものではない。ここでは、ダイヤーが見つけ出した5つの地域の史料に基づく同税の査定と徴収額を中心に、この問題について検討してみよう。表5のうち、動産による査定が行われたことが明記されているのはエバートン（Emberton）のみであり、他の4つの地域では基本的に不動産が査定の対象となっていた。またリトゥル（Writtle）の税負担者ならびに徴税額の多さが目を引くが、ここは5つの村の中でも最も規模が大きく、その中心に都市を抱え経

表5　10分1・15分1税の5つの地区における資産査定額

Place	County	Date	Basis for assessment	No. of payments	% Total
Emberton	Buckinghamshire	1512–13	Land and goods	51	£ 3 2s. od.
Newborough & Hoar Cross	Staffordshire	1450	Land	83	£ 1 3s. 8d.
Walford & Howle	Herefordshire	1486–7	Land (some goods)	52	£ 2 5s. 0d.
West Horndon & Childerditch	Essex	c.1500	Land	18	£ 2 4s. 9d.
Writtle	Essex	c.1500	Land (some goods)	226	£12 6s. 0.5d

＊Dyer, *op. cit.*, p.178より作成。
＊No. of paymentsは納税者の数とみてほぼ差し支えない。

済的にも比較的富裕な農村地域であった。また数は少ないけれども、動産による査定も行われているが、それが同地域内の小規模なバラに集中しており、その中には所有物も明記されていない8人の貧民による少額の支払いも含まれていた[22]。

税負担者の経済的負担であるが、すでに1334年に同税が割当税になった時点から、逆進的（regressive）な傾向が強まっていた。というのも、1332年までに富裕層の資産査定額が事実上、固定化されており、さらに10シリングという課税の最低限度額も廃止されて税負担者が増加したためである[23]。表6に見られるように、このような状況は16世紀初頭においても変わっていない。まず、いずれの村においても、税負担者のうち11ペンス以下という低額査定を受けた人々が、半数以上を占めていた。ダイヤーの分析によれば、ニューバラでは税負担者のうち24名がわずか1ペンス、エバートンでも4名が1ペンス、15名が2ペンスを支払っていた。税負担者の社会階層についても、小農層が少なからず含まれていた。ニューバラでは3エーカー以下の土地保有者が多く含まれており、たとえば、ブリッジエンドに住むフェントン（Rauff Fenton）なる人物は小屋住み農（a cottager）として1ペンスを支払っていた。ウエスト・ホーンドンでも事情は同じで3エーカー、4エーカー、6エーカーという小規模な土地保有者たちは、それぞれ1ペンス、2ペンス、2ペンスを支払っていた。リトゥルにおいても11ペンス以下の査定を受けた人々の多さが目を引くが、先述のように小規模なバラを含んでいることもあって、その中に織布工、手袋職人、染色職人、縮充工（fuller）、屋根葺き職人などの職人層の名前が現れてく

表6　5つの地区における資産査定額に基づく納税者の分布状況

Place	Date	over 5s. 0d.	2s.–4s.11d.	1s.–1s.11d.	11d., or below	Total
Emberton	1512–3	4 (8%)	5 (10%)	7 (14%)	35 (69%)	51 (100%)
Newborough	1450	0	0	5 (6%)	78 (94%)	83 (100%)
Walford	1486–7	0	5 (10%)	10 (19%)	36 (69%)	52 (100%)
West Horndon	c.1500	4 (22%)	1 (6%)	2 (11%)	11 (61%)	18 (100%)
Writtle	c.1500	12 (5%)	10 (4%)	38 (17%)	166 (74%)	226 (100%)

＊Dyer, *op. cit.*, p.181より作成。

る[24]。

　税負担者の実質的な経済的負担について検討するためには、個々の税負担者の税負担額を国税（補助税と10分1税）と地方税を含めて全般的に検討してみる必要がある。まず補助税と10分1税を比較してみよう。補助税の場合、課税対象となる査定額の最低限度額が設定されていた。それに対して10分1税は徴税区内の低所得層にまで、しかもより均等に近いかたちで課税されていた。たとえばロンドンの場合、10分1税はほぼすべての世帯主が負担していたのに対して、補助税はその約3分1が負担したに過ぎなかった。一方、ノーフォーク州は10分1税の負担率は高かったものの、補助税のそれは1620年代後半の段階でも全体の約4％を占めていたに過ぎない。ブラディックも指摘するように、これは明らかにイングランド王国内における同州の10分1税の負担率の高さを考慮して、同州内の補助税の査定官や徴税官の間で意図的に税負担の軽減が図られた可能性が高い[25]。

　では税負担者の国税と地方税の負担率はどうだったのか、ロンドン市民の事例をもとに考えてみよう。ロンドン市民は教区ごとに地方税として定期的に教会書記の賃金（clerk's wage）、街路清掃人の賃金（scavenger's rate）、教区の10分1税（Tithe）、救貧税（poor rate）、またヘンリ8世の即位に際しての入市式など特別な目的のために課される都市15分1税(the city fifteenth)を支払っていた。たとえば1590年代の対スペイン戦争時に、補助税が課される最低限度額である（動産で）3ポンドの資産査定を受けたロンドンの世帯主にとって、国税とロンドン市税がどれくらいの経済的負担になっていたのか見てみよう[26]。彼らは国税として補助税（8シリング）、15分1税（6シリング8ペンス）、ロンドン市税として教会書記（clerk）の賃金（1シリング4ペンス）、街路清掃人（scavenger）の賃金（1シリング4ペンス）、教区の10分1税（3シリング8ペンス）、救貧税（6シリング8ペンス）を支払っていた。したがって、総額にすると、年平均で27シリング（国税：54％、ロンドン市税：46％）を支払っていたことになる。また1540年代の対仏戦争時に彼らの経済的レヴェルに対応するロンドン市民は、国税として6シリング8ペンス、ロンドン市税を含めると年平均で12シリング8ペンス（国税：52％、ロンドン市税：48％）を支払っていた。当然のことながら戦争などが生じた時には国税の賦課により、低所得

層に重い税負担がのしかかっていたが、その傾向が16世紀末にさらに強くなっていったことがわかる。

3　課税問題に見る個と共同性

　ロンドン市民のみならず、地方の住民たちの間でも、多くの場合、税に対する意識として国税の支払いと、道路・教区教会の維持に関わる税や救貧税のような地方税との間に明確な区分はなく、いずれも共同体内部の公的な税負担とみなされていた。先述のように10分1税は11ペンス以下の低額の資産査定を受けた小農層に対しても、ほぼ均等に課税されていた。サリー州のエプソム（Epsom）では、1599年に39名が同税を支払っていたが、そのうち補助税も同時に支払っていたのは13名にとどまっている。またこの村でも20名の小屋住み農が、「昔からの慣習に従って」1ペンスを課されていた[27]。

　それにしても、村内の貧農層や小屋住み農に対してまで、1ペンスではあれ税を課すことの意味はどこにあるのだろうか。それは共同体に対する財政的な貢献よりも、むしろ政治的・社会的貢献を期待されていたのではないかと思われる。それどころか、彼らが実際に支払っていたのかどうか疑わせる事例さえ存在しているのである。たとえば1434年にサフォーク州のソーナム・マグナ村のベネット（J.Beneyt）は、遺産の使い道の1つとして、同村内の貧しい住民の15分1税の支払いの援助に用いるように指示していた。ノッティンガムシャのホーム（Holme）に住んでいたバートン（J.Barton）は遺言の中で遺言執行人に次のような指示を行っている。すなわち、彼の死後、向こう二年間、ノース・ムスカム（North Muskham）村内で4ペンス以下の資産査定を受けたすべての物乞いの税金の支払に充てられたし、と。また共同体が全体として、貧困者の税負担の軽減を試みる場合もあった。最も典型的な事例は遺贈された土地を教会委員（the church-warden）の管理下に置き、10分1税などの課税が行われた際には、それらの土地から得られた利益を充てるものであった。課税が行われなかった年には、それは教区教会の修復や貧民救済などの共同体内部の慈善行為のために用いられた[28]。またロンドン市におけるように戦時課税が、各カンパニーの共同基金により支払われる場合もあり、それはメンバーの負担

を軽減するとともに、資産査定を回避する手段としても用いられていた。アーチャーの分析によれば、1569年にロンドン市で課税が行われた時、9つのカンパニーのうち、3つのカンパニーが個人の資産査定を回避し、共同基金による拠出に頼っていた。一方で資産査定に応じメンバーに課税がなされた6つのカンパニーでも、請求額の70％を賄ったに過ぎず、残りはカンパニーの共同基金で支払われているのである。また資産査定がなされる場合にも、貧民層や遍歴職人（journeymen）は除外するといった配慮が施されていたという[29]。

　当時の人々にとって、税の支払いは個人の税負担であるのみならず、村の共同権の維持、貧民救済の責務と同じくらい重要な共同体的行為であり、また共同体の絆の強さをはかる試金石でもあったのである。教区が管理する土地から10分1税が支払われたのも、そのような意識が共有されていたためであろう。また貧農層や小屋住み農であれ、共同体の成員として認められる限り、その証として1ペンスの税の支払いが求められたわけである。また割当額の徴収方法も、各共同体の自主性に任されていたといってよく、その分だけ多様化せざるを得なかった。しかも割当額が1334年以降、数世紀間維持されたために、その方法が固定化し、「地方の慣習」として代々、受け継がれていくことになったのである。この点について地方の徴税官や治安官らの立場から考えると、彼らの徴税業務が想像以上に「地方の慣習」による規制を受けていたと言えるであろう。そもそも徴税官や治安官に任命される人々は、地方社会内部において指導的立場にあって統治に携わる人々であった。彼らの地方社会における権威の源は、官職そのものよりも、むしろ彼ら自身の名誉や名声に関わるものであり、それらを維持するためにも「地方の慣習」をないがしろにするわけにはいかなかった。彼らは常に国家と地方の2つのレヴェルの秩序観を持ち、状況に応じて両者を使い分けていく必要があったのである[30]。

4　16世紀前半期における10分1税と補助税

　14世紀半ば以降、議会的直接税としては、割当税である10分1が用いられてきた。しかしながら、16世紀初頭になると新たに補助税が導入され、表1に見られるように両税が併用されていくことになる。そこで、なぜ政府は補助税の

導入に踏み切ったのか、その政策的意図を検討しながら、10分1税の運用の限界について明らかにしてみたい。

中央政府の側にとって10分1税を用いることのメリットは、割当税として常に3万ポンド前後の安定した収入が見込めるために戦時財政の運用計画が立てやすく、また査定・徴税業務を地方の側に委託することで、それに関わる費用を軽減することができた点にある。地方の側にとっても、同税は地方の自律性が保証されていたため、徴税官らによる正規の直接査定を受けたり、資産査定簿を財務府において掌握される危険性を回避することができる点で受け入れやすい徴税システムであった。

ただし、この課税システムがうまく機能するためには、割当額が16世紀以降のイングランドの経済発展や経済構造の変化に迅速に対応できるだけの融通性を備えていることが大前提であった。しかしながら、表4にも明らかなように、割当額が数世紀間も維持されてきたために、すでに硬直化しており、本来、中央政府の課税対象となるべきもの、特に富裕層の富の多くが課税されないままに残されていたのである。テューダ朝期に入ると、国家歳入を増加させるための様々な財政政策が試みられた。しかしながら、10分1税については、総収入額を引き上げたり、経済状況に合わせた各徴税区の割当額の再検討は行われず、依然として伝統的な方法と割当額が用いられていた。その理由としては、イングランド王国内の各徴税区の経済状況を調査し、それに合わせて割当額を配分し直す複雑な業務は、テューダ朝国家の行政能力をはるかに上回っていたからである。また「地方の慣習」を犯して中央政府が地方の徴税業務に深く介入し、中央と地方の間の政治的緊張度をいたずらに高めることは、得策とはいえなかった。その代替策の1つとして採用されたのが、補助税の導入であったわけである。

補助税の具体的な検討は別の機会に譲らざるをえないので、ここでは1523年の課税供与法をもとに、補助税と10分1税の徴税システムの比較に限定して検討してみよう[31]。

10分1税と補助税の重要な相違点は、前者が割当税であるのに対して後者が直接査定税であった点にある。補助税の徴収手続きは、およそ以下の要領で行われた。通常の場合、各徴税区で2名ないしそれ以上の査定官（the assessor）

が任命された。彼らは担当地区の住民の資産査定を行い、それを基に査定報告書（the Bill）を作成し、徴税委員（the commissioners）へ提出する。徴税委員はそれを基に課税額を記載した課税表（the Indented Estreat）を作成し、徴税官（High Collectors, Petty Collecters）に送付した。徴税官はそれに基づいて徴税を行い、徴収金を財務府へ持ち込んだ。財務府では予め徴税委員から送付されていた査定証明書（the Certification）を基に徴税官による納入額と徴税予定額の照合が行われたのである。この手続きの注目すべき点は、補助税が課されるごとに、全国一律の基準のもとに査定官による個々人の資産査定が行われ、それが初めて正規の記録として残されることになった点である。

10分1税は低所得層にまで課税されており、割当額が固定化していったことで富裕層の負担が相対的に軽減されたことから逆進的傾向を強めていた。それに対して補助税は個人の資産査定額に基づきポンド当たりで課税され、しかも課税される最低資産額も設定されたため、富裕層の資産額に応じた課税が可能になるとともに累進的傾向を持っていた[32]。補助税のそうした特徴は、ロンドン市における同税の徴税実態によく現れている。同市では、ほぼすべての世帯主が10分1税を支払っていたが、支払額は612ポンドで全体のわずか2％ほどに過ぎなかった。一方、補助税の査定を受けたのは約3分1の世帯主にとどまっているのに、補助税の全収入額の10～12％を占めていたのである[33]。またロンドン市の富裕な徴税区では全世帯主の74％が補助税を支払っていたのに対して、それほど経済状態が良くない徴税区では、その割合は18％にとどまっていた。たとえばセント・バーソロミュー・エクスチェンジ教区では、1579～82年に年平均で84名の世帯主が市税（教会書記の賃金、街路清掃人の賃金、ロンドン市15分1税）の査定対象となっていたのに対して、1582年に補助税が課された時に査定対象となったのは、40名にとどまっていたのである[34]。したがってロンドン市では10分1税や市税が低所得層にまで広く賦課されていたのに対して、補助税は相対的に見て累進的傾向が際だっていたことになる。このような傾向はノーフォーク州でも確認できることが指摘されているが[35]、イングランド全体の傾向を明らかにするには、地域ごとの両税に関するデータをさらに蓄積していく必要があるであろう。

166

おわりに

　テューダ朝期に入ると、すでに運用上の限界に達していた10分1税を補う形で新たに補助税が導入された。こうしてイギリスの税制史上はじめて、議会的直接税として割当税と直接査定税が併用されることになったのである。議会が補助税による個人資産の直接査定を認めた背景に、1520年代の対仏戦などにより生じた国家財政の危機的状況があったことは事実である。しかしながら、同時に補助税は戦時などの非常時に議会の承認を得て課税されるものであり、また査定・徴税業務において地方の自律性が保証されていることを前提としていたのを忘れてはならない。

　議会的直接税が戦時における財政的基盤となるためには、まずもって補助税の資産査定が、法に基づいて公正かつ厳格に行われる必要があった。しかしながら10分1税と補助税、いずれの場合にも中央政府が査定・徴税業務を地方の統治者や有力者に委託している以上、それも最終的には国家行政組織の末端に位置する行政官としての彼らの自覚に頼らざるを得なかった。これがテューダ朝期における財務行政の特徴であり、また限界でもあったのである。

　1545年までの補助税の資産査定額は実質収入額よりも低めではあったが、著しく過小な査定は行われていなかったようである。そこには可能な限り正確な査定を行おうとする査定官や中央政府の努力のあとが認められる。1516年にウルジ（T. Wolsey）はロンドン市長と7人のオーダーメン（aldermen）を星室庁（the Star Chamber）へ呼びつけ、同年のロンドン市における資産査定額が全体として前年のものと比べて減少している理由を問いただした。ウルジは彼らが宣誓に基づいて正確な資産査定を行うことを要求し、さもなくば直接に乗り込んで自ら資産査定を行うことも辞さないという強硬な態度を示した。ロンドン市側はウルジたちによる資産査定を回避するため、その差額をただちに支払っている。また別の州の徴税委員に対して国王が出した通達によれば、課税供与法の規定に関する見解の相違、あるいは情実による不正から査定額が減少しているため、徴税委員たちは再査定を命じられていた[36]。

　しかしながら、16世紀後半以降になると、徐々に補助税の課税対象者の数ならびに資産査定額が減少していき、表1～3で検討したように対スペイン戦争

時に議会的直接税が強化されると、その傾向が顕著になる。たとえばヘンリ8世時代の爵位貴族の資産査定額は平均して約800～900ポンドであったが、1580年代には約300ポンドに落ち込んでいる[37]。それ以外の被課税者の査定額も同様に減少していった。1590～1630年の間にロンドン市とノーフォーク州における資産査定額は、全体として70%も減少している[38]。貴族以外の被課税者の数も、エセックス州では1566年には6,700名であったのが、1628年には3,700名[39]、また同様にロンドン市では7,123名（1563年）から4,968名（1606年）、ヨーク市では357名（1546年）から201名（1609年）に減少しているのである[40]。さらに資産査定額も課税査定限度額に集中していく傾向がみられ、相対的に見て富裕層の税負担が軽減されることになった[41]。こうして補助税は10分1税と同様に逆進性を強め、相対的にみて中間層（the middling sort）が最も多くの負担を強いられることになったのである。このような状況下で16世紀末に10分1税の課税が強化されたために低所得層の不満が高まり、割当額の不公平さを巡る紛争が激化したことは、ある程度まで予測できるが、その実態の解明については今後の課題としておきたい。

註(1) 国王による課税は大権的課税（Prerogative Tax）と議会の承認を必要とする議会的課税（Parliamentary Tax）とに分かれる。さらに議会的課税は直接税と間接税（主なものは関税）に分かれる。

(2) 10分1税に関する研究としては、以下を参照。Hudson, Revd W., 'The assessment of the townships of the county of Norfolk for the King's tenths and fifteenths as settled in 1334', *Norfolk Archaeology*, xii (1895), pp.243-97 ; Willard, J.F., *Parliamentary Taxes on Personal Property 1290 to 1334* (Cambridge, Mass., 1934) ; Dietz, F.C., *English Government Finance, 1485-1558* (London, 1964 (1932)) ; do, *English Public Finance* (London, 1964 (1932)) ; Scholield, R., 'Parliamentary lay taxation 1485-1547 (以下Parliamentaryと略記)' (PhD thesis, Cambridge, 1963) ; do, 'Taxation and the political limits of the Tudor state (以下Taxationと略記)', in Cross, C., (eds.) *Law and government under the Tudors* (Cambridge, 1988) ; Glasscock, R.E., (ed.), *The Lay Subsidy of 1334* (London, 1975) ; Braddick, M., *Parliamentary taxation in seventeenth-century England* (以下*Parliamentary*と略記) (Woodbridge, 1994) ; do, *The nerves of state : taxation and the financing of the English state* (以下*The nerves*と略記) (Manchester, 1996) [酒井重喜訳『イギリスにおける租税国家の成立』ミネルヴァ書房、1996年] ; Hoyle, R., *Tudor*

近世イギリスにおける国家と社会—10分1税・15分1税の課税問題の分析を中心として—

Taxation Records (London, 1994); Jurkowski.M., (eds.)., *Lay Taxes in England and Wales 1188–1688* (London, 1998).
(3) Hudson, *op. cit.*, p.244 ; Jurkowski, *op. cit.*, pp.xxvi–ix, pp. 1 – 2 .
(4) *Ibid.*, p.xxix–xxx ; Dyer, 'Taxation and communities in late medieval England' in Britnell, R., (eds.), *Progress and problems in medieval England* (Cambridge, 1996), pp.171– 2 .
(5) Jurkowski, *op. cit.*, p.xxix ; Ormrod, W.M., 'The crown and the English economy, 1290–1348', in Campbell, B.M.S., (ed.), *Before the Black Death, Studies in the 'Crisis' of the Early Fourteenth Century* (Manchester, 1991), pp.149–183, esp. pp.153– 5 .
(6) Willard, *op. cit.*, pp. 9 –13 ; Dyer, *op. cit.*, pp.172– 7 ; Ormrod, *op. cit.*, pp.156– 9 ; Jurkowski, *op. cit.*, pp.xxxi–iv.
(7) Hudson, *op. cit.*, p.257 ; Jurkowski, *op. cit.*, p.xxxiv.
(8) Willard, *op. cit.*, pp.11– 2 ; Schofield, Parliamentary, p.62.
(9) Schofield, Parliamentary, pp.65–70.1541年以降、徴税官は各ハンドレッドあるいはいくつかのハンドレッドごとに任命され、責任が明確化された（32Hen VIII c.50)。
(10) Schofield, Parliamentary, pp.70– 1 ; Braddick, *Parliamentary*, p.24.
(11) たとえば1545年法（37Hen VIII c.25) を参照。
(12) Schofield, Parliamentary, p.81 ; Braddick, *Parliamentary*, pp.25– 6 .
(13) Braddick, *Parliamentary*, pp.24– 5 ; do, *The nerves*, p.92 （邦訳、89頁)。
(14) この訴訟については、スコフィールドが詳しく紹介してくれている。Schofield, Parliamentary, pp.84– 5 ; Dyer, *op. cit.*, p.186.
(15) Schofield, Parliamentary, p.85.
(16) *Ibid.*, pp.92– 5 .
(17) Braddick, *Parliamentary*, p.54 ; Archer, *op. cit.*, p.605.
(18) Schofield, Parliamentary, p.145 ; Braddick, *Parliamentary*, p.26.
(19) たとえば*Letters and Papers, Foreign and Domestic, of the Reign of Hen VIII, 1509–1547*, vol.XVII, no.799を参照。
(20) 3HenVIII c.22 ; 7HenVIII c. 9 .
(21) この問題については、別稿にて詳しく論じる予定である。さしあたりBraddick, *Parliamentary*, pp.39–54を参照。
(22) Dyer, *op. cit.*, p.180.
(23) Willard, *op. cit.*, pp.87–92 ; Dyer, *op. cit.*, pp.171, 173 ; Ormrod, *op. cit.*, p.156.
(24) Dyer, *op. cit.*, pp.180– 2 .
(25) Archer, *op. cit.*, p.624 ; Braddick, *Parliamentary*, pp.56– 8 .
(26) Archer, *op. cit.*, p.626.
(27) Braddick, *Parliamentary*, p.60.
(28) Dyer, *op. cit.*, pp.186– 7 .
(29) Archer, *op. cit.*, p.616.

(30) Wrightson, K., 'Two concepts of order : justices, constables and jurymen in 17th-century England', in Brewer, J., and Styles, J., (eds.), *An ungovernable people* (London, 1980), pp.21-46, esp.pp.21-6 ; Fletcher, A.J., 'Honour, Reputation and Local Officeholding in Elizabethan and Stuart England', in Fletcher and Stevenson, J., (eds.), *Order and disorder in early modern England* (Cambridge, 1985), pp.92-115, esp.92-4, 113-5 ; Braddick, 'Administrative performance : the representation of political authority in early modern England', in Braddick and Walter, J., (eds.), *Negotiating Power in Early Modern Society : order, hierarchy and subordination in Britain and Ireland*, (Cambridge, 2001), pp.166-187, esp.p.171.

(31) 14&15 Hen VIII c.16.徴税手続きについては、別稿にて詳しく論じる予定である。さしあたり以下の文献を参照。Schofield, Parliamentary, ch.4・ch.5 ; Braddick, *Parliamentary*, ch.2 ; Jurkowski, *op. cit.*, pp.xli-xlv ; Hoyle, R. (ed.), *Tudor Taxation Records* (London, 1994), ch.3.

(32) たとえば1523年法の場合、課税される最低査定額は不動産（£1）、動産（£2）であった。

(33) Archer, *op. cit.*, pp.605, 624

(34) *Ibid.*, pp.624-6.

(35) Braddick, *Parliamentary*, pp.105-125.

(36) Schofield, Parliamentary, p.328 ; do, Taxation, p.238.

(37) Miller, H., 'Subsidy assessments of the peerage in the sixteenth century', *Bulletin of the Institute of Historical Research*, vol. 28 (1954), pp.15-34.

(38) Braddick, Parliamentary, pp.80-2.

(39) Quintrell, B.W., 'The government of the county of Essex 1603-1642' (PhD thesis, Cambridge, 1965), pp.315-7.

(40) Hoyle, *op. cit.*, p.29.

(41) たとえばノーフォーク州における資産査定額が逆進化の傾向を強めていく過程については、Braddick, Parliamentary, Table 7～19.

「赤いベルリン」とナチズム

原 田 昌 博

はじめに

　近年のナチズム研究では労働者のナチズム支持が解明され、労働者をナチズムにひきつけるポテンシャルを持っていた組織として、ナチス経営細胞組織（NSBO）やナチス突撃隊（SA）が注目されている[1]。また、これに伴い、「労働者層」が明確な階級意識をもち、社会主義ミリューにがっちりと固定化されていたというイメージも修正されつつある。宗教、地域性、生産形態、職能段階、職種、政治的関心などの差異により「労働者」概念は極めて多義的で、「組織された階級意識の強い労働者（Arbeiter）」と集合概念としての「労働者層（Arbeiterschaft）」は決してイコールの関係ではない。当時の階級意識の強い工業労働者の割合は労働者層全体の30％程度とされ、彼らがナチズムに対して免疫をもっていたとしても、それは限定的な存在であったということになる[2]。G.マイは次のように労働者のナチスに対する免疫性を疑問視している。「ナチスの権力掌握は、広範囲にわたる消極的な受け入れがなければ、しかし同時に広範な労働者層による積極的支持がなければ、このようなほとんど摩擦のない形では不可能であった。労働者層はナチスに対して著しく低いハードルしか設定しなかったのである[3]」。

　このような指摘を受けて、本章では、1920年代後半から30年代初頭にかけてのベルリン労働者地区でのナチスの活動を、とりわけ街頭闘争の側面から検討していく。

　この時期のドイツ各地の街頭では、SAの他に、1929年5月に非合法化される共産党系の赤色前線兵士同盟（RFB）、共和国擁護派で社会民主党を中心に編成された国旗団、右翼系の鉄兜団などが相互に襲撃と防衛を繰り返していた[4]。SAは象徴闘争や政治的暴力の行使による「街頭の征服」をその主たる任務と

していたが、留意すべきは、ベルリンではSAの活動が労働者地区でも頻繁に繰り返されていたことである。これに関して、D.シュミーヘン=アッカーマンはSAを念頭に置き、以下の結論に達している[5]。すなわち、ベルリンの労働者地区での活動の結果、「ナチズム運動は確かに量的には制限されていたが、戦術的にははっきりと重要な特定の労働者階層への侵入を成功させた」と。本章でSAを取り上げる場合も、街頭闘争の中でSAが担ったナチズムと労働者の接合点としての役割に着目していく。

1　ワイマル共和国期ベルリンの政治状況

(1)　ワイマル期ベルリンの行政区と社会構造

1920年10月、ベルリンは周辺自治体を統合して、いわゆる「大ベルリン」へと拡大した[6]。人口は統合前から倍増して約380万人となり、これは当時では世界第3位の人口規模であった。1925年のセンサスによると、人口数はさらに約402万人まで増加し、ドイツ国内ではハンブルクを大きく引き離してトップであった。約218万人の就業者の割合は、労働者（家事手伝いを含む）46.1%、職員層・官公吏27.0%、自営業者13.7%となっていた。

表1　大ベルリンの行政区（1925年）

	行政区	人口(人)	労働者の割合(%)
1	クロイツベルク Kreuzberg	377,253	47.5
2	ヴェディング Wedding	351,798	57.6
3	シャルロッテンブルク Charlottenburg	345,139	37.7
4	フリードリヒスハイン Friedrichshain	336,338	54.2
5	プレンツラウアーベルク Prenzlauer Berg	326,311	48.2
6	ミッテ Mitte	295,837	45.1
7	ノイケルン Neukölln	290,327	53.2
8	ティアガルテン Tiergarten	283,581	42.4
9	シェーネベルク Schöneberg	231,664	32.5
10	リヒテンベルク Lichtenberg	198,832	49.4
11	ヴィルマースドルフ Wilmersdorf	174,884	31.5
12	シュテークリッツ Steglitz	160,580	31.8
13	シュパンダウ Spandau	111,629	54.2
14	ライニッケンドルフ Reinickendorf	105,467	48.6
15	パンコウ Pankow	100,825	39.7
16	トレプトウ Treptow	97,524	52.7
17	テンペルホーフ Tempelhof	68,009	42.2
18	ケーペニック Köpenick	65,765	50.8
19	ヴァイセンゼー Weissensee	58,114	58.2
20	ツェーレンドルフ Zehlendorf	44,288	38.3
	大ベルリン Gross-Berlin	4,024,165	46.1

※労働者の割合は就業者全体に占める割合

Büsch u. Haus, *a. a. O.*, S.14, 364–480より作成

「大ベルリン」は、旧市内6地区を含む20の行政区に再編された（表1）。ベルリンは他の都市ほどには行政区の特徴が明確ではなく、むしろ社会的に混合した地域が多く存在していた。それでも、表1に示した就業者における労働者の割合に注目すると、明らかな労働者地区と呼べるのは、ヴァイセンゼー、ヴェディング、フリードリヒスハイン、シュパンダウ、ノイケルン、トレプトウ、ケーペニックであり、さらに労働者割合がベルリン市全体の平均を上回っているのは、リヒテンベルク、ライニッケンドルフ、プレンツラウアーベルク、クロイツベルクであった。ただ人口規模を考え合わせると、ベルリンの典型的な労働者地区はヴェディング、フリードリヒスハイン、ノイケルンということになるだろう。逆に、ヴィルマースドルフ、シュテークリッツ、シェーネベルク、シャルロッテンブルク、ツェーレンドルフなどは労働者の割合が低く、中間層あるいは上層市民の割合が高いブルジョア地区となっていた。ベルリンでは、シュパンダウを例外として東南部に労働者地区が、南西部にブルジョア地区が広がっていた[7]。

(2) ワイマル期ベルリンの選挙結果

　ワイマル期のベルリン市政は、「赤色の幻影から黒・赤・金の自己主張の試みを経て、褐色の洪水の大混乱の中で終わった[8]」といわれる。ドイツ革命後の社会民主党と独立社会民主党の左派連立（赤色）が市政運営の多数派であったが、1921年の市長選以降、基本的には社会民主党、民主党、中央党の連立、つまりワイマル連合（黒・赤・金）が市政を担った。しかし、世界恐慌期以降、ナチス（褐色）が台頭し、市政は混乱の中で第三帝国を迎えたのである。

　ワイマル期ベルリンの政治状況を、議会選挙の結果（表2）を通して確認してみたい。1920年代のベルリンでは、基本的には社会民主党が第1党となり、右翼政党である国家国民党と共産党がそれに続いていた。世界恐慌発生直後の1929年11月の市議会選挙では、第1党である社会民主党の得票率が30％を下回り、共産党と拮抗するようになった。以後、社会民主党が得票率30％を回復することはなかった。

　1930年代に入ると、ベルリンでもナチ党が躍進し、大政党として定着していった。同党はすでに1929年11月の市議会選挙で得票率5.8％と最初の成果を上げ、

表2　ワイマル共和国期ベルリンでの主要政党の議会選挙結果

	投票日	議会	投票率	共産党	独立社会民主党	社会民主党	民主党	中央党	国民党	経済党	国家国民党	ナチ党	その他
1	1920.6.20	市議会	64.7	–	38.4	17.2	7.1	3.7	16.9	4.2	11.4	–	1.1
2	1921.2.20	邦議会	70.5	10.1	17.4	22.3	7.7	3.7	15.8	5.2	17.8	–	0.0
3	1921.10.16	地区議会	66.0	9.5	19.2	20.5	7.3	3.7	14.8	5.0	17.1	–	3.1
		市議会	66.0	9.5	19.2	20.5	7.4	3.7	15.3	5.1	17.3	–	2.2
4	1924.5.4	国会	76.6	17.9	2.6	20.4	8.9	3.8	8.4	4.0	22.6	–	11.5
5	1924.12.7	国会	78.0	16.3	0.6	30.3	10.9	3.9	6.5	3.4	23.9	2.0	2.2
		邦議会	77.9	16.4	0.6	30.3	10.8	4.0	6.5	3.5	23.8	2.0	2.1
6	1925.10.25	地区議会	63.7	18.8	0.8	32.6	9.3	3.4	5.9	4.0	20.4	0.0	4.7
		市議会	63.7	18.8	0.8	32.6	9.3	3.4	6.0	4.0	20.8	–	4.4
7	1928.5.20	国会	78.9	24.6	0.1	32.9	7.7	3.3	6.4	2.7	17.7	1.6	2.9
		邦議会	78.8	24.7	0.1	32.9	7.7	3.3	6.4	2.7	17.8	1.5	2.9
8	1929.11.17	地区議会	70.2	24.6	0.2	28.4	6.0	3.9	6.6	4.3	17.7	5.7	2.6
		市議会	70.3	24.6	0.2	28.4	6.0	3.6	6.7	4.4	17.6	5.8	2.7
9	1930.9.14	国会	81.4	27.3	0.1	27.2	5.4	3.6	3.7	2.4	13.0	14.6	2.7
10	1932.4.24	邦議会	80.5	23.7	–	29.1	3.1	4.0	1.0	0.4	8.2	27.9	2.8
11	1932.7.31	国会	81.6	27.3	–	27.3	1.6	4.9	0.8	0.2	8.3	28.7	0.9
12	1932.11.6	国会	81.0	31.0	–	23.3	1.4	4.4	1.1	0.1	11.4	26.0	1.3
13	1933.3.5	国会	87.3	24.5	–	21.7	1.8	5.0	0.9	–	11.0	34.6	0.6
		邦議会	87.2	24.3	–	21.2	1.8	4.8	0.9	–	10.7	34.2	2.1
14	1933.3.12	地区議会	75.9	19.5	–	22.0	2.0	4.7	0.7	–	12.1	38.2	0.8
		市議会	75.9	19.5	–	22.0	2.1	4.7	0.7	–	12.1	38.3	0.8

Büsch u. Haus, *a. a. O.*, S.323より作成

　1930年9月の国会選挙では14.6％、さらに1932年4月のプロイセン邦議会選挙では27.9％と倍増させていった。確かに国会選挙での得票率は全国平均を下回っているが、ナチ党は労働者人口の多いベルリンでも1932年7月の選挙では社会民主党や共産党をおさえて第1党となっている。とはいえ、1932年のベルリンでは、得票力の上で共産党、社会民主党、ナチ党がほぼ拮抗していた。

　次に表3を見てみよう。これは1928年以降のナチ党の選挙結果（得票率）を行政区別に示したものである。これによると、ナチ党がワイマル期を通じて成果を上げたのは、シュテークリッツ、シェーネベルク、ヴィルマースドルフなど中間層的な色彩の強い地区であった。これらの地区でのナチ党の高い得票率は、同党の反ユダヤ主義的あるいはナショナリスティックな主張がブルジョア

表3　ベルリンにおけるナチ党の地区別選挙結果（1928年～1933年）

行　政　区	ナチ党の得票率											
	国会	邦議会	市議会	地区議会	国会	邦議会	国会	国会	邦議会	市議会	地区議会
	1928.5.20	1928.5.20	1929.11.17	1929.11.17	1930.9.14	1932.4.24	1932.7.31	1932.11.6	1933.3.5	1933.3.5	1933.3.12	1933.3.12
Mitte	1.8	1.8	5.8	5.8	14.9	27.6	28.4	25.9	35.7	35.1	39.9	39.9
Tiergarten	1.7	1.7	6.5	6.6	16.5	29.5	29.8	27.1	35.5	35.0	38.9	38.9
Wedding	0.8	0.8	3.1	3.1	9.0	18.9	19.3	18.0	25.9	25.5	30.0	30.0
Prenzlauer Berg	1.2	1.2	4.5	4.6	11.9	23.3	23.8	22.1	30.2	29.7	34.1	34.1
Friedrichshain	1.2	1.2	3.7	3.7	11.6	20.7	21.6	20.0	28.9	28.3	32.6	32.7
Kreuzberg	1.7	1.7	5.4	5.4	14.0	26.1	26.6	23.7	32.8	32.3	36.1	36.1
Charlottenburg	2.0	2.0	7.9	8.0	18.5	31.8	33.1	29.4	38.9	38.6	42.4	42.4
Spandau	2.3	2.3	5.3	5.3	15.0	33.6	34.9	33.0	41.6	41.1	44.4	44.5
Wilmersdorf	2.1	2.1	8.5	8.6	18.8	33.6	35.1	29.3	38.2	38.1	41.1	41.2
Zehlendorf	1.8	1.8	7.8	7.9	17.7	35.5	36.3	29.4	39.2	38.8	41.1	41.1
Schöneberg	2.1	2.1	8.6	8.7	19.9	35.2	35.7	31.7	39.8	39.5	42.6	42.6
Steglitz	2.9	2.9	10.2	10.3	23.3	42.1	42.1	36.1	45.2	45.0	48.1	48.1
Tempelhof	1.8	1.8	5.7	5.9	15.7	32.7	33.9	30.3	38.5	38.2	41.4	41.5
Neukölln	1.2	1.1	4.0	4.0	11.1	22.6	24.0	22.2	29.7	29.4	33.4	33.4
Treptow	1.0	0.9	4.3	4.3	12.5	27.1	27.9	25.8	34.1	33.8	37.7	37.7
Köpenick	1.5	1.5	6.3	6.4	14.0	31.0	30.5	29.5	38.3	38.0	42.4	42.5
Lichtenberg	1.5	1.5	5.7	5.8	13.9	24.6	26.1	24.3	32.7	32.2	36.7	36.7
Weissensee	1.0	0.9	3.8	4.0	14.2	29.3	29.8	27.8	36.0	35.5	40.9	40.9
Pankow	1.3	1.3	5.7	5.8	15.3	31.6	32.3	29.9	38.4	38.0	42.8	42.8
Reinickendorf	1.3	1.3	5.3	5.3	13.8	28.1	29.0	27.1	35.7	35.3	40.1	40.2
Gross-Berlin	1.6	1.5	5.7	5.8	14.6	27.9	28.7	26.0	34.6	34.2	38.2	38.3

Büsch u. Haus, *a. a. O.*, S.364-480より作成

　中間層の投票者に受け入れられていたことを示している[9]。逆に、得票率が低かったのは、ヴェディング、フリードリヒスハイン、ノイケルンなどの労働者地区であった。しかし、これらの地区でもナチ党は順調に得票を伸ばしており、1932年4月のプロイセン邦議会選挙では前回の選挙から得票を倍増させていた。また、北東部の労働者地区シュパンダウでは、ナチ党の得票率がブルジョア地区に匹敵するほど高く、トレップトウやケーペニックでも同様の傾向が見て取れる。シュパンダウでは、1932年のすべての選挙で社会民主党や共産党の得票を上回っていた。ベルリンの労働者地区でのナチ党の選挙結果は決して惨めなものではなく、「同党にとってとりわけ困難な地域でも注目すべき結果を達成した[10]」のである。

(3) 「赤いベルリン」という幻想

すでに1912年の帝国議会選挙で、社会民主党はベルリンにおいて75.3％という高い得票率を記録していた。また、1911年の段階で社会民主党員の8分の1がベルリンに居住していた。このため、当時からベルリンは「赤いベルリン」と呼ばれ、社会主義勢力の牙城とみなされた[11]。確かに1925年以降の選挙結果を見ると（表2）、共産党と社会民主党を合わせた左翼勢力の得票率は50％を越えて極めて安定していた。ベルリン市議会でも共産党と社会民主党の「左翼多数派」は理論上は形成可能であり、例えば、1929年の市議会選挙での両党の獲得議席は225議席中120議席であった。

しかし、「赤いベルリン」イメージは、次の2点を踏まえるならば、現実を説明していないように思われる。第1に、1920年代末に先鋭化していく社会民主党と共産党の政治対立と、社会民主党の穏健派ブルジョア政党への接近である。第2に、1930年代初頭のナチ党の躍進、とりわけ労働者地区への侵入である。

ドイツ革命後のベルリン市政は社会民主党と独立社会民主党が3分の2の議席を占めて与党となり、文字通り「赤いベルリン」として出発した[12]。しかし、その後、社会民主党は中道諸政党との連立を志向し、例えば1921年初頭の市長選では民主党推薦候補への支持を表明している。独立社会民主党の分裂により、左翼陣営が共産党と社会民主党の2党体制になると、自治体行政の責任政党として現実的な改良主義路線をとる社会民主党と、極左的革命路線を進む共産党の対立は顕在化した。一時的に両党が歩み寄り、「左翼多数派」として社会政策面での政策協力に至ることもあったが、ワイマル期を通じてのベルリン市政の基盤は1926年の予算審議において形成された社会民主党と中道諸政党（民主党、中央党、場合によっては国民党）による「予算多数派（Etatsmehrheit）」であった[13]。加えて、共産党のデモ隊に社会民主党影響下の警察が発砲した1929年5月の「血のメーデー」事件、あるいは前年より強まっていた社会民主党を主要敵とみなす共産党の「社会ファシズム論」が左翼陣営内の対立をさらに深刻にした。この意味で、1920年代末ベルリンで「左翼多数派」が形成される可能性は、数字上は存在しても、非現実的なものだったのである。

さらに1930年代に入ると、ナチ党がベルリンにおいても抬頭した。その際、

この現象は、左翼陣営に対するナチ党の挑戦という二項対立ではなく、2大政党である社会民主党と共産党の対立に「ベルリンの労働者地区の住民の支持を得ようとする第3の政党[14]」としてのナチ党が加わった三つ巴の闘いとして捉えられるべきであろう。H.ケーラーの表現を借りれば、ワイマル末期のベルリンには「一種の三党体制（eine Art Dreiparteisystem）[15]」が形成されていたのである。非マルクス主義政党であるナチ党の労働者地区での抬頭は、左翼陣営における一枚岩的な統一性の欠如と相俟って、「赤いベルリン」のイメージを転換した。「"赤いベルリン"の神話は、ワイマル期に社会民主党や共産党によって繰り返し呼び起されていたが、実際には、現実からかけ離れた願望的なイメージという特徴をますます呈していった[16]」。

2　ワイマル共和国末期ベルリンの街頭闘争

(1)　「視覚化」される政治

　ナチ党大ベルリン大管区（1928年10月までベルリン=ブランデンブルク大管区）は、1926年11月にJ.ゲッベルスが大管区長に着任して以降、勢力の拡大を目指し体系的な活動を展開したが、その活動は「巧みな二重戦略」によって特徴づけられる。すなわち、同大管区は、ブルジョア地区の投票者をナショナリスティックな主張でひきつけようとする一方、労働者地区では社会主義的なアピールを繰り返した[17]。この結果、ブルジョア地区はナチ党の得票源として機能し、労働者地区では伝統的な社会主義ミリューとの競合を招くことになっていくのである。

　大ベルリン大管区を特徴づける労働者獲得志向は、様々な形で実践されていった。経営内でのナチスを支持する被用者のサークルである「ナチス経営細胞」の結成や、後述する酒場を利用したSAの拠点形成がベルリンに端を発していた事実は示唆的である。前者の「ナチス経営細胞」は1928年頃からベルリン市内に登場し、やがて全国にも波及し、1931年1月には全国指導部を持つ「ナチス経営細胞組織（NSBO）」の設立へと結実した[18]。この「経営内」の動向に対して、「街頭」を活動舞台にしたのがSAである。

　ワイマル共和国末期には、街頭や広場での各政治勢力によるデモ行進や集会、

あるいは敵対勢力への襲撃と暴力沙汰が日常的な光景として浮かび上がってきた。「街頭は共和国や民主主義的手続き方法に対する議会外的攻撃のコミュニケーション空間、プロパガンダの公共広場として利用された[19]」。街頭を制すること、これがワイマル末期のドイツの世論形成には必要不可欠であった。A.ヒトラーは言う。「我々が……必要としているのは、100人や200人の共謀者ではなく、我々の世界観を支持する何十万人もの熱狂的な闘士……である。活動は秘密会合ではなく、強力な大衆行進の中で行われるべきであり、短刀や毒薬、あるいはピストルによってではなく、街頭の征服により、この運動には道が開かれるのである[20]」。ゲッベルスも同様に「街頭は今やすでに近代的な政治の特質である。街頭を征服できる者が大衆も征服できる。そして、大衆を征服するものがそれとともに国家を征服するのだ[21]」と語っている。

　「政治とはまず何よりも象徴闘争である[22]」とすれば、街頭を制するための闘いはシンボルを用いたヘゲモニー闘争として発現する。1932年に行われた一連の選挙でのイメージ戦略を研究したG.パウルは、そこでナチ党や共産党が展開した選挙キャンペーンを「象徴の戦争（Krieg der Symbole）」と呼んでいる[23]。その意味するところは、大衆民主主義時代の投票行動に対して街頭に溢れる象徴の果たす役割が増大したことである。換言すれば、政治的意思決定に影響を及ぼす公論（世論）を形成する「政治的公共性」の転換、つまり「街頭公共性」が「市民的公共性」に取って代わったということである[24]。理性の政治から感覚の政治への、「市民的公共性」から「街頭公共性」への転換を、パウルは次のように主張している。「（1932年の選挙では）政党のプロパガンダの伝統的手段たる文字や言葉がその意味をますます喪失し、図像や記号が代用された。政治的議論は視覚的なものへと脱線していった。選挙戦の密かな脱政治化は、権力と力強さの、決断と変革への意志の感覚的・視覚的な表明を伴っていた[25]」。

　このワイマル末期の「新しい政治文化」、つまり街頭における政治的暴力やデモ行進を通じた世論形成の主役は、ナチ党と共産党であった。理性的な議会制民主主義に立脚したワイマル共和国は、「理性の府」たる議会の機能が麻痺し、その理念と対極にある政治的暴力や議会外活動が政治を左右する中で瓦解しはじめていくのである。1932年の選挙戦が明らかにしたのは、共和国擁護派の社会民主党や中央党がなおも文字と言葉による政治的議論の説得力、投票用紙と

理性の力に信頼を寄せていたのに対して、ナチ党や共産党は「公共圏の視覚的支配」を積極的に目指していたことである[26]。「象徴闘争は共和国の敵、ナチスと共産党によって最も激しく組織された[27]」。ここに大衆集会、政党軍のプロパガンダ行進、式典、身振り、制服、旗、横断幕、ポスターなどを駆使した非言語的な視覚による政治、「公共空間の美学的・感性的占有（die ästhetisch-sinnliche Okkupation öffentlicher Räume）[28]」が開花した。例えば、1932年7月の国会選挙では、ナチ党はハンブルクにおいて8万枚のポスター、600本の横断幕、2万本以上のハーケンクロイツの旗を掲げた。「視覚の上でも巧みに演出された選挙闘争と頻繁に行われた各地区を回るプロパガンダ行進により、ナチスは、街頭が彼らだけのものだという印象を呼び覚ますことにますます成功していった[29]」。こうして、ワイマル末期の街頭公共性の中からナチズムの公共性＝「ファシスト的公共性」の誕生を見るのである。

　街頭を制するためには、シンボルの生成と同時に、シンボルを担う「主体」が不可欠であった[30]。この意味において、SAが果たした役割は決して小さくはなかった。というよりは、ナチスにとっての視覚的表現手段とは、もっぱら「制服を着用し、整列し、規律化されたSAの隊列」であり、それが人びとに視覚的な「魅力」を提供したのである[31]。「（ナチズム）運動自体、とりわけSAが"メッセージ"として理解されうる[32]」のであり、ゲッベルスにとってSAとは「活動的なプロパガンダ部隊[33]」であった。「ジーク・ハイル」の掛け声とともに腕を高く伸ばす挨拶や同一歩調での行進は街頭での「ナチズムの体現化」であり、SA隊員の存在自体がナチズムを表象した。SAの街頭活動は、拠点形成、集会や行進などのプロパガンダ活動、政治的暴力による政敵の打倒などであり、これらを通じて世間の注目を引き、急進的な労働者をナチズムへ取り込もうとした。その際、すでに1920年代に街頭のヘゲモニーを奪取していた共産党との衝突は不可避であった[34]。「SAの"闘争デモ"の明確な目標は、プロレタリア居住区の公的空間において社会主義労働運動のヘゲモニーを粉砕し、行進する隊列の効果により新たな支持者をナチズム運動に獲得することであった。換言すれば、SAはナチ党のために20年代にたいていは共産党員によって支配されていたベルリンの街頭の解放闘争を行わなければならなかった[35]」。

(2) 街頭闘争の展開

　ナチ党は1920年代末に、ベルリン市内各地に40の支部（Sektion）を設置したが、このうち25の支部は労働者地区ないしはプロレタリア的色彩の強い地区に位置していた。ヴェディングでは1928年5月にわずか18人でナチ党支部が結成されたが、1932年には5つの支部に拡大されている[36]。

　また、1925年に再編成されたSAは、ベルリンでは450名の隊員から出発した。1928年秋の時点で隊員数は800名であったが、1930年代に入ると急増し、1931年春には3000名を越え、1932年初頭には15000名を数えた。これは、同時期のベルリンの登録党員数16000名に匹敵していた。ノイケルンのSAは1926年3月に設立され、1931年には1300名の隊員数を抱えた。また、労働者地区の中では保守的傾向が強く、ナチズムが早くから一定の浸透を見せたシュパンダウでは、SAは1926年2月には約80名の隊員（ベルリン全体の約18％）を抱え、以後ベルリン市内でも有力な部隊として発展していった[37]。ゲッベルスもシュパンダウを「ベルリンの最初の闘争を戦い抜いた」地区、ベルリンの「最初の確固たる拠点」とみなしている[38]。70ないし200名で構成されるSAの中隊数は1931年3月末にベルリンで40を越え、労働者地区でもノイケルン・クロイツベルクに3中隊、ミッテ・ヴェディングに4中隊、シュパンダウに3中隊が存在していた[39]。

　ベルリンのナチ党は、1926年11月のゲッベルスの大管区長就任直後から労働者地区への侵入を積極的に試みていた。1926年11月14日には、ナチスのプロパガンダ行進がノイケルンで実施され、そこに住む共産党支持者の反感を買うと同時に、マスコミにも取り上げられる反響を呼んでいる。さらに、ノイケルン、ヴェディング、フリードリヒスハインなどの労働者地区で伝統的に社会主義運動が集会場所として利用していたホールで頻繁に集会を行った。最も有名なものが、1927年2月11日にヴェディングにある共産党の党大会場ファルスホール（Pharussäle）において数百人のSA隊員を動員した集会であろう。ゲッベルス自身が講演を行ったこの集会では、現場に駆けつけた共産党系労働者とSA隊員が衝突し、警察が介入する事態となった。この事件は、生粋の労働者地区へのナチスの侵入を印象づけた。また、街頭においてもすでに流血の衝突は発生していた。1927年3月には、リヒターフェルデ・オスト駅で共産党系のRFBと

SAが衝突し、RFBの14名、SAの2名が負傷している。警察が介入により乱闘は終了したが、その後、SAはヴィッテンベルク広場まで闘争の勝利を訴えるプロパガンダ行進を行っている。SAの暴力的な活動を通して新たな党員やSA隊員の獲得を目論むゲッベルスの意図は効を奏し、この2つの衝突後、SAは数百名の新規入隊者を記録した[40]。ただし、この「リヒターフェルデの衝突」がきっかけとなり、1927年5月にナチ党はベルリンでの活動禁止に追い込まれることになった。

　ところで、労働者地区への侵入を目指す場合、ナチスはまず、通りに面した酒場や飲食店に自らの拠点を求めた。これは、官憲の目が行き届かない酒場の奥座敷を会合場所として利用するという第二帝政期における左翼労働運動の「酒場文化（Kneipenkultur）」の伝統を踏襲するものであった。すでに1928年頃には、ベルリン市内、わけても労働者地区に、ナチ党員やシンパの会合場所としての「交流酒場（Verkehrslokal）」、さらにはSA隊員の活動拠点となる「中隊酒場（Sturmlokal）」が誕生していた[41]。この背景には、20年代末頃に売上げの落ち込みから、政治的動機からではなく、むしろ経済的利益を求めて、多くの酒場経営者が売上げ保証を約束するSAに店を開放したことがある。これにより、「SA中隊は新たな拠点を獲得し……その地区の公共圏の一部を占拠した」のであり、「ある酒場が一度しっかりとSAの掌中に入ると、それが周辺のさらなる"征服"の出発点となった[42]」。「中隊酒場」はベルリンでのSAの急速な拡大とともに隊員の日常的な活動拠点として増加し、他の客を排除して失業中の隊員に食事や寝場所を提供して生活場所となるケースもあった。つまり、「中隊酒場」は戦闘の最前線基地であると同時に、隊員にとっての擬似家庭的機能を担っていたのであり、当時のあるSA指導者の記述でも、SA隊員の「生活の本質的構成要素」とみなされている。「中隊酒場、それはいわば戦闘地域の強固な陣地だ。それは敵に対して平穏と安全を、厳しい任務の後の保養と補強を保証してくれる、前線の中の塹壕なのだ……隊員たちは中隊酒場で、彼らが祖国でほとんど失っていたものを体験した。つまり、温かな心、援助の手、"自分（Ich）"への関心、共同体の感情と思考の調和である。彼らは仲間意識、それとともに故郷と生への喜びを体験したのだ[43]」。

　このSAの拠点は1920年代末の時点でベルリン市内22ヶ所（そのうち少なく

とも11ヶ所は労働者居住地区）に存在したが、1930年から1931年にかけて急増していった[44]。中には、以前の共産党系の酒場をそのまま使用したものも存在し、労働者地区の街頭に登場したSAの「中隊酒場」は、労働者地区のほとんどすべての街角に存在していた共産党系の酒場と隣り合うことになり、共産党の主要な攻撃対象の1つとなった。例えば、1931年9月9日にはクロイツベルク・グナイゼナウ通りに面したナチスの「交流酒場」に向けて共産主義者が発砲し、見張りに立っていたSA隊員1名が死亡し、1名が重傷、2名が軽傷を負っている。さらに1931年10月15日にはノイケルン・ラヒャルト通りのSAの「中隊酒場」に同じく共産主義者が発砲し、SA隊員2名が重傷を負っている。また、共産主義者とSA隊員が一般の酒場に居合わせ衝突するケースもあり、1931年1月28日深夜にシャルロッテンブルクの労働者街ヘッベル通りの酒場で共産主義者とSA隊員が乱闘を起こし、共産主義者1名が背中を刺され重傷を負っている[45]。

　ナチ党やSAの公的空間での活動であるデモ行進や集会は、1929年秋の「ヤング案反対闘争」をきっかけとして活発に展開された[46]。ナチ党は同年9月と10月には、シュポルトパラスト（Sportpalast）で2度の大規模な集会を催し、それに付随してデモ行進も実施された。1929年9月にはノイケルン、1930年4月にはヴェディングで、数百人を動員したSAのデモ行進も行われている。このデモや集会には、挑発行為から暴力へ至る回路が内蔵されていた。SAのデモは政治的主張をアピールするだけではなく、「攻撃的・膨張的で、暴力を誘発・行使する侵略出兵」であった。

　行政当局や警察はSAのデモや集会の禁止を命じることで対抗しようとした。ベルリンでは何度となく、警視総監やプロイセン内相により野外でのデモや集会が禁止ないし制限されている。1928年以降、ベルリンでSAが自由にデモや集会を実施できたのは、短期間の禁止解除を除くと、1929年下半期および翌30年4月から12月にかけてだけであった[49]。1932年4月には大統領緊急令によりSAおよびナチス親衛隊（SS）が非合法化されたが（同年6月に再び合法化）、デモ・集会や制服着用の禁止などを含めた当局の治安措置は、SAの公的な行事を減少させることはできたとしても、その暴力性を阻止するほどの効力をもたなかった。むしろ、これをきっかけにSAの政治的暴力はデモや集会を離れて、

日常の中で頻発していくのである。

　社会民主党の報告によると、ナチス側に起因する暴力行為は1930年から31年にかけて1484件にのぼり、62名が殺害され、3200名が負傷していた。1930年5月14日深夜にはシェーネベルクでSA隊員が共産党員3名を襲撃し、1名がナイフで刺され死亡している。同年11月22日にも、シャルロッテンブルクで行われた共産党の式典会場にSA中隊が押しかけ、乱闘に至っている。同年12月31日には、プレンツラウアーベルクで国旗団員1名がSA隊員に襲撃され負傷し、駆けつけた国旗団とSAとの銃撃戦でさらに国旗団員1名と通行人1名が死亡している。さらに、1931年2月1日深夜にはSA隊員が共産党員に向けて発砲し、1名が死亡、2名が重傷を負っている[50]。また、SA隊員がユダヤ人（と思われる人物）を襲った事例も少なくはない[51]。

　他方、共産党側からナチス・SAへの攻撃も目立っていた。1930年1月14日に労働者地区フリードリヒスハインのSA中隊長ホルスト・ヴェッセルがRFBメンバーに射殺された事件は、ゲッベルスによって神話化されSA隊員の共産主義者への憎しみを増大させたが、とりわけ1931年秋から1932年にかけては、SA隊員が殺害された事例が多く報告されている。1932年12月23日にティアガルテンでのSAと共産主義者の乱闘でSA隊員が刺殺された事例が、ナチスの政権掌握前のベルリンでの政治的暴力による最後の犠牲者とされている[52]。

　街頭闘争による死傷者数は1931年だけでドイツ全土で8248名にのぼり、その内訳はナチス4699名（57.0％）、鉄兜団625名（7.6％）、国旗団1696名（20.6％）、共産党1228名（14.9％）であった。また、同年における街頭闘争での逮捕・嫌疑者は8942名であったが、このうちナチスが2589名（襲撃対象が国旗団1429名、共産党1133名）、鉄兜団が320名（襲撃対象が国旗団236名、共産党81名）、国旗団が1849名（襲撃対象がナチス1556名、鉄兜団190名、共産党99名）、共産党が4184名（襲撃対象がナチス3515名、鉄兜団399名、国旗団254名）であった。数的な差はあるが、各団体が相互に襲撃を行っていたことがそこには現れている。また、共産党の逮捕・嫌疑者数が半数近くを占めるのは、共産党員の過激さに加えて警察側の共産党に対する厳格な対応が背景にあると思われる。1932年に入ると戦闘はさらに激化し、特に6月にSAが再び合法化された後、ドイツ全土では300名以上が政治的暴力で死亡し、約1200名が負傷している。また、SA

隊員の犠牲者も1931年の46名に対して、1932年は8月までに71名に増加した[53]。

これほどの激しい闘争が発生したのは、ベルリンでは主として労働者地区もしくはブルジョア地区内のプロレタリア的色彩の強い地域であった。労働者地区において死者を出していないSA中隊は皆無であったが、逆にブルジョア地区は比較的平穏であり、街頭闘争はあまり重要な問題ではなかった。SAと共産党員の乱闘や銃撃戦といったセンセーショナルなニュースを、ブルジョア地区のナチ党支持者は翌日の朝刊で知ったという指摘は、2つの地区の性格の違いを的確に表現している[54]。重要なのは、敵の殺傷にまで至る暴力の行使が労働者地区では決して否定・忌避されず、むしろそれが許容される風土が地区全体に醸成されていた点である。理性的な議会制民主主義に解消しきれない「政治的暴力のサブカルチャー[55]」がワイマル末期のこの地区（ドイツ社会？）に広く浸透していたがゆえに、多くの人がSAのような暴力的街頭組織に魅力を感じたのではないだろうか[56]。

おわりに

1920年代後半からベルリン労働者地区で展開されたSAと左翼勢力の街頭闘争は、第二帝政期以来の左翼運動の牙城としての「赤いベルリン」という認識を無力化・幻影化した。SAの街頭活動はワイマル期に成長した街頭公共圏を赤色から褐色に塗り替え始めていったのであり、その政治的暴力は「"現体制"と"共産主義"の液状化の象徴[57]」となった。ナチズムが街頭公共圏を制する、つまり政治的左翼を街頭から駆逐するのは政権獲得以後まで待たなければならなかったが、ワイマル末期にその転換の端緒を求めることは可能であろう。この闘争を「資本家の手先」あるいは「反マルクス主義の戦闘的中間層の集団」としてのナチスが社会主義労働者ミリューを制圧したという構図、つまり階級闘争として理解してはならない。むしろ、ナチ党、共産党、社会民主党という労働者志向の3党が展開した三つ巴の闘いと捉えるべきである。この点で、「ナチスと共産主義者の対立を階級闘争に還元しようとする試みは失敗する[58]」との指摘には首肯できよう。この結果、SA隊員の社会的構成に目を向けると、「男性」、「若者」、「失業者」を特徴として、ベルリンなど大都市部での労働者割合

の高さが確認されるのである[59]。

　SAが街頭闘争を先鋭化させていった1920年代後半以降、ナチ党は選挙で地滑り的勝利を飾り、合法路線の象徴としての議会への進出を果たした。ベルリンの労働者地区でもナチ党の得票は急速に伸張しており、少なくともSAの政治的暴力がこの地区に住む労働者たちにマイナスに作用したとは言えない。「ヒトラーへの権力委譲の前にすでに左翼的な労働者組織は多くの労働者地区でそれまでの優勢を失っていた[60]」という指摘が少々誇張されたものであるとしても、共産党と社会民主党の政治的対立や社会主義ミリュー自体の統合力の弛緩というファクターも作用して、SAは労働者を捉えていったのではないだろうか。

　その際に注目すべきは、革命的な階級闘争路線とも、社会民主主義的な修正主義路線とも異なる「ナチズム（国民社会主義）」という、もう一つの「社会主義」の統合力であろう。ベルリンでは、ナチズムのナショナリスティックな部分がブルジョア地区でのナチス支持に作用し、一方で、労働者地区では階級独裁ではなく階級平準化を前提とする民族共同体の理念が共鳴した。SAが「共同体的なもの」を提供したという隊員たちの感覚を看過してはならない。労働者地区のSA隊員は彼らなりに自らを「プロレタリア」、SAを「社会主義的共同体」と感じていたのである[61]。

　最後に、ナチ党が労働者獲得を強く志向した唯一の非マルクス主義政党であり、運動であった点を再度強調しておきたい。NSBOとSAというプロレタリア的要素の強い急進的組織が、加入者数の点でワイマル末期のナチズム運動において最大規模であったことは重要である。1931年１月にNSBOが正式に誕生し、「経営内」での労働者獲得に本腰を入れたことで、ナチ党は「経営内＝NSBO」と「街頭＝SA」それぞれで労働者獲得を目指すようになった。すでに社会民主党が自由労働組合と国旗団を、共産党が革命的労働組合反対派（RGO）と赤色前線兵士同盟（RFB）を配下に置いていたように、ナチ党もまたNSBOとSAを運動内に併置することで、1930年代初頭には、この３党だけが政党（党員・投票者としての労働者）、経営内組織（経営内労働者）、街頭組織（街頭の労働者・失業者）という３つの次元での労働者獲得を目指す組織構造を構築していたのである[62]。1920年代には一枚岩的・静態的であった労働運動がナチズムに対する防波堤の役割を喪失していった背景の一つには、こうした左右両サイド

からの突き崩しによる「多極化現象」が挙げられるであろう。

註(1) ナチズム運動内の労働者の存在を確認する視点は、大きく分けて党員や投票者などの数量的分析と、NSBOやSAなどのナチ党の諸組織の分析の2つがある。データや方法の限界はあるが、前者の研究においては、ナチ党の社会的基盤がワイマル期の他の大政党と比較して社会階層的にバランスが取れていた点から、同党の「国民政党」的な性格が主張されている。そこで強調されているのは、かつて想定されていた以上に多くの労働者がナチ党に取り込まれていた点である。Vgl. Schneider, Michael, *Unterm Hakenkreuz:Arbeiter und Nationalsozialismus 1933 bis 1939*,Bonn 1999, S.147-166,Fischer, Conan, *The Rise of the Nazis*, Manchester/New York 1995, pp.105-121.

(2) Schneider, *a. a. O.*, S.156.

(3) Mai, Gunther, Arbeiterschaft und Nationalsozialismus in der Phase der ≫Machtergreifung≪, in: Malettke, Klaus (Hrsg.), *Der Nationalsozialismus an der Macht:Aspekte nationalsozialistischer Politik und Herrschaft*, Göttingen 1984, S.85.

(4) 「政治闘争団体」の概念枠組を用い、突撃隊、赤色前線兵士同盟、国旗団、鉄兜団などを比較研究したものとして、岩崎好成「赤色前線兵士同盟と「政治闘争団体」」『西洋史学報』17号、1990年、同「『政治闘争団体』とナチズム運動の擡頭」『現代史研究』43号、1997年。後者の論文では、政治闘争団体の定義として、院外・街頭政治の展開、武断的姿勢、暴力行使への親和性、軍隊的組織構造・外観などが挙げられている（3頁）。議会制民主主義国家とは一見相容れない内戦的な様相は、第二帝政期の軍国主義から第一次大戦中の塹壕経験を経て戦後もなお社会の底流に息づいていた「準軍隊主義（Paramilitarismus）」をその背景としていた。この点に関しては、Balistier, Thomas, *Gewalt und Ordnung:Kalkül und Faszination der SA*, Münster 1989, S.165ff., 岩崎好成「ワイマル期民間国防団体の政治化」『史学研究』160号、1983年。

(5) Schmiechen-Ackermann, Detlef, *Nationalsozialismus und Arbeitermilieus:Der nationalsozialistische Angriff auf die proletarischen Wohnquartiere und die Reaktion in den sozialistischen Vereinen*, Bonn 1998, S.710f.

(6) 大ベルリン統合並びにワイマル期ベルリンの様子に関しては、Köhler, Henning, Berlin in der Weimarer Republik 1918-1932, in:Ribbe, Wolfgang (Hrsg.), *Geschichte Berlins:Zweiter Band*, München 1987, S.814ff., Büsch, Otto u. Haus, Wolfgang, *Berlin als Hauptstadt der Weimarer Republik 1919-1933*, Berlin/New York 1987,S.5ff.

(7) Vgl. Schmiechen-Ackermann, *a. a. O.*, S.70. 各行政区のデータについては、Büsch u. Haus, *a. a. O.*, S.363ff.ベルリンの労働者地区の貧困状態はひどく、1930年のある報告によると、ヴェディングでは家屋の状況は劣悪で、ほとんどの世帯

で暖房がなく、約90％の世帯でバスが、半数の世帯で便所がなかった。犯罪発生率も高く、ほとんど無法地帯と化した地域も存在した。こういった環境の中で、その多くを占める労働者たちは現状の修正を目指す社会民主党ではなく、現状を変革する共産党支持へと向かった。Vgl. Striefler, Christian, *Kampf um die Macht:Kommunisten und Nationalsozialisten am Ende der Weimarer Republik*, Berlin 1993, S.319ff.u.327ff.

(8) Lehnert, Detlef, Das ≫rote≪ Berlin:Hauptstadt der deutschen Arbeiterbewegung,in:Glaessner, Gert-Joachim u.a. (Hrsg.), *Studien zur Arbeiterbewegung und Arbeiterkultur in Berlin*, Berlin 1989, S.31.

(9) Schmiechen-Ackermann, *a. a. O.*, S.186ff.

(10) *Ebenda*, S.178. H.ケーラーも「ブルジョア地区において支配的であっただけでなく、労働者地区でも驚くほど強力であった」と指摘する（Köhler, a. a. O., S.919）。なお、共産党はヴェディング、フリードリヒスハイン、ノイケルンといった労働者地区を明確な牙城とし、1932年11月の国会選挙でそれぞれ47.1％、43.3％、39.3％という高得票率を記録した。逆に、同じ選挙でのツェーレンドルフ、シュテークリッツ、ヴィルマースドルフといったブルジョア地区での得票率は10％程度であった。社会民主党の得票率も労働者地区で高く、ブルジョア地区で低いという傾向にあったが、その差は共産党よりはずっと小さく、同党の労働者政党としての性格はワイマル期ベルリンにおいて曖昧なものになっていたことが伺われる。

(11) 例えば、ゲッベルスは次のように言う。「この400万都市（ベルリン）はいかがわしい政治的分子に最も快適な避難所を提供している。マルクス主義はここに数十年の間しっかりと根を下ろし、確固たる地位を占めている。マルクス主義はここに精神的・組織的中心をもっているのである」（Goebbels, Joseph, *Kampf um Berlin*, München 1943[erstmals 1932], S.124）。

(12) ワイマル期ベルリン市政の経過に関しては、Lehnert, a. a. O, S. 3-31, Gough, Edward, *Die SPD in der Berliner Kommunalpolitik 1925-33*, Diss., Berlin 1978, S. 1-31u.221-230.

(13) *Ebenda*, S.30f., Lehnert, a. a. O, S.17.

(14) Striefler, *a. a. O.*, S321.

(15) Köhler, a. a. O., S.920.

(16) Schmiechen-Ackermann, *a. a. O.*, S.73.

(17) Vgl. *Ebenda*, S.710, Fischer, Conan, Class Enemies or Class Brothers?:Communist-Nazi Relations in Germany 1929-33, in: *European History Quartely*, Vol.15 (1985), p.263.ナチ党大ベルリン大管区の展開についてはさしあたり、Hüttenberger, Peter, *Die Gauleiter:Studie zum Wandel des Machtgefüges in der NSDAP*, Stuttgart 1969, S.39ff.

(18) ベルリンにおけるナチス経営細胞の発展については、拙著『ナチズムと労働者―

187

ワイマル共和国時代のナチス経営細胞組織』勁草書房、2004年、83頁以下。
(19) Ehls, Marie-Luise, *Protest und Propaganda:Demonstrationen in Berlin zur Zeit der Weimarer Republik*, Berlin/New York 1997, S.385.
(20) Hitler, Adolf, *Mein Kampf: Bd. 2*, München 1934[erstmals 1926], S.182.
(21) Goebbels, *a. a. O.*, S.86.
(22) パトリック・シャンパーニュ（宮島喬訳）『世論をつくる―象徴闘争と民主主義』藤原書店、2004年、33頁。
(23) Paul, Gerhard, Krieg der Symbole:Formen und Inhalte des symbolpublizistischen Bürgerkrieg 1932, in:Krebs, Diethart und Stahr,Henrich (Hrsg.), *Berlin 1932:Das letzte Jahr der ersten deutschen Republik:Politik, Symbole, Medien*, Berlin 1992, S.27.
(24) ユルゲン・ハーバーマス（細谷貞雄・山田正行訳）『公共性の構造転換（第2版）』未来社、1994年。「市民的公共性」が成立している空間＝「市民的公共圏」は、自律的な「市民＝財産と教養をもつ公衆（読書する公衆）」の合理的なコミュニケーション行為（討議）を通して公権力への批判とその制御を行う場である。しかしながら、この公共性は財産と教養をもつ男性市民の閉鎖的空間であり、上位の公権力・宮廷・教会などの公共性に対抗すると同時に、女性や労働者はその空間から必然的に排除されていた。この市民的公共性の外延に、そこから排除されてきた労働者階級を包み込むことで成立した「街頭公共性」を19世紀後半に初めて社会民主党の労働運動が組織した。しかし、社会民主党が街頭よりもむしろ機関紙など活字媒体に依存した公論形成に傾斜していく中で、ワイマル期には街頭公共性の中心が共産党やナチ党へと移っていった。ここから大衆を「国民化」し、人びとの「参加」により広範な合意形成を行う「ファシスト的公共性」が生まれてくる。この点については、佐藤卓己『大衆宣伝の神話―マルクスからヒトラーへのメディア史』弘文堂、1992年、同「ファシスト的公共性―公共性の非自由主義モデル」『民族・国家・エスニシティ』岩波書店、1996年参照。「公共性」概念については、斎藤純一『公共性』岩波書店、2000年。
(25) Paul, a. a. O., S.27.ゲッベルスは次のように述べている。「ナチズムは最初から議会では闘わなかった。それは早くから、ビラ、ポスター、大衆集会、街頭デモといった近代的なプロパガンダ手段を用いた。その際、たちまちマルクス主義に遭遇しなければならなかった…ナチズムは街頭の人びとに向かってアピールし、彼らの言葉を語り、彼らを脅かす困窮や苦悩について演説し、民衆の問題を自らの問題としている」（Goebbels, *a. a. O.*, S.116ff.）。また、彼自身は「ドイツにおいて公的生活の中であれほど頻繁かつ宿命的に影響を与えていた、印刷された文字に対する無批判の信仰は、徐々に消失し始めた」と感じていた（*Ebenda*, S.320）。ヒトラーは、統一化された象徴の効果を、第一次大戦後のベルリンで体験したマルクス主義の大衆集会を通して認識したという。「おびただしい赤旗、赤い腕章、そして赤い花が、おそらく12万人も参加したと思われるこの示威行動に、まったく表面だけでも強力な威信を与えたのだ。私自身、このような雄

大な印象を与える光景のもつ暗示的魔力に、民衆がいかにたやすく屈服してしまうかということを感じ、また理解しえた」(Hitler, *a. a. O.*, S.133)。
(26) 共産党の「ハンマーと鎌」、ナチ党の「ハーケンクロイツ」に対して、1932年の夏に社会民主党も「三本矢」というシンボルを用い効果をあげたが、それは一時的なものであり7月の国会選挙後には衰退していった。Vgl. Paul, a. a. O., S.51ff.,佐藤『大衆宣伝の神話』、第6章。
(27) Paul, a. a. O., S.33.
(28) Ehls, *a. a. O.*, S.385. Vgl. Balistier, *a. a. O.*, S.34ff. u. 81ff.
(29) Schmiechen-Ackermann, *a. a. O.*, S.177.
(30) Balistier, *a. a. O.*, S.34ff.
(31) Ehls, *a. a. O.*, S.384.1930年6月に、プロイセンなど諸邦政府が発令したSAの制服着用禁止は、逆にSAの視覚効果を物語っている。「この禁止はナチスの痛いところをつくものであった。というのも、ナチスの公の場での活動は、団結し、制服を着用し、規律化された隊列に固執していたからである」(*Ebenda*, S.375f.)。SAの象徴表現については、Balistier, *a. a. O.*, S.81-129.
(32) Hennig, Eike, Faschistische Öffentlichkeit und Faschismustheorien:Bemerkungen zu einem Arbeitsprogramm, in:*Asthetik und Kommunikation*, Nr. 6 (1975), S.114.
(33) Goebbels, *a. a. O.*, S.91.
(34) Vgl. Köhler, a. a. O., S.912f.
(35) Schmiechen-Ackermann, *a. a. O.*, S.169.
(36) *Ebenda*, S.174 u.180.
(37) *Ebenda*, S.174f.,177,183f.,203f.
(38) Goebbels, *a. a. O.*, S.50.
(39) Engelbrechten, J. K. von, *Eine braune Armee entsteht:Die Geschichte der Berlin=Brandenburger SA*, München 1940, S.174ff.
(40) Ehls, *a. a. O.*, S.386.
(41) 「中隊酒場」については、Schmiechen-Ackermann, *a. a. O.*, S.374-382, Longerich, Peter, *Die braunen Bataillone:Geschichte der SA*, München 1989, S.126ff.
(42) Schmiechen-Ackermann, *a. a. O.*, S.380f.
(43) Engelbrechten, *a. a. O.*, S.89.
(44) Striefler, *a. a. O.*, S.342, Engelbrechten, *a. a. O.*, S.89f.
(45) Striefler, *a. a. O.*, S.344, 347f.,350f.
(46) ナチスやSAの集会・デモ行進については、Ehls, *a. a. O.*, S.364-397.
(47) Schmiechen-Ackermann, *a. a. O.*, S.179.
(48) Balistier, *a. a. O.*, S.146.
(49) Vgl.Ehls, *a. a. O.*, S.211ff. ただし、ベルリンのナチ党は禁止が一時的に解除されたわずかな期間を狙って集会やデモを挙行している。例えば、1932年7月にはルストガルテンでの集会と行進、1933年1月にはノイケルンでの1万人を動員

したSAの集会が行われている。
(50) Balistier, *a. a. O.*, S.158, Striefler, *a. a. O.*, S.337, 340f., 343f.
(51) Ehls, *a. a. O.*, S.378f.
(52) Striefler, *a. a. O.*, S.372. ヴェッセル殺害に関しては、*Ebenda*, S.329ff.
(53) Balistier, *a. a. O.*, S.158ff., Striefler, *a. a. O.*, S.311ff. u. 369. また、岩崎「赤色前線兵士同盟」、70頁以下も参照。
(54) Köhler, a. a. O., S.913. Vgl. Schmiechen-Ackermann, *a. a. O.*, S.186ff.
(55) Ehls, *a. a. O.*, S.396.
(56) 同様の指摘として、岩崎「赤色前線兵士同盟」、67頁以下、同「『政治闘争団体』」、8頁以下。
(57) Balistier, *a. a. O.*, S.148.
(58) Striefler, *a. a. O.*, S.318f.
(59) 例えば、D.ミュールベルガーはナチス政権成立以前のSA隊員では労働者階級が支配的であったと主張する（Mühlberger, Detlef, *The Social Bases of Nazism 1919-1933*, Cambridge 2003, p.62）。また、都市部のSAは中間層ではなく労働者を多く取り込み、ベルリンでは75％が労働者階級に属していたという指摘もある（Fischer, Conan & Mühlberger, Detlef, The Pattern of the SA's Social Appeal, in:Fischer, Conan[ed.], *The Rise of National Socialism and the Working Classes in Weimar Germany*, Oxford 1996, p.103）。Ch. シュトリーフラーによると、ベルリンのSA隊員の54％が労働者出自であった（Striefler, *a. a. O.*, S.318）。C. フィッシャーはSAにおけるこのような労働者割合の高さが党員レベルの労働者の少なさを相殺すると述べる（Fischer, *The Rise of the Nazis*, pp.107-111）。他方、SAの社会的構成を「ごくわずかな労働者」と「大部分のプロレタリア化しつつあった中間層所属者」とみなすP.ロンゲリヒは、SAの労働者の多くが農業・手工業に属していたと指摘している（Longerich, *a. a. O.*, S.81ff., vgl. Schneider, *a. a. O.*, S.151f.）。ただし、SA隊員の職業構成については、史料の欠損に加えて、その記載内容（職業の自己申告）の信用性の問題から正確な把握は困難である。この点に関しては、Jamin, Mathilde, Methodische Konzeption einer quantitativen Analyse zur sozialen Zusammensetzung der SA, in:Mann, Reinhard (Hrsg.), *Die Nationalsozialisten:Analysen faschistischer Bewegungen*, Stuttgart 1980.
(60) Schmiechen-Ackermann, *a. a. O.*, S.177.
(61) Köhler, a. a. O., S.913.
(62) この点について、G.マイはこの両組織の活動領域の相違（経営内と街頭）や構成員の相違（就業者と失業者）から、NSBOを「労働組合的プロレタリア行動主義」、SAを「反ブルジョア的騒擾行動主義」と峻別している（Mai, Gunther, Die nationalsozialistishe Betriebszellen-Organisation: Zum Verhältnis von Arbeiterschaft und Nationalsozialismus, in:*Vierteljahreshefte für Zeitgeschichte*, Jg.31[1983], S.601f.）。1932年に入りNSBOが資本家との対決を優先し、経営内で

の就業者の利益擁護のために積極的にストライキ活動を展開し、場合によっては自由労組やRGOと共闘したことで、ナチズム運動内では階級闘争的傾向をもつNSBOとそれを否定するSAの間にかなり強い軋轢が生じていた。両組織の吸収した労働者の性格が自ずと異なっていたことも想像に難くない。「経営内」と「街頭」という場の違いは、ナチズムという統合的な運動の中に解消しきれない矛盾を孕んでいたのではないだろうか。

第三帝国下のユダヤ人「混血者」家族の事例

長 田 浩 彰

はじめに

　ドイツ第三帝国下、当初国民は「アーリア人」と「非アーリア人」に区分された。しかし、1935年9月15日のニュルンベルク法を転機として、そのどちらにも属さない範疇の人びとが出現することとなった。本章で取り上げる「混血者」がそれである。

　ナチスは、ユダヤ人をユダヤ教徒ではなく「人種」として規定した。人種の決定を簡素化するため彼らは、祖父母の代のユダヤ教徒の人数をその際の基準とした。祖父母の内3人以上がユダヤ教徒であった場合、本人が生まれながらのキリスト教徒であっても、その人物はユダヤ人とされた。このユダヤ人規定は、ユダヤ教徒の祖父母が3人未満という人びとの範疇を作り出した。つまり「2分の1ユダヤ人」や「4分の1ユダヤ人」と見なされた人びとである。前者は、祖父母の代に2人のユダヤ教徒を有し、「第一種混血者」と、後者は祖父母の1人がユダヤ教徒であって、「第二種混血者」と規定された。ただしこれら「混血者」は、本人がユダヤ教徒であれば、ないしユダヤ人と結婚していれば、その等級にかかわらず「ユダヤ人相当者」、つまりユダヤ人と見なされた[1]。

　彼ら「混血者」の多くは、ドイツ敗戦のおかげで、ユダヤ人と運命を共にすることをぎりぎりの線で逃れることができた。しかしそれは、絶滅収容所への移送を後回しにされた、ということであり、一般の「アーリア人」と同等の生活を保障されたわけではなかった。彼らの状況に関する研究は、ようやく1980年代から始まり、「混血者」自身の日記や回顧録なども出版され、現在はオーラル・ヒストリーの手法を用いた研究が始まっている[2]。それらは、ナチスによるユダヤ人迫害の「忘れられた」被害者に光を当てるだけでなく、その人種

政策への理解をさらに深めることに貢献する、と筆者には思われる。

したがって次節以降は、「第一種混血者」ヘルムート・クリューガーの自伝『半分の星』を資料[3]として、第三帝国下の彼らの生活の具体的事例を提示してみたい。

1　ヘルムート・クリューガーの青春時代（修学・恋愛・兵役）

(1)　人種問題のなかった子どもの頃

母カミラ（旧姓ダヴィドゾーン）はユダヤ教徒、父マックスはドイツ血統のキリスト教徒であったので、ナチ用語に従えば、この結婚は「混合婚」、ヘルムートは「第一種混血者」に区分された。彼には、母方の親戚との接触はほとんどなかった。ただ母方の祖母と彼は、彼女が病気になってフライブルクのクリューガー家で同居したが、1年後の1924年の聖夜に、祖母は80歳を超えて他界した。そのときヘルムートはまだ11歳で、祖母がユダヤ人墓地に葬られても、違和感を感じなかったという。

父方は、その家系を三十年戦争まで辿ることができるアルトマルクの農家であった。祖父は次男で家業を継がず、ハレ市へと出て行き、そこで兵士、後には市庁書記官Magistratssekretärとなった。父方の祖母はハレ市民の娘で、ふたりは3人の男児をもうけたが、その長男（1884年6月12日誕生）が、ヘルムートの父親マックスであった。彼はミュンスター大学文学部で1911年に学位を取得し、ナチ政権発足時には、フライブルク市立劇場の劇場監督Intendantを務めていた[4]。

母カミラは、オランダのハーグ生まれの石版画家エデュアルト・ダヴィドゾーンと、ハンガリー出身のレベカ・シュテルンのあいだに生まれた。彼女は、2人の兄と同じくウィーンで生まれ育ち、女優になり、1912年にミュンスターの劇場と契約した。このとき父は、同劇場の文芸部員Dramaturg、監督、俳優であった。ふたりはここで知り合って結婚し、ヘルムートは1913年1月20日にマンハイムで生まれた。そのとき父は、ちょうどそこの宮廷・国立劇場の文芸部員を務めていた。

まだ存命だった父方の曾祖母がひ孫を見たがったので、両親は7ヶ月になる

ヘルムートをアルトマルクのベーメンツィーンBömenzien村へ連れて行き、同年8月10日に彼を福音教会で受洗させた。ヘルムートは、生まれながらのプロテスタントとなった。

1918年、弟のアンスヴァルトがハイデルベルクで、23年に妹ブリギッテがミュンスターで誕生した。23年夏に、父はフライブルク市立劇場の監督に就任し、ヘルムートは、ここで10歳から19歳までを過ごした。水泳やスキーに興じたが、そこには「人種問題」はなかった、と彼は回顧している[5]。

(2) 第三帝国の最初の陰

ワイマル末期、SAやSS、共産党の赤色戦線兵士同盟などの煽動、ハルツブルク戦線や鉄戦線の形成などが、生徒たちを、その学年が上になればなるほど、ますます政治化していった。ヘルムートは共産党員になり、同級生のなかにはナチ党員になるものもいた。母カミラは、1931年12月1日にフライブルクのユダヤ・ゲマインデから脱退した。それは、不安からであり、増える反セム主義的な宣伝の影響から家族を守るためであった。フライブルクのナチ新聞は、ユダヤ人の妻を持つ父を激しく攻撃していた。

33年3月9日、市立劇場にハーケンクロイツ旗と黒白赤旗が掲げられた。フライブルクのナチスは、今や強力に父の解雇を求めた。彼の政治信条（民主主義政党寄り）や家族のことは知られていた。ヘルムートが元共産党員だったので、3月20日に自宅が家宅捜索された。32年秋からヘルムートは、シュトゥットガルト工業単科大学の建築技師養成学科で学び始めていた。この日たまた実家にいた彼は、手製の匕首と骨董品の武器が見つかり、父とともに逮捕された。父は数時間後に釈放されたが、彼は武器所有を理由に、数百人の共産党員や社会民主党員、その他の知られた反ナチスと共に、フライブルクの刑務所に入れられた。父母はヘルムートの釈放に尽力し、24時間後に彼は釈放された。彼をもう一度自宅で尋問した警察官の助言に従って、できるだけ早くフライブルクを後にすることにし、両親は彼を、ドレスデン近郊の煉瓦工場に労働者として潜り込ませた。すでに3月20日の段階で、フライブルクのナチ党管区指導者ケルバーの命令により、市長ベンダーは父に引退するよう勧告し、ベンダー自身も数日後にケルバーに取って代わられた。これによって父は、劇場監督の職を

失った[6]。

　33年10月8日、母はフライブルクでプロテスタントに改宗した。ナチスによる変革から自身と家族を守れるかも知れない、と期待したからだった。その月末に両親は、子どもたち2人（弟と妹）と、大都会の匿名性に期待してベルリンのミュンヒナー通り32番地に引っ越した。ナチスの圧力のかかる煉瓦工場にいられなくなったヘルムートも、結局同年末のクリスマスに、ベルリンの父母のところへ移っていった[7]。

(3) ベルリンのアルバイト学生

　翌34年夏学期から、ヘルムートはベルリン工業単科大学の建築技師学科に学籍登録した。学費は、父が1912年、ミュンスター市立劇場で監督兼俳優をしていたとき、同時にミュンスター大学演劇学部の講師をしていたことで、無料となった。彼は、「非アーリア人」とされたので、茶色の学生証ではなく、黄色のそれを持つことになった[8]。

　家族にとってますます問題となったのは、ナチズムに対してどう対応するのかということだった。たとえば、家族唯一の稼ぎ手は、「アーリア人」の父であり、彼の立場を考えれば、憎むべきハーケンクロイツ旗を掲揚すべきなのか、意図的に無視していいのか、それとも母がいることで掲揚を許されないのか。しかしニュルンベルク法の1つである帝国公民法の第一次施行令（1935/11/14）によって、「混血者」もさしあたりの帝国公民と見なされ、翌年元旦からドイツ労働戦線のメンバーにもなれることや、いずれ国防軍に召集されることを知り、彼らは旗を掲げることにした。この旗を掲げることは、言葉にできない奇妙さを彼らに抱かせた[9]。

　35年3月16日に一般兵役義務が導入され、7月25日の「非アーリア人に対する現役勤務許可に関する命令」によって、祖父母の2人以下がユダヤ教徒である場合、「非アーリア人」にも兵役資格が与えられた[10]。志願することで、自分や母、弟妹を救えると信じて、ヘルムートも願書を書いた。彼は36年4月27日に徴兵検査を受けて兵役適格となり、同年7月31日から9月30日まで、ベルリン＝テーゲルの中隊で二等兵として訓練を受けた。一方で彼は、36年5月初頭、大学で卒業予備試験を終えて、5月7日から12月30日まで、ある建設会社

のフリードリヒ・シュトラーセ駅付近の工事現場で製図工の職を得た。父は、ユダヤ人を配偶者に持つことで次第に不利益を被るようになった。36年度の公演期間の終了とともに、彼はシュレージエン州立劇場を解雇され、37年末まで演劇関係のちょっとした仕事で生計をつないだ。その後は当時もう53歳の父には、新たな道への転職はうまくいかなかった[11]。

(4) ユダヤ人でもドイツ人血統でもなく

　アビトゥーアまであと1年というところで、弟アンスヴァルトは、1937年に学校を去らねばならなかった。教師の幾人かは、彼を「混血児」としていじめた。公式にはまだ学校をやめる必要はなかったが、家計の問題で学業を続けることができなくなった弟は、社長も「非アーリア人」であるヴァールブルク貿易会社R. D. Warburgに見習いとして採用された。見習い期間が終わるやいなや弟は、39年8月に全国労働奉仕に取られ、そこから直接、40年1月に徴兵されて戦地へと送られた。自分の家族が置かれた状況にもかかわらず、弟は、ドイツがヒトラーのもとで強大化することに魅了された。翌年6月、負傷した弟は、一等兵として第二級鉄十字勲章を与えられた。弟は、42年3月に「第一種混血者」として軍隊を追われ、失望を味わった。また、兵役に就いても母が44年にテレージエンシュタット収容所へ送られるのを防げなかったことは、彼を目覚めさせた。

　妹ブリギッテは、生徒の「アーリア人」証明を学校側が要求したため、37年に転校を余儀なくされた。その後、妹は高等商業学校に移ったが、その際には「アーリア人」証明のことは言われず、「混血児」だと伝えたあとも、排除されることなく学業を終えることができた。ヘルムートは、36年にはただ1つの目標を追っていた。学業を終えることだ。現場で働いたあと、大学の製図室が開いている限りそこに通って、卒業研究を進めた。SAの制服を着た学友に、大学で挑発されることはなかった。差別は法制化されたが、個人的にそれを態度で示す義務は誰にもなかった[12]。

　工事現場での仕事以外に、ヘルムートは、ガソリンスタンドでのアルバイトを始めようと、36年末からベルリンのベンツォール＝フェアトリープ社Benzol-Vertriebでの見習い期間を過ごし、労働戦線に「第一種混血者」とし

て加入した。それにもかかわらず、ガソリンスタンドでのアルバイトは、37年3月以降拒絶された。「第一種」にサービスを受けたくない、という顧客がいるという理由のようだった。労働戦線側は、それが解雇理由にはならないとしたが、会社側はそれを受け入れなかった。彼は、4月からもオーレクス社Olexで採用が決まって、何とか生活できた。35年3月には一般兵役義務が再導入され、36年にはオリンピックがベルリンで開催された。一方で同年にラインラント再武装やスペイン内戦でのフランコ支援が行われたが、諸外国は沈黙していた。ヘルムートたちは、自分たちが取り残されたと感じていた。

　経済的な困窮から家族を救うために、37年末、父母は離婚に踏み切った。父はそれで劇場の仕事に戻ることができ、母はオランダ国籍のユダヤ人に復帰した。離婚後に父は、ベルリンのブライテンバッハプラッツの芸術家街ボン通りに住居を見つけて移り住んだが、内密に家族の生活費についても支援した[13]。

　「混血者」は、期待と不安の中にあった。「混血者」はドイツ学生団に受け入れられるというヒトラーの布告[14]によって、37年の冬学期からヘルムートは、今までの黄色の学生証に代わって、茶色のそれを取得した。一方で「混血者」は、公職には就けず、職場における上司の職も認められなかった。しかし、労働戦線、兵役へ参入されることで、彼らは、ユダヤ人とは異なって、見せかけの安全の中を揺れ動くことになった。

　38年10月5日、ユダヤ人のパスポートにはJのスタンプが押されることになった。11月9日夜の「水晶の夜」は、未曾有の反ユダヤ暴動となり、いつ母がナチスによる迫害を受けるのか、恐怖はその後もつきまとった。39年元旦から、イスラエル、ザラの名前が、ユダヤ人に追加された。41年9月19日からは、外出時の「ユダヤの星」着用義務が始まった[15]。母がその適用を免れたのは、「混合婚」から子どもを授かっていたからだ。

　ニュルンベルク法の1つである血統保護法の第1次施行令（35/11/14）第3条によれば、「第一種混血者」が、「第二種」やドイツ人血統と結婚する際には、内相か総統代理、ないし彼らが指定した機関による許可を必要とした[16]。このことを知っていたので、ヘルムートは、「アーリア人」女性との交際を考えるつもりはなかった。しかし、父や自分が出て行って空いた部屋を、母が又貸しし、そこを借りたアーリア人女性ヘルタ・エックハルトと偶然知り合うことに

なり、ふたりは愛し合うようになった。彼女の父は、第一次大戦の空軍士官で、チョコレート会社を経営していた。兄はSS隊員で、労働戦線リーダーのライの護衛兵だった。ヘルタとの関係が深まるにつれ、彼女は別の場所に部屋を見つけ、ふたりは、ドイツ人血統と「第一種」の関係が引き起こしかねない危険をできるだけ避けようとした。ヘルタはある経済グループで専門職員として働き、金銭的にも、論文のタイプの面でもヘルムートを助けた[17]。

(5) 軍服につけたハーケンクロイツ

39年5月に、ヘルムートは、大学に学士修了試験の申請をし、9月から翌年1月までに試験を受ける許可を得た。また、39年4月3日、勤労学生として、地下建設工事会社のユリウス・ベルガー社Julius Bergerに事務員として雇われた。1ヶ月間は半日、その後は終日働くことになり、学士号取得後の契約は、再度取り決められることとなった。そこでヘルムートは、上述の血統保護法施行令に従って、ヘルタとの結婚申請を行った。

39年8月28日、動員令が出た日に、彼は第7歩兵連隊479部隊に召集された。結婚申請に関しては何の返事もなかった。貨物駅に集合し、貨車でランツベルクLandsbergへ出発した。そこでは、ヒトラーに忠誠を誓わねばならなかった。彼も、鍵十字のついた軍服を着た。ポーランド進撃のあいだ、彼の部隊は、ほとんど敵と遭遇せず、空軍の爆撃を追って、村落が燃える中、独ソ不可侵条約の秘密規定で決められたソ連との暫定的境界線まで進軍した[18]。

39年10月10日、ヘルムートは一等兵に昇進した。36年6月26日の改正国防法では、「混血者」は上官にはなれないとされていたが、上司も彼もそれを知らなかった[19]。これでヘルムートは、歩兵の教育係になり、さらに、この中隊の第1小隊33名を率いることになった。ユダヤ人は扁平足の臆病者だ、という中傷に反発して、当初ヘルムートは、常に志願して偵察斥候部隊に入っていた。そこで小隊長・斥候隊長のエスターヴィッツと知り合い、彼の部隊で活動した。寒い夜に動きやすくするため薄着で偵察に出ていたので、ヘルムートは風邪をこじらせて野戦病院に入院した。エスターヴィッツが見舞った際に、この中隊の「ユダヤ人混血者」について何か知らないか、と尋ねてきたが、彼は正体を明かさなかった。それは、40年4月20日の参謀本部秘密命令が、ちょうど彼の

部隊にも伝わった頃だったのだろう。この命令により、「第一種」の兵士や「第一種」の妻を持つ「アーリア人」兵士も、即座に軍から追放されることになっていた[20]。彼は当時、その秘密命令については知らず、上官も、部下の経歴を調べようとはしなかった。

　戦闘での功績が認められたヘルムートは、40年10月31日、第二級鉄十字勲章を授与された。今では骨董店で安く売られているが、当時はこれで、母や兄弟が救われると思えるほどありがたいものだった。その後も兵士でいることが自分や母、その他の「混血者」やユダヤ人のためになると信じて、彼は出自に関して沈黙を守った。ヘルムートは、結局41年4月13日に国防軍から追放された。弟アンスヴァルトは、遅れて42年夏に部隊を追放されたが、彼もそれ以前にロシア戦線で負傷して、第二級鉄十字勲章を得ていた[21]。

2　「混血者」や「混合婚」への迫害の強化

(1)　一般市民としての二重生活

　ヘルタが、開戦直後に、ヘルムートに代わって大学へ研究論文を提出してくれた。その後に課せられた卒業課題論文作成を、彼は兵士であるとして、規定により免除された。40年10月以降、「第一種」には大学への入学が厳しくなったことで、すでに入学済みの彼らの学業継続も疑問視されていた。彼は40年10月に休暇を得て大学に戻り、卒業試験を受けた。一等兵の軍服を身につけて勲章をさげたヘルムートの、人種等級を云々する職員はいなかった。卒業試験に合格し、除隊させられたあと、彼はベルリンの地下工事会社ユリウス・ベルガー社に再び雇われ、軍関係の施設建設に携わるトート機関が、フランスのブレストにUボート用防空壕を建設する工事の現場へ赴いた。そして、ヘルタをそこに呼び寄せた。ヘルムートを含めた3人の技術者は、そこで働くナチスから、「混血者」として目をつけられ、何かと難癖をつけられた。ヘルタと彼ら3人はこの現場を去り、ベルガー社の役員の仲介で、ヘルムートは、41年12月初めにベルリンの建築エンジニア事務所に移った。小さな事務所で、個人攻撃にさらされることもなく安心できる場所だった。

　42年2月にヘルタは妊娠した。「第一種混血者」とドイツ人との結婚は、血

統保護法第一次施行令によって、原則として禁止はされていなかったので、彼は再び許可申請を行った。今度は、国防軍での召集期間や一等兵への昇進、鉄十字勲章の授与などを書き添えることができた。元小隊長・少尉で、現在は中尉・中隊長に昇進したエスターヴィッツが、彼の人物評価の書類を書いてくれた。しかし、今回の申請にも回答がなかった。当時ヘルムートは、この種の申請の事務処理が中止されていたことを知らなかった[22]。

ベルリン中央に新居を見つけるのはほとんど不可能だったので、南部のベルリン＝リヒターフェルデに小さな店舗を見つけ、彼らはそれを住居に改造した。近所からは、彼らの「非合法」な結婚は大目に見られていた。普通ゲシュタポのスパイでもある地区監視人と、彼らは個人的に関わりを持たないようにした。ふたりはここに、中断の時期も含めて結局3年住んだ。自分たちがどれほど危険な状態にあったのかを、彼らは戦後になって知った。すでに37年1月、結婚許可を拒絶された「第一種混血者」を目立たずに監視するよう、命令が下っていた[23]。そのことを知らずに、彼らはここで子どもの誕生を待った。

42年11月19日、彼らに、長女のクリスティーネ＝ガブリエレが生まれた。ヘルタをタクシーで産院へ運んだあと、ヘルムートは泣きたい気持ちを押さえてそこを離れた。ヘルタは、子どもの父親が誰かを尋ねられたが、頑なに回答を拒否した。ベルリンでは毎夜のように空襲となったので、ヘルムートは妻子をアルトマルクのドイッチュ村に疎開させた。農場主は父のいとこのリーシェン・ミンテで、彼女の兄弟のヘルマン・クリューガーが、そこのナチ地方支部長だった。ヘルマンは、ヘルタをヘルムートの妻として書類を作り、しばらく妻子はそこで困窮することなく生活できた。

43年11月22日夜から23日にかけての空襲で、母と弟・妹が住んでいたミュンヒナー通り32番地の建物が全焼した。部屋にいたのは母とヘルムートだけで、緊急の持ち出し荷物を持って、彼らは自宅の地下物置に逃げた。母はユダヤ人だったので、この建物の住人が逃げる防空壕に入れてもらえるとは思えなかった。父がボン通りから急いでやってきた。父は自分の住まいを母たちに提供し、自分は友人のところに泊まった。母の住居が燃えたのは、ある意味で良かったのかも知れない。ゲシュタポは、母に何度も、住居を明け渡すよう要求したが、息子2人が兵士のあいだはそれを拒否できた。2人が軍隊を追放されたあとは、

彼女を保護するものはなかったからだ。

　ボン通りには、33年以前に芸術家の住人たちが示した昔ながらの忠誠心のかけらが、まだ残っていた。それは、民主主義者や共産主義者のユダヤ人芸術家たちの精神に対してであった。管轄の地区監視人は、調べようと思えば、母がユダヤ人で子どもたちが「混血者」であることを調べるのは簡単だった。おそらく彼はそのことを知っていたに違いない。しかし、ヘルムートと弟が呼びかけて、助けを募り、そこの防空壕を改造し始めたことで、彼らの評判は上がった。空襲で廃墟となった近くの建物から、重い角材を持ってきて、防空壕の天井や壁を補強した。第2の避難口も作った。ここでは、母が防空壕に避難するのを拒否する住人はいなかった[24]。

(2) 母のテレージエンシュタット収容所への移送

　住居からユダヤ人を検挙して移送するのは通常夜だったので、ヘルムートは、母と妹ブリギッテのために、ヴァンゼー近くのシュテルプヒェンStölpchensee湖畔の家の地下室を借りていた。母と妹は夜になるとそこで隠れていた。しかしこれは無駄となった。44年2月22日の真昼に、台所にいた母は、昼食に来ていた妹の前で検挙され、家具運搬車に乗せられて連れ去られた。たまたま電話でそれを知ったヘルムートは、弟と共に移送者が集められる建物のあるグローセ・ハンブルガー通りへと急いだ。母は、その建物の窓から、観念しつつ目に涙をためて、息子たちが通りを行ったり来たりするのを眺めた。弟は、ヘルムートが軽率さから間違いをして捕まらないように諫めた。妹は、すぐさま母の下着や服を隠れ家の地下室から取ってきて、収容施設へと届けた。移送リストI/108 Berlinによれば、翌23日の移送で、母はTh/41 (55)（通し番号1597）という登録番号を与えられ、テレージエンシュタットへと移送された。

　即座にヘルムートたちは、母の釈放のためできる限りの手段に訴えた。父もそれを手伝った。息子たちは、国家保安本部のユダヤ人部局に出向き、自分たちの勲章や戦傷の痕を示して、母の釈放を願い出た。応対した担当官の1人は、アイヒマンの副官ロルフ・ギュンターで、「どんな犯罪者でも勇気は持っている」と彼らを一蹴した。ギュンターは、SSの制服に第一級鉄十字勲章をつけていた。さらに父は、スイスで諜報活動に従事するゲシュタポ部局と連絡をつけてくれ

た。密会に応じた親衛隊高官は、兄弟たちに取引を持ちかけた。彼らがゲシュタポのためにスイスでスパイ活動に従事するなら、母をテレージエンシュタットから釈放しようというものだった。息子たちは、この申し出は拒絶した[25]。

母を助けるため、息子たちは、再び国防軍に志願した。そこで、「第一種混血者」の国防軍への再復帰申請を処理する若い少佐と話した。44年にはドイツ軍はかなり窮地に立っており、「第一種混血者」の兵士や「第一種」の妻を持つ兵士の再復帰に望みがあるということを告げられた[26]が、この時初めてヘルムートは、「第一種」の兵士や「第一種」を妻に持つ兵士の完全な追放を求めた42年10月のヒトラー命令の存在を知ることになった。結局彼らの申請は、総統代理ボルマンの複写された署名のある書簡で却下された。

44年3月15日、彼らは母から最初のはがきを受け取った。その後送られてきたはがきは印刷されたもので、日付、宛先、母という署名以外の書き込みがないものとなった。再度状況を伝えるはがきは、44年9月10日に届いた。新たな規定に関する母の説明が書いてあった。4週間に1度だけ母への郵便が「ドイツ在住ユダヤ人全国連合」経由で許され、はがきについては制限がないとのことだった。父は直接母に手紙を出せなかったので、子どもたちが出すはがきの住所を父が手書きすることで、母に父と子どもが連絡を保っていることを伝えた。母も、「暖かい服には今不自由していない」などと、子どもたちが送ったことのない品を書くことで、逆に自分の望みを伝えた。SSが検閲をゆるめてはがきのやりとりや荷物の受け入れを認めていたのは、赤十字国際委員会がテレージエンシュタットを視察することと関連していた[27]。この事実を当時ヘルムートは知らなかった[28]。

(3) 強制労働収容所の中で

44年秋、ナチ高官であるヘルムートのある親戚が、南ドイツからアルトマルクの村に帰ってきた。そして、そこに疎開していた妻ヘルタのことを知った彼は、告発すると脅し、娘ガブリエレとともに、彼女にベルリンに帰るよう強制した。

同じ頃、すべての「第一種混血者」に対して、今の職場を解雇して、軍関係の施設建設に携わるトート機関の建築現場での強制労働に投入するという話

が持ち上がった。ヘルムートたちは、この強制労働配置を免れようとした。妹ブリギッテは、44年晩夏にはベルリンのスウェーデン教会で働いていた。スウェーデンは中立国で、この教会も中立地帯と見なされていた。スウェーデン公使館の職員はナチスと良い関係にあった。したがって、彼らの保護下にある人びとが出国するための書類を整えることもできた。しかし、ヘルムートたちの出国は残念ながら実現しなかった。

　ヘルムートとアンスヴァルトは、45年1月10日、強制労働収容所への移送に際して出頭しなければならなくなった。行き先は告げられなかった。移送の前夜、ヘルタとヘルムートは結婚式を挙げた。スウェーデン教会のミルグレン牧師が、結婚式とガブリエレの洗礼式を執り行った。

　1月10日、彼らは、客車でマイセンの南8キロのマイセン＝ロスヴァインMeiβen-Rosswein駅に隣接したミルティッツ＝ロイチェンMiltitz-Roitzschen収容所に着いた。ここはヴァルトハイム重懲役刑務所の外部収容所や、イタリアが連合軍に寝返った後に確保されたイタリア人戦争捕虜の収容所として機能していた。その収容所に鉄条網はなかった。被収容者間のコンタクトも可能だった。与えられた仕事は、地下20メートルのところに大ホールを建設することで、そこで合成燃料が製造されるとのことであった。労働者の手配に関して、「混血者」についてはトート機関が、イタリア人捕虜については国防軍が、囚人についてはヴァルトハイム重懲役刑務所があたった。「混血者」は、暖房のあるバラックをあてがわれ、重労働のため食糧の割り増し配給を受け、2交代制で12時間ずつ働いた。

　次にヘルムートたちは、2月前半に、ドレスデン近郊のコスヴィヒCoswigの学校体育館に収容され、重機の基礎土台を製造する工場に送られた。捕虜となったロシア人やポーランド人の将校たちと一緒に働いた。彼らは2月13、14日のドレスデンの大空襲に遭遇し、後片付けや救出活動にも駆り出された。その際に、昼の空襲にも見舞われた[29]。

　彼らが収容施設の外でYMCAと接触していることは、工場監督者の知れるところとなった。彼は極秘に、手に入らない物資を調達できるかと聞いてきた。徴用者のための休暇証が手に入れば、より多くのものを調達できると答えたら、それと鉄道の無料パスが彼らに与えられた。それらを使ってベルリンに行き、

203

ヘルムートは妻子に再会できた。スウェーデン教会にはまだYMCAの小さな支部が残っており、そこで、運べるだけの豆やその他の食料品をリュックに詰めて持ち帰ることができた。

　逃亡のときが来た。現場で使う機械が故障して、代わりをハンブルクから運ばなければならなかった。弟アンスヴァルトや収容所仲間のヴェルニッケと共に、ヘルムートはベルリンを経由しようとしたが、当時はもう普通には市内に入れなかった。SSのトラックの荷台に乗ってベルリンに向かう途中、戦闘機の攻撃を受け、逃げる際にヘルムートは小指を骨折した。ベルリン到着後、弟は単独で北西に向かった。ヴェルニッケは、彼を野戦病院に連れて行き、そこで重いギブスをつけさせた。それでヘルムートは傷病兵証をもらった。スウェーデン教会のミルグレン牧師は、ヘルムートと家族が戦場を突っ切って、連合軍側へ逃げることを知っていたので、ラーテノフRathenowへ向けて出発する前に、ヘルムートに証明書を書いてくれた。「第一種混血者」として被害を被り、人種法では許されないヘルタとの結婚を、この牧師が執り行ったことなどが書かれていた。ドイツ軍のパトロール隊に対しては傷病兵証を、連合軍に対してはこの証明書を使うことができた。

　妹ブリギッテも脱出しなければならなくなった。彼女は大学のある部局で秘書をしていたが、そこで同僚に、8万人の訓練を受けた兵士たちが「第一種混血者」だったり「第一種」の妻を持っていたことで除隊させられたことを聞いたと漏らした。それで、「第五列」（内部攪乱を行うスパイ）の嫌疑をかけられた彼女は、ゲシュタポに尋問された。彼女は、幸運にも釈放されたが、大学にも居づらくなり、スウェーデン教会の牧師の秘書となった。兄たちが強制労働収容所に送られたあとで、45年1月に彼女は脅迫電話を受け、教会に逃げ込んだ。ヘルムートたちが収容施設から逃亡したあとで、スウェーデン教会に2人の男が訪ねてきて、ブリギッテとの面会を求めた。そこで教会は彼女を、スウェーデンの旅券を持たせて、外交官列車でリューベックに運び、そこから数日後にスウェーデンに脱出させた。同国のベルナドット伯爵がSSとの結びつきを利用して、ドイツ人と結婚したスウェーデン人女性を故郷に連れ戻す許可を得ていたので、そこにブリギッテのような人物も紛れ込むことができたのであろう[30]。

3　終戦と家族の消息

　ヘルムートと妻子は、ラーテノフからシュテンダルStendalを通ってハンブルクへ向かう列車に乗った。彼らがまず目的地としたアルトマルクのドイッチュ村は、ヴィッテンベルゲWittenbergeから20キロのところにあった。シュテンダル駅の手前で列車は停車した。プラットホームには国防軍のパトロール隊がいて、部隊が全滅したあとで西側に逃れようとしている逃亡兵を探索していた。その後敵機の低空攻撃を受けて、ちょうど橋の下にあった自分たちの客車に人びとが殺到してきた。夜になり、列車は今来た線路を後戻りした。朝には再びラーテノフに戻っていた。夜の内にアメリカ軍がシュテンダルを占領していた。駅の別のホームに、西行きの列車が止まっていた。満員だったが、ヘルムートのギブスを見た憲兵隊軍曹が、彼らを列車に乗せてくれた。おそらく最後となったこの列車で、ヴィッテンベルゲまで行き、彼らは駅で荷物を預けて、徒歩でドイッチュ村まで行くことにした。村に何とかたどり着いた彼らは、ここで終戦を迎えることになる。

　村に駐留したアメリカ人兵士から「おまえは生きているのだからナチだ」と言われ、ヘルムートは、ミルグレン牧師に書いてもらっていた書類を示した。それによって、彼らの家には、アメリカ兵を宿営させる必要もなくなった。その後CIC（米軍防諜部隊）から、ヘルムートにゼーハウゼンSeehausenまで出頭するよう命令が来た。元ドイツ・ユダヤ人のアメリカ軍人から、彼は尋問を受けた。どのようにしてドイツ軍兵士になったのか、どの前線でヒトラーのために戦ったのか、そのほか、自分の家族や父母の生活について質問を受けた。ときには激しい議論となった。ヘルムートはこう言い返した。アメリカ人も、36年のベルリン・オリンピックに参加し、ヒトラーに喝采することを拒まなかったではないか。その時点ではニュルンベルク法も発布され、ボイコットや様々な差別も行われていたではないか。自分たちは、ドイツがここまで突き進むことをよしと認めるつもりはなかったが、気づいたときにはもう後の祭りだったのだ、と。尋問が終わって、彼はゼーハウゼンの軍政府から次のような証明書をもらった。「ドイッチュ村で父のいとこと住むマックス＝ヘルムート・クリューガーは、CICによって潔白だと証明され、それは軍政府に報告された。彼は兵

士ではなく、これによって民間人の地位を与えられる」。

　45年5月には、アメリカ兵はアルトマルクを去り、代わってイギリス軍が入ってきた。旅行の自由も郵便もなかった。したがってヘルタの両親、ヘルムートの母や兄弟に関しては何もわからなかった。時々通訳を頼まれていたイギリス人将校から、ヘルタは、スウェーデン公使館の元館員がイギリス軍の宿営地にいることを聞いた。夜にソ連占領地域からエルベ川を泳いで渡ってきたこの人物は、かつて彼らに入国ビザを準備してくれようとしたベルリンのスウェーデン公使館にいた。彼は、元公使館員として、6月8日にアルトマルクのオスターブルクOsterburgで、ヘルムートが同年1月にスウェーデンへの入国許可を得ていたことや、同許可が妻子にも適用されることも証明してくれた[31]。この証明書は、英語、スウェーデン語、ロシア語でも書かれた。これを使って彼らは、リューネブルクへ向かうイギリスの軍用機に乗れた。その数週間後には、イギリス軍がアルトマルクを去り、代わってソ連軍が入ってきた。

　この元公使館員が書いてくれた証明書のおかげで、リューネブルクで彼らは、6月12日に、イギリス軍政府による旅行制限を解除された。弟アンスヴァルトがハンブルクにいることを聞いて、7月末に何とか彼らもハンブルクにたどり着いた。ベルリンで別れた弟はハンブルクに着いたが、その後対ナチ協力国のデンマークに連れ出される寸前でそれを逃れて、イギリス軍が来るまでハンブルクで潜伏していた。

　母の消息についてヘルムートは、まずオランダ赤十字に問い合わせ、テレージエンシュタットからオランダ・ユダヤ人とともに母がオランダに帰ってきていないか尋ねた。しかしわからなかった。9月15日にジュネーブの赤十字に問い合わせて、結局、母は、45年5月30日にソ連軍によって、チフスに汚染されたテレージエンシュタットから解放され、7月23日にベルリンへ戻ることができ、ボン通りの元の住居に戻っていたことがわかった。母は、45年11月8日にオランダ赤十字の車でハンブルクへと運ばれた[32]。

　ヘルムートにとっては、少なくとも表面的には、12年のナチ時代を忘れることは困難ではなかった。心底から建築技師であった彼は、ハンブルク＝ザンクト・パウリの瓦礫の撤去から仕事を始め、ハイデルベルクのアメリカ兵のための住宅建築、イスタンブールのヒルトンホテル、ベルリン＝テーゲル空港の空

港ビル建設なども担当し、70歳で引退した。ヘルタとの結婚生活の幸せは、長く続かなかった。1950年に長男カイが生まれた頃からまもなく状況は危機に陥り、ふたりは68年に離婚した。

妹ブリギッテは、スウェーデン、アフリカ、スペインでの様々な出来事のあった生活を経て、ドイツに帰ってきた。すでにストックホルムで彼女は、ドイツ空軍大尉のヴァルター・ゲルデスと結婚していた。彼は44年の7月20日事件との関係で、空路ストックホルムに亡命し、ドイツ側からの引き渡し要求を受ける身であったが、自殺未遂を引き起こして注目を浴び、引き渡されずにいた。ヴァルターは67年に死亡した。ふたりのあいだには、2人の娘が生まれ、内1人は結婚して2人の子どもを生んだ。ブリギッテは幸せなおばあちゃんとなった。弟アンスヴァルトは、戦後ハンブルクの劇場監督となり、テレビ・シリーズの脚本や著書でも成功を収めたが、77年1月に59歳でなくなった。

父は、47年にライプチヒ市立劇場の総監督に迎えられることで社会復帰を果たし、51年までその職にあった。母だけが現実に最も深刻な影響を被っていた。44年2月22日から45年7月23日のベルリンへの帰還までの17ヶ月の苦難から、60歳近い彼女は回復することはなかった。53年初頭から長患いの床につき、54年1月29日に彼女は死亡した。母は受洗していたが、フライブルクのユダヤ・ゲマインデは、ユダヤ人墓地の祖母の墓に母の骨壺を納めることを、彼らに認めた[33]。

おわりに

35年9月のニュルンベルク法によって、「混血者」という範疇が創設された背景には、同年3月の一般兵役義務導入による国防軍の再建問題があった。当時内務省は、徴兵対象となる「非アーリア人」（＝ユダヤ人と「混血者」）の概数を、実際とは大幅に過剰な308,000人と見積もった。「人種」を基準とした国勢調査（39/5/17）はまだ実施されていなかった[34]。ユダヤ人規定を厳密にしたいとするナチ党側に対して、官僚側は、兵力拡大につながるよう規定を緩和したいとして対立した。その結果は、ヒトラーの認可を得た「混血者」概念の導入へと展開していったのである[35]。その後も「混血者」の処遇をめぐって、党側と官

僚側の綱引きが展開された。血統保護法による結婚政策を通じて、両者のあいだで一応の合意を見たのは、「第一種」をユダヤ人へ、「第二種」をドイツ人の側に吸収していく方向性であった。しかし、ニュルンベルク法制定以前に結ばれた「混合婚」に関しては、党側も強制離婚の導入に踏み切れなかった[36]。教会が断固反対するであろうし、世論の理解を得られる見込みも低かった。また、兵役義務を果たして戦功をあげることは、前節までの事例で見たように、「混血者」の権利拡大の主張を強めることになる。

　したがって「混血者」問題は、開戦後に新たな局面を迎えた。ヒトラーは、40年4月に彼ら（約25,000人）を軍から外そうとするが、戦闘中の軍隊には、それをすぐ実行する余裕はなかった。ホロコーストの実行を各省庁の官僚が確認した42年1月の著名なヴァンゼー会議において、もう1つの大きな議題は、「混合婚」のユダヤ人配偶者や「混血児」問題の処理であった。党側は「第一種」のユダヤ人への編入を求め、内務省側は彼らの強制断種で問題を処理するよう主張した。一方で、東部占領地域においては、党側の主張が実行に移された[37]。次第に、ドイツの「第一種混血者」に対する締め付けが強化されていく。42年夏には、功績を通じた彼らの「名誉アーリア人」化認定申請の処理が中止され、彼らの中等学校在学も拒絶された[38]。上述の通り、10月には彼らの軍からの追放方針が強化された。44年5月になっても大学に在学できた「第一種」は、33年以前にナチ党のために献身した元古参党員に限られた[39]。「混合婚」自体に手はつけられなかったが、離婚やパートナーの死亡で結婚状態にない元「混合婚」のユダヤ人配偶者は、43年12月の国家保安本部による命令で、テレージエンシュタットへと移送され始めた[40]。「第一種」は、44年2月に労働戦線への加入を再び禁止され、就職や在職が困難となり、同年秋には、トート機関の強制労働に配置されていった[41]。7月20日事件で暗殺されかけたヒトラーは、信頼の置けない「混血者」への態度をさらに硬化したのである。45年1月には、「混合婚」が継続中であっても、ユダヤ人配偶者をテレージエンシュタットへと移送する命令が出され、敗戦前の混乱にもかかわらず、実際彼らの一部は2月に移送された[42]。このまま進めば、ユダヤ人の完全な絶滅と並んで、「第一種」のユダヤ人への編入（＝絶滅）や、たとえば強制断種といった「第二種」への迫害強化は、避けられないものとなったかも知れない。

註(1) 帝国公民法第一次施行令（1939/11/14）参照。Andreas Rethmeier, *Nürnberger Rassegesetze und Entrechtung der Juden im Zivilrecht*, Frankfurt/M u. a. 1995, S. 416-7.［以下、同一文献を再度引用する際には、著者の姓と出版年か*Ebenda*のどちらかで略記する］
(2) さしあたり以下を参照。Jeremy Noakes, The Development of Nazi Policy toward the German-Jewish Mischlinge 1933-1945, in: *Year Book（Leo Baeck Institute）*［以下*YBLBI*］34（1989）, S.291-354, ders., Wohin gehören die Judenmischlinge?, in: Ursula Büttner u. a.（H.g.）, *Das Unrechtsregime, Bd.2*, Hamburg 1986, S.69-89, John A. S. Grenville, Die Endlösung und die Judenmischlinge im Dritten Reich, in: *Ebenda*, S.91-121, Ursula Büttner, The Persecution of Christian-Jewish Families in the Third Reich, in: *YBLBI* 34（1989）, S.267-289, dies., *Die Not der Juden teilen. Christlich-jüdische Familien im Dritten Reich*, Hamburg 1988, Marius Hetzel, *Die Rassenmischehe in den Jahren 1933-1939*, Tübingen 1997, Günter Schubert, Hitlers >jüdische< Soldaten, in: *Jahrbuch für Antisemitismusforschung* 7（1998）, S.307-321, Steven R. Welch, Mischling Deserters from the Wehrmacht, in: *YBLBI* 44（1999）, S.273-325, Beate Meyer, *Jüdische Mischlinge, Rassenpolitik und Verfolgungserfahrung 1933-1945*, Hamburg 1999, Bryan Mark Rigg, *Hitler's Jewish Soldiers*, Lawrence（Kansas）2002,（独訳：*Hitlers jüdische Soldaten*, Paderborn u. a. 2003.）, James F. Tent, *In the Shadow of Holocaust. Nazi Persecution of Jewish-Christian Germans*, Lawrence（Kansas）2003. なお、Rigg（*2002, 2003*）や彼の研究姿勢に関しては、上述の*Schubert*（*1998*）以外にも、以下のような批判がある。Beate Meyer, Wenn Spekulationen zu Tatsachen werden, in: *Die Zeit*, Nr. 46（06.Nov. 2003）. また、邦訳としては、イルゼ・コーン（真鍋訳）『少女イルゼの秘密』みき書房、1998年。
(3) Helmut Krüger, *Der halbe Stern. Leben als deutsch-jüdischer Mischling im Dritten Reich*, Berlin 1993. 本書は、史料で裏付けられた、信頼できる回顧録の 1 つと評価しうる。
(4) *Ebenda*, S.13.
(5) *Ebenda*, S.14, 17-18.
(6) *Ebenda*, S.19-20, 22.
(7) *Ebenda*, S.23, 25-26.
(8) *Ebenda*, S.44-45, Bruno Blau, *Das Ausnahmerecht für die Juden in Deutschland*, Düsseldorf 1954, S. 20, Joseph Walk（H.g.）, Das Sonderrecht für die Juden im NS-Staat, 2. Aufl., Heidelberg 1996, S.17-18.
(9) *Krüger*（*1993*）, S.35-36.
(10) Rolf Vogel, *Ein Stück von uns. Deutsche Juden in deutschen Armeen 1813-1976*,

Mainz 1977, S.231-233, *Walk* (*1996*), S.115-116, 122.
(11) *Krüger* (*1993*), S.37, 39-40.
(12) *Ebenda*, S.41-43.
(13) *Ebenda*, S.55-57.
(14) *Noakes* (*1989*), S.327.
(15) *Walk* (*1996*), S.237, 244, 347, Christoph Studt, *Das Dritte Reich in Daten*, München 2002, S. 167.
(16) *Rethmeier* (*1995*), S.440-441.
(17) *Krüger* (*1993*), S.59, 61-63.
(18) *Ebenda*, S. 65.
(19) *Vogel* (*1977*), S.256, *Walk* (*1996*), S.166.
(20) *Noakes* (*1989*), S.331, *Walk* (*1996*), S.319-320.
(21) *Krüger* (*1993*), S.66-67, 70-71.
(22) *Ebenda*, S.82-84.
(23) *Walk* (*1996*), S.180.
(24) *Krüger* (*1993*), S.86-89.
(25) *Ebenda*, S.91-93.
(26) この事情に関しては以下を参照。*Noakes* (*1989*), S.335.
(27) テレージエンシュタット収容所に関しては、ウォルター・ラカー編（井上・木畑・芝・長田・永岑・原田・望田訳）『ホロコースト大事典』柏書房、2003年、343-347頁。
(28) *Krüger* (*1993*), S.94-97.
(29) *Ebenda*, S.99-103.
(30) *Ebenda*, S.105-108.
(31) *Ebenda*, S.111-112.
(32) *Ebenda*, S.113-115.
(33) *Ebenda*, S.125-126.
(34) 国勢調査の結果に関しては、以下を参照。*Noakes* (*1989*), S.292-298.
(35) *Grenville* (*1986*), S.102-105, *Noakes* (*1986*), S.69-89, *Noakes* (*1989*), S.301-315.
(36) この点については、以下の拙稿を準備中である。拙稿「家族の『ユダヤ人』を返せ」岡住他編『たたかう民衆の世界』彩流社、2005年出版予定。
(37) *Noakes* (*1989*), S.337-343, Bernhard Lösener, Als Rassereferent im Reichsministerium des Innern, in: *Vierteljahrshefte für Zeitgeschichte* 9 (1961), S.264-313.
(38) *Noakes* (*1989*), S.315-319, *Walk* (*1996*), S.379, *Krüger* (*1993*), S.47-48.
(39) *Noakes* (*1989*), S.349, *Walk* (*1996*), S.404, *Krüger* (*1993*), S.53.
(40) *Walk* (*1996*), S.401, *Krüger* (*1993*), S.32.
(41) *Noakes* (*1989*), S.350, *Walk* (*1996*), S.402, 405, *Krüger* (*1993*), S. 32.

⑷2 *Walk* (*1996*), S. 406, Wolf Gruner, *Judenverfolgung in Berlin 1933-1945*, Berlin 1996, S. 91.

〔付記〕ナチ時代には、政治信条や「人種」を理由に結婚を認められなかったカップルは、ヘルタとヘルムートのように、実子を婚外子として育てざるを得なかった。また、結婚を認めないまま、相手の死亡で成就しなかったカップルのケースもあった。こういった「自主婚」を、ナチ時代に遡って正式に認めてほしい、という願いに対して、アメリカ占領地域などでは、バイエルンを皮切りに、47年末からそれを認める立法が成立した。同様の立法制定を、イギリス占領地域のハンブルク市に働きかけたのが、ヘルムートたちであった。結局、連邦法として、1950年6月23日に「人種的並びに政治的に迫害を被った人びとの自主的な結婚を承認する法律」が成立した。51年6月21日にハンブルクで締結された彼ら二人の結婚は、1939年1月9日に遡って認められた。*Krüger* (*1993*), S.116-123, Edger Hoffmann u. a. (begr. u. bearb.), *Ehegesetz nebst Durchführungsverordnungen*, 2. Aufl., München 1968, S. 220, Otto Küster, Zum Bundesgesetz über die Anerkennung freier Ehen Verfolgter, in: *Süddeutsche Juristen-Zeitung*, 5-11 (Nov. 1950), S. 807-811.

なお、本章は、平成16年度科学研究費補助金（基盤研究(C)(2)）による「ドイツ第三帝国下の『ユダヤ人キリスト教徒』の動向に関する研究」での研究成果の一部である。

あとがき
――佐藤先生とレオナルド=ブルーニと私――

前野　やよい

　私が毎週長束の自宅から、自転車に乗って東雲にある学校教育学部の佐藤先生の研究室に通っていたのは、ついきのうのことのように思われるが、かれこれ十数年前のことになってしまった。時間には遅れる、予習は進まないという、たいへん不真面目な生徒であったが、先生はいつも温かく受け入れ、待っていてくださった。
　最初は卒業論文に必要な文献について相談に伺ったのであるが、博士課程前期に進むに当たり、新たなテーマとして初期ルネサンスフィレンツェにおける書記官長たちの研究を先生から示唆いただいた。そこで、まずはハンス=バロンの『初期ルネサンスイタリアの危機』にとりかかった。
　バロンの著作では、レオナルド=ブルーニは「市民的人文主義」の確立者であり、フィレンツェがミラノとの抗争という危機に瀕していたときに叙述した「フィレンツェ市頌（Oratio de Laudatio Fiorentinae Urbis）」に「中世とルネサンスの敷居」であるという位置づけを見出している。フィレンツェにルネサンスと呼ばれる文化的上昇が起こる理由をこの危機とそれにともなう文化人への意識変化、「市民的人文主義」の発生で検証していくバロンの説は多くの批判や反論もともなうが高く評価されている。
　「フィレンツェ市頌」はベンジャミン=コールによる英訳が手元にあったので、まずはそれを読むことになったのであるが、気がつけば一生懸命読まなくてはならない私よりも先に、いっしょに付き合って読んでいただいた佐藤先生のほうがこの資料の面白さを「発見」され、爛々と目を輝かされることになった。やがて、Studi Medievaliのとある論文の附録にラテン語のテキストが掲載されているのを見つけたので、いつの間にかラテン語の演習もかねて「フィレンツェ市頌」を読んでみようということになり、私にとってはかなり無謀な挑

戦が始まった。

　これが非常に厄介だった。実は、英訳を読む段階で、すでに意味が良く分からなかった。何しろ、原文を書いたブルーニは、当時のフィレンツェきっての知識人であり、修辞学を駆使した格調高い、しかし少なくとも私にとっては非常に回りくどい美文を残しているのである。また、当時としては先端の、直接ギリシア人から学んだ成果を随所にちりばめているため、恥ずかしながらも西洋史の学徒の末席に連なる者でありながら浅学の私には聞いたこともない人名や事件がどんどん出てくる。さらに、ラテン語テキストとなると、手持ちの辞典だけではさっぱりわからない単語とその活用形、分からないうちはなぜそんな配列がされるのか不可解で、分かってみれば凝りすぎの構文、と難問が続々と押し寄せてくる。一コマ分90分の時間を使ってやっと3行とか5行とかしか読み進められないテキスト、ひとつの単語に与える解釈の模索、それ以前に絶対的なラテン語の基礎知識の不足、などが次々と私を襲った。佐藤先生は、そんな私を見放すことは決してなく、辛抱強くたどたどしい訳を聞いてくださり、（訳せないときもあった）予習が足らなくてもいっしょに考えてくださった。ここには、頼りない学生を親身に指導する教官としての佐藤先生だけでなく、気がつけばブルーニの描くフィレンツェ像にぐいとひきつけられてしまった研究者としての佐藤先生がおられた。目を輝かせて「おもしろいねえ」と読み進める佐藤先生には悪かったが、読み始めたころの私には（口には出さなかったが）、何でこんなわけの分からない叙述が面白いのかさっぱり分からなかった。何でこんなものを読もうと思ったのか……　それでも、薄皮をはがすように少しずつ読み進めることができた。秩序正しいブルーニの論法や、『体内を巡る血液のごとく、都市中をめぐる装飾』という表現、そのすばらしさをうれしそうに語ってくださる先生。ラテン語のテキストはサマゼミにも持って行き、先輩方が夏の海を満喫している時間も、宿のロビーの水槽で気持ちよさそうに泳ぐ魚を横目に先生は私に付き合ってくださり、読み進めた。やがて英訳とはちがう解釈も読み取れ、美文ではあるが、単なる修辞的な習作以上の内容を持っている作品だろうと感じられるようになるころには、佐藤先生と私の「フィレンツェ市頌」演習は大変ではあるが充実した共同作業となっていた。そして、長かった「フィレンツェ市頌」も最終ページを迎え、叙述を終えたブルーニが

神への謝辞を捧げる最後の一文にたどり着いたのである。

　漠然と手をつけた初期ルネサンスフィレンツェの書記官長に関する私の研究は、こうしてレオナルド＝ブルーニの作品「フィレンツェ市頌」から彼の捉えた都市像を探るという方向を得て、最強のナビゲーターであり、師であり、僭越ながら言わせていただけるなら心強い同志である佐藤先生のもと、不十分ではあったが何とか修士論文としてまとめることができたのであった。（論文に掲載したラテン語試訳の清書までしてくださったのも実は佐藤先生であった。）

　惜しむらくは、私が先生との約束をいまだ果たしていないことである。ブルーニの「フィレンツェ市頌」については、そのうちきちんとした形でまとめをしておきたいと話していたし、先生もそれを望まれていたが、私の就職後は忙しさが増すと東雲に通うことも難しくなっていた。私がなかなかアクションを起こさないので、佐藤先生はご自分が講座などで話される機会にブルーニの都市観を紹介したりされた。一緒に読んでいただいた資料を大事にしていただいていることはとてもうれしい。先生もやがて東広島のキャンパスに移っていかれ、ますますお会いできる機会は少なくなっている。私はといえば、今広島市のとある施設で広島市の歴史に関する展示などを手がけているが、気がつけば広島という都市を自分なりに見つめようとしている。イタリアの都市を研究し続けてこられた佐藤先生の一生徒として。

　実は、できれば旧姓のうちにブルーニのことをまとめたい、という目標もあったがそれは（私の怠慢で）かなわなかった。ちなみに、私の配偶者は佐藤先生から「M君はいつも小学生みたいなスタイルだね」といわれていた大学院の同級生である。サマゼミの集合場所で麦藁帽子に釣竿、そしてなぜかワインをお持ちの佐藤先生と、半パンにビーチサンダルのMが並んでいるととてもほほえましかったのを覚えている。（そういうわけで、私たちの結婚披露宴では先生に乾杯の発声をしていただいた。）また、何かの折に学生一同で先生のお宅へ伺えば、奥様のおいしいパスタソースと先生ご自慢のマチェドーニア、みんなで手打ちするパスタ（牛田のお宅まで、私が自転車でパスタマシンをお持ちしたこともあった）を味わいつつ、話の尽きない楽しい時間を過ごさせていただいたことも懐かしい思い出である。

　同級生のHさんやOさんなどはつねづね佐藤先生のことを「大田（旧姓）の父」

あとがき

と呼んでいた。不出来な娘で誠に申し訳ないが、とてもかわいがって頂いたので、勝手ながら私の中では先生はもうひとりの父という存在になっている。そして、機会があればこの十数年の空白も踏まえてもう一度ブルーニについてゆっくり語り合いたいとも思う。

【執筆者紹介】

前野　弘志（まえの・ひろし）

1963年生、1989年広島大学大学院文学研究科博士課程前期修了、1989-90年テュービンゲン大学歴史学部歴史学講座に留学、1993年広島大学大学院文学研究科博士課程後期、単位取得退学。1998-99年オックスフォード大学古代文書研究所に在外研究。1999年博士号（広島大学）取得。現在広島大学大学院文学研究科助手。主論文："Apoikia and Klerouchia ―an Analysis of IG.I^{3}237―", KODAI Vol. 8 / 9 (1997/98)、「碑文史料とモノ資料の狭間で　―古代ギリシア語碑文の場合―」『史学研究』236号（2002）。

豊田　浩志（とよた・こうじ）

1947年生、1972年広島大学大学院文学研究科修士課程修了、1977年広島大学大学院文学研究科博士課程単位取得退学。1997年博士号（広島大学）取得。現在上智大学文学部史学科教授。主著：『キリスト教の興隆とローマ帝国』南窓社（1994）、主論文：「ローマ帝国とキリト教　―古代世界と中世世界の狭間で―」竹内正三・坂田正二編『ローマから中世へ』渓水社（1985）所収、「ある家族崩壊の風景―はたして古代的家族観の危機は存在したか―」山代宏道編『危機をめぐる歴史学』刀水書房（2002）所収、「文書史料の落とし穴―聖書と考古学―」上智大学文学部史学科編『歴史家の工房』ぎょうせい（2003）所収。

森竹　弘喜（もりたけ・ひろき）

1972年生、1996年広島大学大学院文学研究科修士課程修了、1997-2004年エルサレム・ヘブライ大学在籍。現在、広島大学大学院文学研究科博士課程在学中。修士号（広島大学）。主論文：「ラテン王国のburgensis ―12世紀の首都イェルサレムを中心として―」『西洋史学報』24号（1997）。

大宅　明美（おおや・あけみ）

1964年生、1989年広島大学大学院文学研究科修士課程修了、1992年広島大学大学院文学研究科博士課程単位取得退学。修士号（広島大学）。現在九州産業大学経済学部助教授。主論文：「13世紀都市ラ・ロシェルの政治的危機と経済的危機」山代宏道編『危機をめぐる歴史学』刀水書房（2002年）所収、「13世紀ポワトゥーにおける伯権力と都市民」田北廣道・藤井美男編『ヨーロッパ中世世界の動態像―森本芳樹先生古希記念論集』九州大学出版会（2004年）所収、「伯権の援助金要求とポワトゥー諸都市―十三世紀ポワトゥー地方における『良き都市』をめぐって―」『史学研究』246号（2004年）。

執筆者紹介

佐藤　眞典（さとう・しんすけ）

1942年生、1967年広島大学大学院文学研究科修士課程修了、1971年広島大学大学院文学研究科博士課程単位修得退学。1971–73年イタリア Scuola Normale Superiore di Pisa に留学。1993年博士号（広島大学）取得。現在広島大学大学院教育学研究科教授。主著：『中世イタリア都市国家成立史研究』ミネルヴァ書房（2001）、翻訳：N.オットカール著『中世の都市コムーネ』創文社（清水廣一郎共訳1972）。

工藤　達彦（くどう・たつひこ）

1971年生、1998年広島大学大学院文学研究科修士課程修了、現在広島大学大学院文学研究科博士課程在学中。修士号（広島大学）。主論文：「＜教皇国家＞の建設とユリウス２世」『西洋史学報』26号（1999）、「一六世紀教皇国家における地方統治―ペルージアの統治官モンテ＝ヴァレンティの報告書を手がかりに―」『史学研究』231号（2001）、「一六世紀「教会国家」の統治官と布告」『史学研究』238号（2002）。

中平　希（なかひら・めぐみ）

1970年生、1996年広島大学大学院文学研究科修士課程修了、2004年広島大学大学院文学研究科博士課程単位取得退学。修士号（広島大学）。現在広島大学大学院文学研究科研究生。主論文：「ヴェネツィア『神話』とその再生―ガスパロ・コンタリーニ『ヴェネツィア人の行政官と共和国』に見る16世紀の国家像―」『西洋史学報』24号（1997）、「十六世紀ヴェネツィア共和国財政と税制―テッラフェルマ支配解明に向けて」『史学研究』241号（2003）。

井内　太郎（いない・たろう）

1959年生、1985年広島大学大学院文学研究科修士課程修了、1989年広島大学大学院博士課程中途退学。2003年博士号（広島大学）取得。現在広島大学大学院文学研究科助教授。主論文：「15世紀後半期イングランドにおける宮内府改革とその意義」山代宏道編『危機をめぐる歴史学』刀水書房（2002）所収、「近世イギリスにおける権力と儀礼—the Triumph of Honourに見るテューダー王朝の君主政理念—」『歴史学研究』768号（2002）、「16世紀の財務府における会計業務と財政収支関係史料について」直江眞一ほか編『史料が語る中世ヨーロッパ』刀水書房（2003）所収。

217

原田　昌博（はらだ・まさひろ）

1970年生、1995年広島大学大学院学校教育研究科修士課程修了、1999年広島大学大学院文学研究科博士課程修了。1999年博士号（広島大学）取得。現在安田女子大学文学部助教授。主著：『ナチズムと労働者―ワイマル共和国時代のナチス経営細胞組織』勁草書房（2004）、主論文：「1932年11月のベルリン交通ストライキとナチス経営細胞組織」『西洋史学』205号（2002）、「ナチス経営細胞組織の成立に関する一考察―その組織的性格をめぐる視角として―」『史学研究』239号（2003）。

長田　浩彰（ながた・ひろあき）

1961年生、1986年広島大学大学院文学研究科修士課程修了、1990年広島大学大学院文学研究科博士課程単位取得退学。修士号（広島大学）。2002年度文部科学省在外研究員（ベルリン工科大学）。現在広島大学総合科学部助教授。主論文：「『ユダヤ人』とされた人々の危機意識」山代宏道編『危機をめぐる歴史学』刀水書房（2002）所収、「『ユダヤ人前線兵士全国同盟』の終焉」『ユダヤ・イスラエル研究』19号（2003）、翻訳：M・マラス『ホロコースト―歴史的考察』時事通信社（1996）、W・ラカー編『ホロコースト大事典』柏書房（2003）（共訳）。

前野　やよい（まえの・やよい）

1964年生、1989年広島大学大学院文学研究科博士課程前期修了。修士号（広島大学）。修士論文：「初期ルネサンスにおけるヒューマニストと都市像―L=Bruniの"Laudatio Florentinae Urbis"を中心に」、現在財団法人広島市文化財団広島城学芸員。

歴史家のパレット

平成17年4月1日　発行
編者代表　井　内　太　郎
発行所　株式会社渓水社
　　　　広島市中区小町1－4　（〒730-0041）
　　　　電話（082）246-7909／FAX（082）246-7876
　　　　E-mail：info@keisui.co.jp

ISBN4-87440-866-4　C3022